D0896149

NEW YORK
EN QUELQUES JOURS

GINGER ADAMS OTIS

New York en quelques jours

1re édition, traduit de l'ouvrage *New York Encounter,*
(1st edition), May 2007
© Lonely Planet Publications Pty Ltd 2007
Tous droits réservés

Traduction française :

© **Lonely Planet 2008,**

12 avenue d'Italie, 75627 Paris cedex 13

☎ 01 44 16 05 00

📠 lonelyplanet@placedesediteurs.com

📠 www.lonelyplanet.fr

Dépôt légal : Mars 2008
ISBN 978-2-84070-689-2

Responsable éditorial Didier Férat
Coordination éditoriale Émilie Lézénès
Coordination graphique Jean-Noël Doan
Maquette Christian Deloye
Cartographie Christian Deloye
Couverture Jean-Noël Doan et Pauline Requier
Traduction Laure Bataillou, Mélanie Marx, Jeanne Robert
Merci à Véronique Boismartel pour son travail sur le texte

Remerciements à Manhattan Subway Map © 2007
Metropolitan Transportation Authority

Toutes les photos sont sous le copyright des photographes
sauf indication contraire. La plupart des photos publiées
dans ce guide sont disponibles auprès de l'agence
photographique Lonely Planet Images :
📠 www.lonelyplanetimages.com

Imprimé par Leo Paper
Imprimé en Chine
Réimpression 03, septembre 2008

COMMENT UTILISER CE GUIDE
Codes couleur et cartes

Des symboles de couleur représentant les sites
et les établissements figurent dans les chapitres
et sont reportés sur les cartes correspondantes
afin de les localiser rapidement. Les restaurants,
par exemple, sont indiqués par une fourchette
verte. À chaque quartier correspond une couleur
spécifique, reprise dans les onglets du chapitre
qui lui est consacré.

    Les zones en jaune sur les cartes désignent des
"secteurs dignes d'intérêt" (sur le plan historique
ou architectural, ou encore par la présence de bars
et de restaurants, etc.). Nous vous conseillons
vivement de les explorer.

Prix
Les différents prix (par ex : 10/5 € ou 10/5/20 €)
correspondent aux tarifs adulte/enfant, normal/
réduit ou adulte/enfant/famille.

Vos réactions ? Vos commentaires nous sont très
précieux et nous permettent d'améliorer constamment
nos guides. Notre équipe lit toutes vos lettres avec la
plus grande attention et prend en compte vos remarques
pour les prochaines mises à jour.
    Pour nous faire part de vos réactions, prendre
connaissance de notre catalogue et vous abonner à
Comète, notre lettre d'information, consultez notre site
web : *www.lonelyplanet.fr*

Nous reprenons parfois des extraits de notre courrier
pour les publier dans nos produits, guides ou sites
web. Si vous ne souhaitez pas que vos commentaires
soient repris ou que votre nom apparaisse, merci de
nous le préciser. Pour connaître notre politique en
matière de confidentialité, connectez-vous à :
www.lonelyplanet.fr/_html/confidentialite

GINGER ADAMS OTIS

Ginger Adams Otis, journaliste pour la radio et la presse écrite, vit et travaille à Manhattan. Au cours de votre séjour, vous aurez peut-être l'occasion de l'entendre à la radio locale ou de la lire dans *The Village Voice, Newsday, New York Magazine* ou d'autres publications. Qui sait, vous la croiserez peut-être même dans le métro… Quand elle n'est pas occupée par les différents médias de la Grosse Pomme, Ginger écrit des guides pour Lonely Planet et fait des reportages pour la BBC, la NPR et l'Associated Press, suit des événements dans les cinq boroughs de la ville ou réalise des reportages dans divers pays d'Amérique latine.

REMERCIEMENTS DE GINGER

Ginger voudrait remercier Jay Cooke, qui reste encore et toujours le plus motivant et le plus compréhensif des éditeurs ; Brice Gosnell pour son intérêt et ses encouragements, ainsi que toute l'équipe australienne – Elizabeth, Alison et tous les cartographes – pour leurs efforts sans relâche.

PHOTOGRAPHE

Dan Herrick s'est installé à New York il y a six ans, après avoir vécu et étudié en Amérique latine et en Europe. Il apprécie le changement perpétuel de la ville, ainsi que son rythme effréné, qu'il aime communiquer à travers ses photos. Quand il arrive à se libérer, il parcourt le monde… ou l'un des univers que l'on trouve au cœur de la ville elle-même.

Nos lecteurs Nous remercions vivement les voyageurs qui nous ont envoyé leurs commentaires, leurs conseils et leurs anecdotes.
Tim Allen, Mikael Beck, Arne Fleissner, Jamie Hunter, Darren Jackson, Samantha Knott, Dallene Ng, Catherine Paul, Clare Pritty, Allison Rogers, Karen Smith, Victoria Spackman.

Photographies p. 53, p. 121, p. 165, p. 185, p. 225 Ginger Adams Otis. Lonely Planet Images et Dan Herrick excepté les suivantes : p. 4, p. 16, p. 20, p. 35, p. 36, p. 136, p. 159, p. 249 Angus Oborn ; p. 8, p. 23, p. 252 Richard I'Anson ; p. 11, p. 15, p. 27, p. 28, p. 29, p. 32, p. 33, p. 173, p. 182, p. 184, p. 191 Corey Wise ; p. 12 Michael Taylor ; p. 22 Eoin Clarke ; p. 46 Wade Eakle ; p. 160, p. 200 Allan Montaine ; p. 161 Bill Bachmann ; p. 167, p. 193 Ionas Kaltenbach ; p. 190, p. 250, p. 258 Kim Grant ; p. 234 Esbin Anderson Photography ; p. 259 Christopher Groenhout.
Photographie de couverture Les incontournables taxis jaunes, James Doberman/Getty Images.
Toutes les photos sont sous le copyright des photographes sauf indication contraire. La plupart des photos publiées dans ce guide sont disponibles auprès de l'agence photographique **Lonely Planet Images** : www.lonelyplanetimages.com

PASSENGER CARS ONLY

NO STANDING

Piétons dans une rue new-yorkaise

SOMMAIRE

BIENVENUE À NEW YORK

Après seulement quelques jours à New York, vous aurez l'impression d'avoir fait le tour de la planète. Immense, exubérante et en constante expansion, la ville recèle un entrelacs de quartiers tous plus vivants et passionnants les uns que les autres. Dans quel endroit, sinon dans cette cité aux mille facettes, peut-on traverser un petit bout de Corée et une parcelle d'Italie dans la même journée ?

Malgré plus de huit millions d'habitants qui arpentent ses rues entre les enfilades d'immeubles à l'infini, New York demeure avant tout une ville de quartiers, chacun possédant une atmosphère et un rythme différents. Le multiculturalisme n'est nulle part aussi apparent que dans le comportement de ses habitants. Les New-Yorkais apprécient toutes les cuisines du monde (*kimchi* et barbecue coréen, fallafel, *gyros* et bortsch). Ils dansent la salsa, la mérengué ou la *bachata* selon l'envie du moment, vont à Little Brazil pour voir un match de *fútbol,* et bien souvent ils ont aussi pleinement conscience de vivre là où tout se joue, qu'il s'agisse des affaires nationales ou de la politique internationale. Entre les Nations unies et la plus grande concentration au monde d'ambassades étrangères et de représentations politiques, de sièges d'entreprise, de fondations et d'institutions culturelles, on peut dire que la politique fait partie du quotidien.

Il se passe toujours quelque chose et les New-Yorkais trouvent sans cesse une nouvelle cause à laquelle se consacrer. Si vous êtes surpris de découvrir que cette ville emblématique du capitalisme conserve des racines si populaires, sachez que le mouvement abolitionniste qui a poussé Abraham Lincoln dans la guerre de Sécession tenait souvent ses meetings dans Lower Manhattan. Le mouvement des suffragettes est parti du quartier ouvrier de l'East Side, et les émeutes de Stonewall en 1969, pour les droits des homosexuels, font partie des nombreux combats pour l'égalité issus du Village.

Aux visiteurs de tenter l'aventure. Spectacle de danse classique renommé, visite des musées, tournée des pubs ou joute poétique nocturne : tout cela, et bien davantage, est à votre portée à New York. Mêlez-vous à la foule, faites des rencontres et, comme les New-Yorkais, profitez-en. Combien d'expériences différentes peut-on vivre en une seule minute dans cette ville ? Vous le saurez bientôt : à vous de jouer.

En haut à gauche Ambiance décontractée au Hall & Beer Garden **En haut à droite** Dans le Meatpacking District, les ouvrières des derniers abattoirs croisent la jeunesse branchée **En bas** Shopping dans 125th St, à Harlem

Shopping sur la Cinquième Avenue

>1 METROPOLITAN MUSEUM OF ART

ADMIRER LA VUE DEPUIS LA TERRASSE DU MET

Avec presque trois millions de pièces, cinq millions de visiteurs par an et un budget annuel de 120 millions de dollars, le Met (p. 190) est le plus grand, le plus riche et le plus respecté des musées de la ville. Une vie ne suffirait pas pour en découvrir tous les trésors. Moyennant 155 millions de dollars, il a fait l'objet d'une rénovation majeure entre 2004 et 2007 : l'occasion d'exposer de nombreuses pièces jusqu'alors non visibles, parmi lesquelles un chariot étrusque. Les galeries consacrées à l'art romain et à l'art moderne ont été rénovées et l'on compte désormais sept mille cinq cents œuvres grecques et romaines dans la Roman Court.

Prévoyez du temps pour vous perdre dans les galeries de ce musée tentaculaire. Les galeries dédiées à l'art européen, accessibles par l'escalier en marbre du côté de la Cinquième Avenue, nécessitent déjà une journée, de même que les galeries grecques et romaines, plus vastes que jamais, et la galerie égyptienne, tout juste agrandie, avec ses momies parfaitement conservées et le temple de Dendur tout entier, sauvé de l'immersion lors de la construction du barrage d'Assouan.

Derrière le temple, l'aile américaine présente une collection incongrue : des vitraux signés Tiffany, des cartes de base-ball et la façade complète d'une banque. Viennent ensuite les belles galeries médiévales ornées d'objets symboliques, d'émaux byzantins et d'orfèvrerie religieuse. Vous pourrez aussi explorer l'aile Lehman qui expose Rembrandt, Memling et le Greco, sans oublier les galeries sur l'Afrique, l'Océanie, les Amériques et l'Asie.

>2 MUSEUM OF MODERN ART
SE PERDRE DANS LE JARDIN DES SCULPTURES

La façade du MoMA, qui date de 1939, a été restaurée en 2004 par l'architecte japonais Yoshio Taniguchi. Aujourd'hui, le musée présente un visage moderne et étincelant.

Le meilleur moyen d'explorer les différents étages est de commencer par l'ancienne entrée, avec son auvent en porte-à-faux en forme de piano à queue. Elle se trouve un peu plus bas dans la rue après la nouvelle entrée de 53 rd St, où l'on achète les tickets. Prenez l'ascenseur jusqu'au 6e étage, qui abrite les expositions temporaires. C'est de l'une de ses fenêtres que l'on comprend la manière dont Yoshio Taniguchi a intégré le MoMA moderne (p. 159) dans l'architecture plus ancienne qui l'entoure.

En suivant la pente du musée, vous descendrez d'étage en étage tout en remontant le temps à travers les grands mouvements artistiques du XXe siècle. Les étages 5 et 4 constituent l'introduction du MoMA à l'art moderne : on y trouve des tableaux de Picasso, de Matisse, de Dali, de Mondrian, de Pollock, et quelques originaux de Marcel Duchamp. Le 3e étage est consacré à l'architecture et au design. Le 2e étage présente des gravures, des livres illustrés et des expositions sur le cinéma et les médias, qui coïncident souvent avec les cycles de films projetés dans le nouveau cinéma du musée, situé en dessous du hall d'entrée. Après l'atrium du 2e étage, un café décontracté accueille les visiteurs autour de grandes tables. Le 1er étage surplombe le Jardin des sculptures, qui invite à la promenade avec ses bancs et ses arbres aux formes étranges.

>3 ROCKEFELLER CENTER

GRIMPER SUR LE "TOP OF THE ROCK"

Quelle vision plus éblouissante que ce bâtiment mythique en plein cœur de Manhattan ? L'intérieur luxueux recèle 9 hectares de boutiques, de jardins, de banques et de sculptures Art déco. Pendant l'hiver, se dresse un immense sapin de Noël au bord de la plus romantique des patinoires. La vue sur la ville, que l'on a depuis le sommet des 70 étages du Rockefeller Center, est à couper le souffle : Top of the Rock, la terrasse panoramique la plus vaste et la plus vertigineuse de New York, fermée pendant vingt ans, est de nouveau accessible au public.

Le Rockefeller Center (p. 160) a été conçu par le magnat du pétrole John D. Rockefeller pendant la Grande Dépression des années 1930. Ce projet colossal, visant à abriter des boutiques de luxe à l'époque où la plupart des Américains avaient à peine de quoi manger, semblait une folie. Au final, ce chantier de dix ans a fourni du travail à 70 000 ouvriers et donné naissance à une véritable "ville dans la ville" qui réunit aujourd'hui plusieurs grands médias américains (NBC Studios, Associated Press…).

Le centre regroupe une centaine d'œuvres d'art, dont une grande fresque dans chacun des bâtiments. Une d'entre elles a été détruite : celle du Mexicain Diego Rivera, qui avait voulu représenter Lénine, ce qui n'était pas vraiment du goût de cette famille capitaliste. Elle a été remplacée par l'effigie d'Abraham Lincoln par José Maria Sert. Autres œuvres majeures : *Prométhée*, au-dessus de la patinoire, *Atlas* sur la Cinquième Avenue ou encore *News*, une installation d'Isamu Noguchi au 45, Rockefeller Plaza.

>4 TIMES SQUARE
S'OFFRIR BROADWAY ET SES NÉONS MYTHIQUES

Ce maelström d'activité humaine et d'enseignes scintillantes en fait sans aucun doute l'intersection la plus célèbre de la ville. Quartier des sex-shops, des peep-shows et des marginaux dans les années 1960, Times Square affiche aujourd'hui une image presque bon enfant. À la lumière de ses néons, la nuit et le jour se confondent. Néanmoins, avec ses dizaines de théâtres, le secteur se caractérise toujours par l'effervescence qui a fait sa réputation, surtout le week-end, lorsque la foule se presse sur les trottoirs pour ne pas manquer le lever de rideau de 20h.

Time Square a tiré son nom du fameux journal *New York Times*, qui s'est installé là, à la place du marché aux chevaux, après l'arrivée du métro en 1904. Le journal organisa une fête pour le jour de l'An, qui est devenue une tradition, et nombreux sont ceux qui viennent assister à la descente de la fameuse boule le 31 décembre à minuit. Inutile de réserver votre visite pour cette date, la fébrilité ne quitte jamais Times Square où chaque centimètre est exploité par la publicité lumineuse. Parfois surnommé le "carrefour du monde", ce royaume du divertissement est toujours aussi clinquant et n'a pas d'équivalent sur la planète.
Voir aussi p. 168.

>5 CENTRAL PARK

EXPLORER LA CAMPAGNE EN PLEIN CŒUR DE LA VILLE

Bienvenue dans le poumon de New York. Ici, l'herbe bien verte, les grands arbres, les fleurs sauvages et les ruisseaux font oublier les embouteillages qui se trouvent à deux pas. Le parc a été conçu dans les années 1860 et 1870 par Frederick Law Olmsted et Calvert Vaux, pour que chacun, quelle que soit sa classe sociale, puisse venir s'y ressourcer.

Cette oasis de pelouses et de jardins s'étire du centre-ville jusqu'à Harlem Meer, un lac joliment réaménagé. Promeneurs, joggeurs, cyclistes, skaters, skieurs et cavaliers se partagent les nombreux chemins qui la traversent. Couples et amis se retrouvent au centre, à Bethesda Terrace, aisément identifiable grâce à la statue *Ange des eaux* (*Angel of the Waters* ; p. 183), au milieu de sa fontaine.

La nature est omniprésente à Central Park : on en oublie presque qu'il est entièrement artificiel ; ce fut d'ailleurs le premier parc paysager des États-Unis. Notons que pour disposer de la place suffisante, ses constructeurs ont rasé plusieurs entreprises et quartiers, comme Seneca Village (p. 187), qui abritait la première grande communauté d'Afro-Américains propriétaires dans Manhattan. Olmsted et Vaux ont aussi drainé un marécage, déplacé cinq millions de mètres cubes de terre et construit quatre routes transversales pour écouler la circulation : 66th, 79th, 86th et 96th Sts passent sous les collines du parc.

La partie nord est volontairement restée assez sauvage, à l'exception des Conservatory Gardens, qui offrent une expérience sensorielle intense avec leurs tulipes et leurs pommiers en fleur. Au-delà de 79th St, la nature reprend ses droits.

La Great Lawn (p. 182), littéralement "la grande pelouse", entre 72nd et 86th St, est l'un des centres névralgiques du parc. En été, on y écoute le New York Philharmonic Orchestra. À proximité, vous pourrez découvrir d'autres sites : le Delacorte Theater, qui accueille tous les ans le festival de théâtre Shakespeare in the Park, le château du Belvédère, le Ramble, espace privilégié pour l'observation des oiseaux et lieu de rencontres pour les gays, et enfin la Loeb Boathouse, où l'on peut louer une barque pour faire une balade romantique sur le lac.

Vous pourrez également faire connaissance avec les pingouins, les ours polaires, les otaries, les pandas et les petits singes tamarins

du Central Park Wildlife Center (p. 182), où l'on trouve aussi un centre de découverte à l'intention des enfants. Les repas des otaries ont lieu à 11h30, 14h et 16h ; vous pouvez participer en jetant quelques poissons.

Les amateurs de marche et de jogging apprécient le réservoir Jacqueline Kennedy Onassis (p. 183) et surtout les 2,5 km de pistes qui l'entourent, où s'entraînent les adeptes du marathon local.

À l'ouest du parc, à la hauteur de 79th St, vous attendent le Strawberry Fields (p. 183), un jardin en forme de larme, et son mémorial toujours changeant, en l'honneur de John Lennon. L'artiste aimait venir se ressourcer à Central Park et c'est non loin d'ici, en rentrant chez lui, qu'il a été abattu en 1980. Mais la liste des choses à faire et à voir ne s'arrête pas là ; le **centre d'information des visiteurs** (☎ 212-794-6564 ; www.centralpark.org) vous dira tout.

LES CLOISTERS

Occupant 2 ha au bord de l'Hudson, les **Cloisters** (☎ 212-923-3700; www. metmuseum.org), extension du Met, constituent un musée qui offre un cadre de charme (des cloîtres européens remontés pierre par pierre) à sa grande collection de sculptures romanes, de manuscrits enluminés et de peintures. Vous pourrez y admirer les tapisseries de la Licorne, le *Triptyque de Mérode* et les paisibles jardins.

>6 WEST VILLAGE
BRUNCHER DANS UN CAFÉ LITTÉRAIRE

Avec ses rues tortueuses et ses anciens chemins agricoles, ses courettes dissimulées derrière des allées bordées d'arbres, le "Village" a longtemps été le lieu de tous les engagements politiques, un quartier bohème et fantasque où seuls artistes et marginaux osaient s'installer. Les choses ont bien changé : aujourd'hui, cette enclave privilégiée attire les gens riches et célèbres qui, peut-être pour se faire pardonner la distance que ce quartier a prise avec ses origines, se battent pour en préserver le caractère unique face aux assauts architecturaux du verre et de l'acier.

Greenwich Village (p. 108) n'est certes plus ce qu'il était autrefois, mais il mérite le détour, que ce soit pour son histoire, sa sérénité, pour faire du shopping ou simplement pour observer les passants.

Vous apercevrez quelques habitations délabrées et passerez devant certains bars hantés par les esprits du passé : le poète gallois Dylan Thomas se serait soûlé à mort au White Horse Tavern. Bien d'autres plumes célèbres ont vécu et travaillé sur place : Mark Twain, Willa Cather, James Baldwin, Eugene O'Neill, E. E. Cummings et William Burroughs. Si Greenwich Village n'est plus le centre de la vie créative à New York, on y ressent toujours une énergie toute particulière.

>7 HARLEM

ASSISTER À LA RENAISSANCE D'UN QUARTIER

Fief de la communauté noire pendant plus d'un siècle, Harlem (p. 208) se relève petit à petit de sa période sombre des années 1980. Les icônes culturelles – l'Apollo Theater, le Lenox Lounge, le Studio Museum et le Schomburg Center for Black Research (p. 212) – y ont été restaurées et revitalisées, et le quartier accueille aujourd'hui une flopée de boutiques et de nouveaux cafés, restaurants et clubs de jazz. Harlem porte les stigmates de l'abandon dont il a été victime, mais il renoue avec la position culturelle et artistique qu'il occupait avant la Grande Dépression des années 1930.

La municipalité a délaissé Harlem après le Krach de 1929, jusqu'aux émeutes et à la création du Mouvement pour les droits civiques pendant les années 1960. Dans les années 1980, la drogue marque le quartier de son empreinte et les beaux *brownstones* (bâtiments de grès brun) se muent en squats. Aujourd'hui, à cause de la flambée des prix à Manhattan, Harlem commence à séduire une clientèle attirée par ses grands boulevards, ses églises historiques et ses belles façades Art déco. Les promoteurs, à la faveur d'une fiscalité accommodante, s'y précipitent. Les activistes tentent de faire preuve de fermeté pour que cet embourgeoisement soit synonyme de croissance, et non d'expulsion, pour la communauté noire .

>8 LOWER MANHATTAN

PRENDRE LA MER À SOUTH ST SEAPORT

Séduisant mélange d'architecture ancienne et moderne, la pointe sud de Manhattan rassemble des petites rues coloniales et des gratte-ciel parmi les plus impressionnants de l'île. C'est ici qu'est né New York, sur le site d'une communauté indienne Lenape, devenu par la suite une colonie hollandaise, puis une place forte britannique et la capitale (provisoire) de la jeune nation libre. Lower Manhattan compte de nombreux symboles de la période révolutionnaire : George Washington, premier président des États-Unis, a prêté serment au Federal Hall (p. 46), il se recueillait à la St Paul's Chapel (p. 47) et à la Trinity Church (p. 48), dans le cimetière reposent nombre de ses contemporains. La Bourse de New York (p. 47) a toujours son siège dans Wall St, rue baptisée en souvenir des fortifications hollandaises.

Le 11 septembre 2001, c'est tout le paysage de Manhattan qui a été bouleversé par la destruction des tours du World Trade Center. Tout a changé à Ground Zero (p. 46) : une plate-forme dominant un mémorial a pris la place du trou béant qui s'y trouvait encore récemment. Des panneaux retracent la chronologie de l'événement et une sculpture de bronze devant la célèbre caserne des pompiers de Liberty St rend hommage aux héros tombés dans les attentats. La ville espère construire d'ici à 2010 des bâtiments et un lieu de recueillement. Les architectes de renom Daniel Libeskind et Norman Foster participent au projet de la réhabilitation du site.

> 9 BROOKLYN

EXPLORER LE "NOUVEAU" NEW YORK

Il aura fallu attendre cent ans, mais le plus célèbre des *boroughs* (quartiers) de la ville retrouve ses lettres de noblesse. Les dirigeants de Brooklyn avaient fait ce que l'on appelle la "grande erreur de 1898" en intégrant à New York cette ancienne municipalité indépendante : une belle opération fiscale pour Manhattan, mais un coup terrible pour l'économie de Brooklyn. Aujourd'hui, sous l'impulsion d'un ensemble de facteurs (notamment les prix délirants de l'immobilier à Manhattan), Brooklyn a largement rattrapé – et même dépassé, aux dires de certains – son concurrent en termes de vie nocturne, d'offres culturelles et de restaurants.

De l'enclave artistique connue sous le nom de Down Under the Manhattan Bridge Overpass (Dumbo, p. 219) aux prestigieux spectacles de la Brooklyn Academy of Music, en passant par un Williamsburg branché et la lointaine Coney Island, sans oublier les bâtiments fatigués d'un Red Hook en mutation et l'éclectique Park Slope, Brooklyn passionnera le voyageur curieux et avide de nouvelles expériences.

Déjà, sachez que les restaurants, les bars et les discothèques sont moins chers de l'autre côté de l'East River et que la plupart des New-Yorkais célibataires et de moins de 35 ans y vivent. Ensuite, on n'a pas assisté à un tel regain d'énergie artistique dans tout l'État de New York depuis les années 1980, lorsque Jean-Michel Basquiat enflammait l'East Village avec ses personnages peints à la bombe. Enfin, la traversée du pont de Brooklyn depuis Manhattan est un incontournable.

>10 LE PORT DE NEW YORK

SALUER LA STATUE DE LA LIBERTÉ ET ELLIS ISLAND

Elle se tient là, la belle dame en vert, à l'entrée de Lower Manhattan depuis 1886. Elle tient sa torche bien haut, saluant l'avènement de la liberté, avec son regard fixe tourné vers l'Europe. La Liberté éclairant le monde ou statue de la Liberté (p. 48), offerte en 1886 par la France, a accueilli des millions d'immigrants et continue d'impressionner les visiteurs. Sculptée par Frédéric-Auguste Bartholdi sur une ossature métallique de Gustave Eiffel, la statue mesure 93 mètres de haut et pèse 225 tonnes.

Juste à côté se trouve Ellis Island (p. 48), autrefois sas de sécurité des passagers de troisième classe descendus des paquebots en provenance d'Europe. Dans le musée de l'Immigration, vous pourrez voir des coffres et des sacs abandonnés, mais aussi des photos d'émigrants apeurés et épuisés à leur arrivée, marqués par les semaines passées en mer et par la tristesse d'avoir tout quitté, ainsi que des pièces interactives permettant aux visiteurs de rechercher des personnes de leur famille dans la base de données des immigrants. Il faut parfois faire la queue un moment pour le ferry, mais l'attente en vaut la peine.

Une expérience qui sort de l'ordinaire : l'excursion à Governor's Island. Cette île de 69 hectares située au large de Manhattan, autrefois sous contrôle de l'armée, est désormais ouverte aux circuits organisés par le service des parcs nationaux. Pour changer d'air.

>11 CHELSEA CÔTÉ OUEST

ENCHAÎNER GALERIES ET DISCOTHÈQUES

Boutiques, bars, discothèques… L'ancien quartier des abattoirs a beaucoup changé. Autrefois consacré au secteur de la viande (abattage, emballage, stockage, etc.), le Meatpacking District (p. 122) était surtout réputé pour ses odeurs, et personne ne voulait y vivre. Aujourd'hui, les plus branchés des New-Yorkais l'adorent autant que son voisin, Chelsea (p. 132), quartier à la mode, regorgeant de galeries d'art et apprécié de la communauté gay : l'extrême ouest de Manhattan semble totalement métamorphosé.

Le quartier offre d'excellents restaurants : le fameux Pastis qui a lancé la tendance Meatpacking ; le Paradou, d'inspiration provençale, avec sa jolie terrasse ; le séduisant Son Cubano ; et enfin le décontracté Spotted Pig (p. 129). Tout autour de Chelsea, vous trouverez des boutiques à prix réduit : Filene's sur Sixth Ave et le marché de Chelsea (p. 139) sur Eighth Ave ; le quartier est surtout célèbre pour les galeries qui courent de 22nd St à 28th St entre Twelfth, Eleventh et Tenth Ave. Les artistes connus, comme Gagosian, Matthew Marks et Mary Boone, côtoient les projets innovants comme le gallery group, qui réunit dans une ancienne boîte de nuit les œuvres d'artistes qui montent.

Chelsea compte sept brownstones aux n° 406-418 dans West 20th St, appelés aussi Cushman Row : un merveilleux exemple d'architecture d'inspiration grecque. Dans la même rue, vous verrez des bâtisses de style italien aux n° 446-450. Tout cela pour confirmer que ce quartier présente différents visages, et une vie nocturne très active.

LES INCONTOURNABLES > L'EMPIRE STATE BUILDING

>12 L'EMPIRE STATE BUILDING

VOIR LE SOLEIL SE COUCHER DEPUIS LE TOIT DE NEW YORK

Malgré la concurrence du Top of the Rock (la terrasse du Rockefeller Center), l'Empire State Building (p. 158) reste un mythe pour tous les voyageurs. Depuis l'effondrement des tours jumelles, il est de nouveau le gratte-ciel le plus haut de New York, bien qu'il date des années 1930 ! Il ne faut que quarante-cinq secondes pour se retrouver au 86ᵉ étage.

La flèche qui surmonte ce bâtiment Art déco change de couleur tous les soirs, souvent en fonction du calendrier des fêtes (vert pour la Saint-Patrick, par exemple).

Conçu durant les prospères années 1920, l'Empire State Building n'a été construit qu'après le krach boursier de 1929. Édifié en quatre cent dix jours pour un coût de 41 millions de dollars, le gratte-ciel de 102 étages a été inauguré en 1931 pour devenir très rapidement une adresse commerciale prestigieuse. Mais en raison de ses loyers dissuasifs, l'immeuble est resté inoccupé pendant de nombreuses années, ce qui lui a valu le nom d'"Empty State Building". Sa flèche devait servir de mât d'amarrage pour les dirigeables, mais la catastrophe du *Hindenburg* en 1937 a sonné le glas du projet. Le dernier étage n'est pas accessible mais la vue du 86ᵉ étage mérite le détour : ce lieu demeure l'un des plus populaire de la ville. Pour éviter la foule, venez très tôt ou très tard, ou achetez un billet combiné incluant le New York Skyride : la file d'attente est souvent moins longue.

>13 LA CINQUIÈME AVENUE

FAIRE DU SHOPPING JUSQU'À PLUS SOIF

Symbole international du shopping, la Cinquième Avenue (Fifth Ave) offre une succession ininterrompue de boutiques toutes plus élégantes les unes que les autres. Depuis que ce quartier, autrefois prisé des grandes familles, est devenu le fief du commerce au début des années 1900, son nom est synonyme de qualité et de raffinement.

Aujourd'hui, si les boutiques de luxe restent largement représentées, le choix se diversifie et plusieurs chaînes de solderies côtoient Cartier, Chanel, Christian Dior, Brooks Brothers et Bergdorf Goodman (p. 161). La palme de l'immeuble le plus outrancier revient à la Trump Tower, un complexe étincelant d'appartements de luxe auxquels on accède par un hall fourmillant de cascades, d'escaliers roulants, de cafés animés et de boutiques haut de gamme. Un peu plus haut, la Grand Army Plaza est dominée par le Plaza Hotel, qui abrite désormais des appartements privés. Des calèches patientent sur la place romantique qui jouxte Central Park. Si vous commencez à ressentir une overdose de luxe, St Patrick's Cathedral (p. 160) se tient juste au coin de la rue, et la New York Public Library (p. 159), la célèbre bibliothèque, un peu plus bas.

>14 LOWER EAST SIDE

RÉVEILLER LE ROCKEUR QUI EST EN VOUS

Autrefois brut et grunge, le quartier d'East Village (p. 94) expérimente une véritable révolution grâce à ses restaurants, ses bars et autres lieux publics qui en font aujourd'hui l'un des quartiers les plus animés de New York. Cette ancienne enclave de la scène rock a vu défiler Madonna dans sa jeunesse, mais aussi le jazzman Charlie Parker, le formidable guitariste Jimi Hendrix et Margaret Sanger, une infirmière militante arrêtée pour avoir distribué des tracts sur le contrôle des naissances.

De vieux immeubles délabrés jalonnent les rues insolites de ce quartier débordant d'énergie créative devenu populaire, mais les immeubles communautaires sont de plus en plus souvent remplacés par des appartements de luxe. Le voyageur y est plus en sécurité qu'autrefois, et les rues sont plus propres, mais East Village reste idéal pour assister à des joutes de slam (Nuyorican Café, p. 106), des performances artistiques et des expositions avant-gardistes (La MaMa, p. 106), ou pour faire la tournée des pubs sur Second Ave (et, de plus en plus, sur Ave A et B).

De l'autre côté de Houston St, un *block* vers le sud, le quartier de Lower East Side vient d'être redécouvert. Sous l'impulsion de restaurateurs audacieux, une renaissance culinaire s'y produit, déclenchant une réaction en chaîne jusqu'à Chinatown. Ces quartiers mêlent harmonieusement l'ancien et le nouveau, pour le plus grand plaisir des visiteurs.

>15 GASTRONOMIE

RÉJOUIR SES PAPILLES

Si vous pensez que New York offre seulement des possibilités de restauration rapide, détrompez-vous. Ici, les restaurants rivalisent d'originalité et d'inventivité pour vous offrir à chaque fois une nouvelle expérience culinaire. Pour les amateurs, sortir dîner est un acte quotidien élevé au rang d'un art à part entière, en phase avec le rythme effréné de cette ville pas comme les autres.

Les nouvelles tendances culinaires font partie intégrante de l'expérience new-yorkaise. Vous trouverez des tamales et des chilis à chaque coin de rue. Et les marchés locaux offrent les produits les plus exotiques provenant du monde entier.

Certes, le temps que vous arriviez en taxi depuis l'aéroport jusqu'en ville, la dernière tendance aura disparu au profit d'une nouvelle, mais une mode s'accroche, celle des en-cas pour l'apéritif, idéale pour les New-Yorkais toujours pressés. Autre découverte : celle de la *lounge food*, qui permet de remédier au problème des réservations dans les lieux les plus courus. Si vous n'avez pas réussi à avoir une table chez Del Posto pendant votre séjour, optez pour le *lounge* (le bar correspondant, dans un établissement moins chic) : ce sont les mêmes spécialités, et souvent pour la moitié du prix.

Les restaurants poussent comme des champignons dans certains quartiers : East Village (p. 94), Lower Manhattan (p. 44), le Meatpacking District (p. 122) et Lower East Side (p. 66). L'Upper West Side compte bien moins d'adresses, mais offre quelques valeurs sûres. Devant une telle offre, le voyageur a surtout l'embarras du choix.

>16 LE ZOO DU BRONX

RENCONTRER LES ANIMAUX DE TRÈS PRÈS

Donnant un sens nouveau à l'expression "jungle urbaine", cette étendue de 106 hectares se propose de divertir et d'informer les visiteurs tout en respectant les besoins et les rythmes de ses locataires. Plus de quatre mille cinq cents animaux, issus de quelque six cents espèces, vivent dans des espaces naturels ouverts, souvent séparés du public par une simple barrière naturelle ou une palissade. Inauguré en 1899, le zoo du Bronx n'a cessé d'évoluer, comme en témoigne la Congo Gorilla Forest (forêt du gorille du Congo). Cette reconstitution d'une forêt tropicale africaine offre des postes d'observation dans les arbres, une végétation luxuriante et abrite près de trois cents animaux, dont deux groupes de gorilles des plaines et quelques phacochères.

Les fonds récoltés à l'entrée servent aux soins des animaux et aux projets entrepris par la Wildlife Conservation Society (WCS) dans le reste du monde. Le zoo accueille souvent des bêtes blessées, malades ou menacées, trouvées par la WCS dans la nature. Trois modes de transport – un monorail, un tram aérien et une navette – offrent diverses approches du parc. Les enfants adoreront le minizoo construit à leur taille, et l'exposition de papillons monarques est à couper le souffle.

>AGENDA

Salsa et swing au Lincoln Center, blues au Battery Park : il y a toujours un festival ou une fête quelque part en ville. Toute l'année se succèdent de grandes dates traditionnelles et culturelles : le Nouvel An, le Nouvel An chinois, la Puerto Rican Day Parade, le Gay Pride Month, le jour de l'Indépendance le 4 juillet, la West Indian Day Parade, Halloween et la parade de Thanksgiving. Enfin, en décembre, quand se télescopent Hanoukka, Noël et Kwanza (fête de la communauté noire), la ville entre en ébullition.

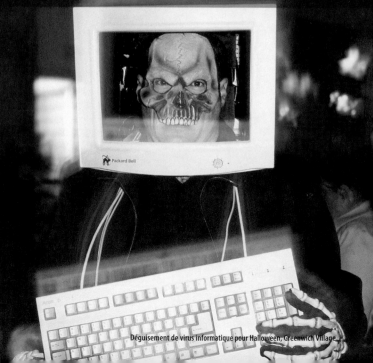

Déguisement de virus informatique pour Halloween, Greenwich Village.

AGENDA

JANVIER

Three Kings Parade
www.eastharlempreservation.org
Le 5 janvier, défilé d'enfants en compagnie
d'ânes et de moutons dans Spanish Harlem,
depuis la Cinquième Avenue jusqu'à 116th St.

Winter Restaurant Week
www.nycvisit.com
Déjeuners ou dîners (entrée, plat, dessert)
entre 20 et 30 $ dans les grands restaurants.

Martin Luther King Jr Parade
Parade d'anniversaire sur la Cinquième
Avenue, entre 86th et 61st Sts, en mémoire
de ce pasteur militant pour les droits civiques.

FÉVRIER

Olympus Fashion Week
www.olympusfashionweek.com
Haute couture à l'honneur dans Manhattan,
la deuxième semaine de février : l'occasion
pour chacun de découvrir les nouvelles
tendances. Autre temps fort de la mode :
la deuxième semaine de septembre.

Westminster Kennel Show
www.westminsterkennelclub.org
Défilé de chiens de concours, tous les ans,
dans le plus grand sérieux, comme
ne l'indiquent pas les sourires amusés
des passants.

MARS

St Patrick's Day Parade
www.saintpatricksdayparade.com/NYC/
newyorkcity.htm
Du vert, du vert et encore du vert : dès 11h
du matin, le 17 mars, tout le monde se met
aux couleurs du saint patron des Irlandais
sur la Cinquième Avenue, entre 44th
et 86th Sts (voir photo ci-contre).

AVRIL

Easter Parade
www.ny.com
Défilé en costumes et chapeaux le dimanche de Pâques, de 10h à 16h, sur la Cinquième Avenue entre 57th et 49th Sts.

Orchid Show
www.rockefellercenter.com
Exposition d'orchidées regroupant plus de soixante-dix concurrents internationaux, qui présentent leurs plus belles fleurs dans les catégories de l'arrangement floral et du parfum. Possibilité d'acheter des orchidées.

MAI

Bike Month
www.bikemonthnyc.org
À l'occasion du mois du vélo (voir photo ci-dessus), circuits hebdomadaires, soirées et autres rencontres pour les adeptes.

Fleet Week
www.intrepidmuseum.com
Rassemblement de marins, de sauveteurs en mer et de navires du monde entier, fin mai.

JUIN

Puerto Rican Day Parade
www.nationalpuertoricandayparade.org
Musique et défilé de chars : la deuxième
semaine de juin, sur la Cinquième Avenue
entre 44th et 86th Sts, la communauté
portoricaine de New York fait la fête.

Lesbian, Gay, Bisexual & Transgender Pride
www.heritageofpride.org
Nombreuses manifestations tout au long
du mois de juin et grande parade sur
la Cinquième Avenue (voir photo ci-dessus)
le dernier dimanche de juin.

Restaurant Week
www.nycvisit.com
Fortes réductions sur le déjeuner ou le dîner
(entrée, plat, dessert entre 20 et 35 $) dans
les grands restaurants, la dernière semaine
de juin.

Mermaid Parade
www.coneyisland.com
La parade des sirènes dans leurs plus beaux
atours sur la promenade de Coney Island,
le dernier samedi du mois.

JUILLET

Feux d'artifice du 4 juillet
www1.macys.com
Début des feux d'artifice à 21h. Quelques bons
spots pour y assister : le parc de Lower East Side ;
Williamsburg ; Brooklyn ou les terrasses élevées.

Nathan's Hot Dog Eating Contest
www.nathansfamous.com
Concours du plus gros mangeur de hot-dogs
(photo ci-dessous) à Coney Island, le 4 juillet.

Philharmonic in the Park
www.newyorkphilharmonic.org
Concerts gratuits à Central Park, Prospect Park,
dans le Queens, le Bronx ou à Staten Island.

AOÛT

Fringe Festival
www.fringenyc.org
Un festival pour découvrir les talents
du théâtre d'avant-garde.

Howl! Festival
www.howlfestival.com
Une semaine entière dédiée à l'art dans East
Village, avec le Charlie Parker Jazz Festival,
des spectacles, des lectures, etc.

Tournoi de tennis de l'US Open
www.usopen.org
L'un des quatre tournois du grand chelem
du tennis professionnel (dans le Queens).

AGENDA

SEPTEMBRE

West Indian American Day Carnival

www.wiadca.com

Grand défilé dans Brooklyn début septembre, avec 2 millions d'Américains caribéens parés pour le carnaval annuel ; direction Eastern Parkway, à Brooklyn (voir photo ci-dessus).

Olympus Fashion Week

www.olympusfashionweek.com

Deuxième grand rendez-vous annuel de la mode avec ses défilés de haute couture.

OCTOBRE

D.U.M.B.O. Art under the Bridge Festival

www.dumboartscenter.org

Portes ouvertes dans les ateliers du quartier, expositions et spectacles de rue.

Open House New York

www.ohny.org

Ouverture, un week-end par an, des portes des lieux les plus secrets de New York.

Halloween

www.halloween-nyc.com

Défilé haut en couleur pour une nuit de folie en costume, le 31 octobre.

NOVEMBRE

Marathon de New York

www.ingnycmarathon.org

Le fameux marathon de New York
(voir photo ci-dessous) déroule ses 42 km
dans les cinq boroughs de la ville,
attirant des milliers d'athlètes depuis
le monde entier.

Parade de Thanksgiving

www.macys.com

Les célèbres chars descendent Broadway
depuis 72nd St jusqu'à Herald Sq. La veille,
les ballons sont gonflés à l'angle sud-ouest
de Central Park.

DÉCEMBRE

Arbre de Noël du Rockefeller Center

Illumination du plus grand sapin de Noël
au monde devant le Rockefeller Center,
à Midtown, face à une foule émerveillée.

Réveillon du Nouvel An

www.nycvisit.com

En plus du célèbre compte-à-rebours de
Times Square, la ville propose de nombreux
événements à minuit : une course, **Midnight
Run in Central Park** (☎ 212-860-4455),
et des feux d'artifice à Central Park, Prospect
Park et South Street Seaport.

FESTIVALS ANNUELS

Chinese Lunar New Year Festival (www.explorechinatown.com) Feux d'artifices et parades de dragons dansants, fin janvier ou début février, selon le calendrier chinois.

Cherry Blossom Festival (www.bbg.org) Le premier week-end de mai, la fête des cerisiers en fleurs (*Sakura Matsuri* en japonais) met à l'honneur les arbres du jardin botanique de Brooklyn.

Tribeca Film Festival (www.tribecafilmfestival.com) La première semaine de mai, Lower Manhattan entre en ébullition et accueille moult célébrités montrant leur attachement au cinéma indépendant.

JVC Jazz Festival (www.festivalproductions.net/jvcjazz.htm) Pour ce festival de jazz de la mi-juin, plus de quarante spectacles de jazz sont organisés dans toute la ville, avec des grands noms comme Abbey Lincoln, João Gilberto et Ornette Coleman.

River to River Festival (www.rivertorivernyc.org) Durant tout l'été, mais surtout prisé au mois de juin, ce festival réunit des centaines d'artistes qui se produisent dans les parcs de la ville : théâtre, musique, danse et cinéma sont au rendez-vous.

San Gennaro Festival (www.sangennaro.org) Little Italy fête le saint patron de Naples, fin septembre : spécialités italiennes et ambiance garantie depuis soixante-quinze ans.

>ITINÉRAIRES

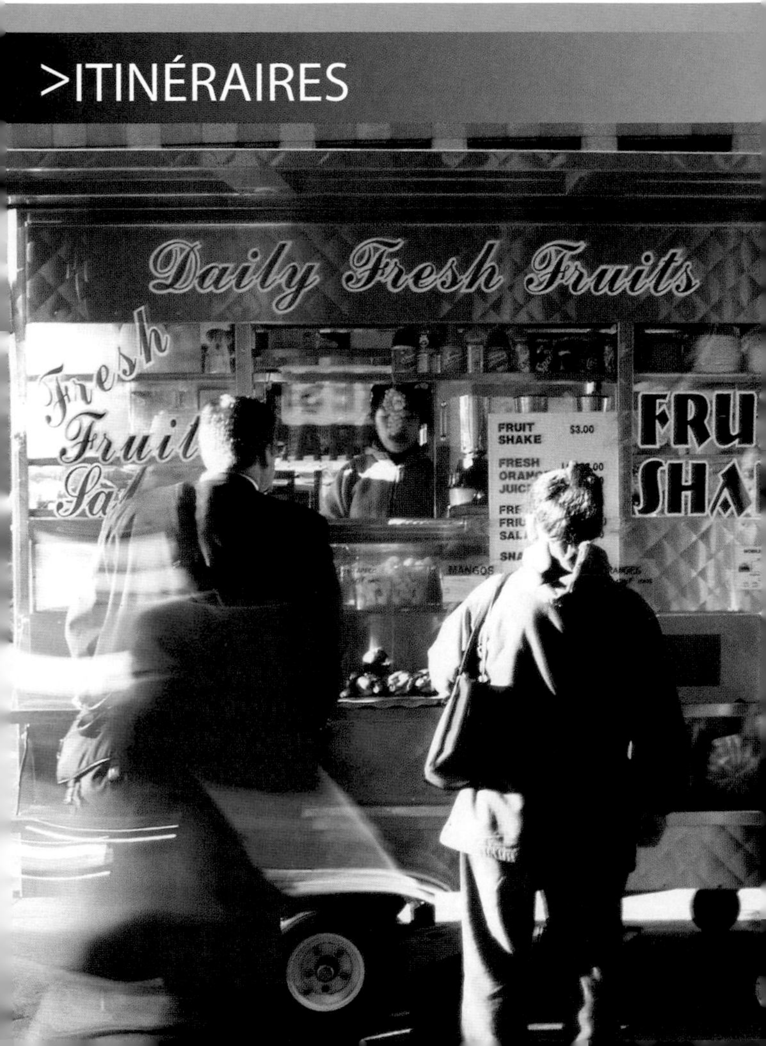

ITINÉRAIRES

Si une propreté toute relative et des retards fréquents ne vous gênent pas,
les transports publics seront votre meilleur allié à New York. Le métro, qui
existe depuis déjà un siècle, dessert à peu près régulièrement l'axe nord-sud
de Manhattan. Un peu plus lents, des bus empruntent les grandes avenues de
Manhattan : spectacle garanti.

   Vous pouvez acheter une MetroCard (p. 276) dans un kiosque à journaux
ou une station de métro puis tracer votre parcours. Pour ne pas perdre de
temps, il est recommandé de prendre un bus ou un métro vers le quartier
que vous voulez visiter et de se rendre ensuite à pied d'un site à un autre.
Attention, sachez que parcourir quelques blocks à pied peut s'avérer
très long. Le taxi reste la meilleure option pour aller au bout de la ville,
là où il n'y a pas de métro, mais mieux vaut éviter les embouteillages
monstrueux des heures de pointe (environ de 7h à 9h puis de 16h à 19h).

PREMIER JOUR

Commencez au petit matin par West Side en faisant une promenade dans
Central Park (p. 180), en sortant par la Cinquième Avenue à la hauteur de
79th St ou de 85th St. Faites un saut au Metropolitan Museum of Art (p. 190)
dans 82nd St, avant de prendre le bus M1 (le "South Ferry") vers le sud jusqu'à
Houston St. Continuez jusqu'à Barbossa (p. 88) *via* Nolita pour le déjeuner
avant de vous accorder une séance de lèche-vitrine dans Tribeca et Soho
(p. 84). Le soir, ne manquez pas les lumières de la ville depuis l'Empire State
Building (p. 158) et dînez dans l'ambiance survoltée de Times Square.

DEUXIÈME JOUR

Vous pouvez démarrer la journée par l'exploration des boutiques et des cafés
du Meatpacking District et découvrir le ravissant marché de Chelsea (p. 139).
Descendez ensuite jusqu'à Greenwich Village, en vous laissant charmer par
le passé artistique et littéraire des adresses historiques comme la White Horse
Tavern ou Chumleys (p. 118). Prenez Bleecker St et traversez Washington Square
Park, pour continuez vers le nord jusqu'à Union Square et Gramercy Park.
Après une petite pause à la Pete's Tavern (p. 153), un rapide trajet en bus ou en
métro vous emmènera jusqu'à Lower East Side (p. 66), d'où vous pourrez marcher

---

En haut à gauche Shopping chez B & H Photo **En haut à droite** Partie d'échecs au Washington Square Park
En bas Premier passage à l'écran au Children's Museum de Manhattan **Page précédente** Pause vitaminée dans la rue

jusqu'à East Village (p. 94) en passant de boutique en galerie, sans manquer le Tompkins Square Park (p. 98) et St Mark's Pl. (p. 95). Terminez la journée par la tournée des bars ou par un restaurant décontracté sur Second Avenue.

TROISIÈME JOUR

Commencez la journée à l'American Museum of Natural History (p. 200) dans Upper West Side, avant de vous rendre au Riverside Park (p. 201) à la hauteur de 100th St, où vous pourrez vous promener ; vous remarquerez la sculpture en l'honneur des pompiers de la ville et terminerez par la cathédrale St John the Divine. Le Schomburg Center, le Studio Museum (p. 212) et Striver's Row se trouvent au coin de la rue, dans Harlem. Vous pourrez alors goûter la cuisine savoureuse d'Amy Ruth (p. 214) sur Lenox Avenue et 116th St. Votre promenade digestive vous mènera jusqu'au Harlem Meer de Central Park, puis aux Conservatory Gardens. Autre option : la succession de musées (ou Museum Mile) de la Cinquième Avenue, en commençant par le Museum of the City of New York (p. 211) et le Museo del Barrio (p. 211) près de 105th St.

ET S'IL PLEUT ?

Si la météo n'est pas de votre côté, vous ne trouverez pas mieux que de vous réfugier au MoMA (p. 159). Profitez de la matinée pour parcourir le musée du 6e étage au rez-de-chaussée, avant de vous ravitailler au Modern, le chaleureux café-restaurant du musée. Ensuite, direction Union Square, pour une séance de bowling au Bowlmor Lanes (p. 154) . Vous ne serez alors plus très loin du Film Forum : c'est l'occasion de revoir un film de la Nouvelle Vague. Et pourquoi ne pas finir avec un dîner romantique à Greenwich Village, chez Surya ou au Blue Hill (p. 116) ?

AVANT LE DÉPART

Trois semaines avant Vous pouvez réserver des billets pour le spectacle qui vous intéresse à Broadway. Mieux vaut choisir une seconde option si vous devez tenter votre chance pour les réservations de dernière minute au guichet du TKTS (Theater Development Fund, www. tdf.org/tkts) une fois sur place.

Deux semaines avant Il est temps de faire une réservation chez Thalassa (p. 51) ou dans autre restaurant que vous convoitez *via* www.opentable.com.

Trois jours avant C'est le bon moment pour vous inscrire au Manhattan User's Guide (www.manhattanusersguide.com) et au Daily Candy (www.dailycandy.com).

La veille Pour ne rien rater lors de votre première soirée en ville, vous pouvez consulter des sites spécialisés comme www.clubfreetime.com/new_york.asp ou www.freenyc.net.

NEW YORK SANS ÊTRE MILLIONNAIRE

Vous serez surpris de découvrir tout ce que l'on peut faire sur la prestigieuse Madison Avenue pour moins de 10 $. Commencez par une visite à Madison Square Park (p. 148) d'où vous pourrez admirer le Flatiron Building (p. 148). Vous pourrez ensuite aller à pied jusqu'à la Municipal Art Society, puis à la St Patrick's Cathedral (p. 160). La Maison du chocolat vous permettra de reprendre des forces avant la visite du Whitney Museum of American Art (p. 192). Finissez la journée par une balade jusqu'au Museum Mile à l'est de Central Park, pour voir le coucher du soleil à Harlem Meer. Un peu plus au nord vous attend le St Nick's Pub (p. 217), où vous pourrez écouter du jazz.

OUVERT TOUS LES JOURS

Le lundi se révèle idéal pour explorer les ressources de Central Park (p. 180), les musées étant alors fermés. Commencez par la pointe nord et descendez en passant par le Ramble (pour observer quelques oiseaux) et par la promenade du Mall, en jetant un œil au Wildlife Center, au Carousel, et aux Strawberry Fields. Si vous ressortez du parc par l'ouest, prenez le métro pour Chelsea. Les galeries ne seront pas toutes ouvertes, mais les boutiques, si. Un peu de lèche-vitrine vous donnera l'occasion de profiter des parfums de cookies du marché de Chelsea (p. 139). Après quelques délicieux en-cas au Spotted Pig, continuez vers Lower Manhattan (p. 44). Ground Zero (p. 46), St Paul's Chapel (p. 47) et Trinity Church (p. 48) sont ouverts tous les jours. Une petite marche en direction de l'est vous emmènera, par Wall St, jusqu'à la zone portuaire de South Street Seaport (p. 47), où l'on peut assister à des concerts gratuits en été ou encore profiter de l'ambiance de la fin de soirée.

Librairie à Dumbo, Brooklyn

LES QUARTIERS

Il n'est pas difficile de traverser Manhattan en s'émerveillant de ses différentes facettes. En revanche, les choses se compliquent quand il s'agit de trouver une adresse précise, les New-Yorkais ayant des petits noms pour chacun de leurs quartiers. Voici, du sud au nord de Manhattan, un parcours fléché à l'intention du voyageur qui y perdrait son latin.

Wall St et Battery Park (c'est-à-dire Lower Manhattan) regroupent une multitude de gratte-ciel gigantesques sur une surface réduite, formant un paysage urbain qui vaut au quartier le surnom de "canyon de béton".

Au nord du pont de Brooklyn, l'animation de Chinatown se prolonge jusqu'à Canal St et ce qu'on appelait autrefois Little Italy, qui se limite aujourd'hui principalement à Mulberry St, où de rares familles italiennes perpétuent les traditions de la péninsule. Entre Broome St, au nord, et Houston St, au sud, s'étend le quartier autrefois inhospitalier de Nolita (North of Little Italy), devenu un secteur animé, avec des habitations coquettes.

À l'ouest de Lafayette St, les galeries, les boutiques et les rues pavées confèrent à Soho et Tribeca une douce atmosphère de fin de siècle. Au XIXe siècle, des usines occupaient cet espace et, dans les années 1960, des artistes ont transformé les entrepôts abandonnés en spacieux lofts.

Au nord de Houston St se trouve Greenwich Village, dit "le Village." Du côté est, en dessous de Houston St, East Village rejoint Lower East Side. Au-dessus de 14th St, Union Square est un lieu de rendez-vous prisé situé à l'intersection de plusieurs grandes lignes de bus et de métro. En longeant 14th St vers l'ouest jusqu'à Ninth Ave, vous arriverez au Meatpacking District et à Chelsea. Plus au nord, Midtown regroupe plusieurs grandes curiosités de la ville. Upper East Side commence au-dessus de 59th St ; Upper West Side, avec ses boulevards tranquilles parallèles à Central Park, débouche sur Harlem, quartier du jazz, des églises à gospel et des plus beaux brownstones de l'île.

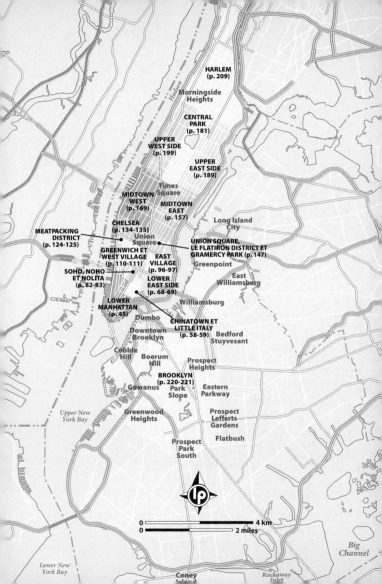

HARLEM
(p. 209)

Morningside
Heights

Hudson

CENTRAL
PARK
(p. 181)

UPPER
WEST
SIDE
(p. 199)

UPPER
EAST
SIDE
(p. 189)

Times
Square

MIDTOWN
WEST
(p. 169)

MIDTOWN
EAST
(p. 157)

Long Island
City

CHELSEA
(p. 134-135)

Union
Square

MEATPACKING
DISTRICT
(p. 124-125)

UNION SQUARE,
LE FLATIRON DISTRICT ET
GRAMERCY PARK (p. 147)

GREENWICH ET
WEST VILLAGE
(p. 110-111)

EAST
VILLAGE
(p. 96-97)

Greenpoint

SOHO, NOHO
ET NOLITA
(p. 82-83)

LOWER
EAST
SIDE
(p. 68-69)

East
Williamsburg

LOWER
MANHATTAN
(p. 45)

Williamsburg

Dumbo

CHINATOWN ET
LITTLE ITALY
(p. 58-59)

Downtown
Brooklyn

Bedford
Stuyvesant

Cobble
Hill

Boerum
Hill

Prospect
Heights

BROOKLYN
(p. 220-221)

Gowanus

Park
Slope

Eastern
Parkway

Greenwood
Heights

Prospect
Lefferts
Gardens

Prospect
Park
South

Flatbush

Upper New
York Bay

0   4 km

0   2 miles

Lower New
York Bay

Big
Channel

Coney

Rockaway
Inlet

>LOWER MANHATTAN

Le quartier de Lower Manhattan est célèbre pour sa longue artère Wall St, qui doit son nom à la barricade érigée par les Hollandais voilà plus de trois cents ans. Durement frappé par les attentats du 11 septembre 2001, le quartier semble aujourd'hui avoir relevé la tête.

Le trou béant laissé après la destruction des tours jumelles du World Trade Center n'a pas disparu, mais les New-Yorkais ont décidé de faire avec. Lower Manhattan est de plus en plus prisé pour prendre un verre ou pour dîner : quantités de nouveaux bars et restaurants raffinés s'installent dans ses petites contre-allées. Pour avoir un peu de choix en matière de vie nocturne, il faut pousser jusqu'à South St Seaport, au-dessus de l'East River : depuis la fermeture du Fulton Street Fish Market, les New-Yorkais adorent y venir boire et danser, surtout en été. Si l'on fait abstraction de la marchandise ultra touristique vendue dans les anciens docks pour s'intéresser à l'architecture, on peut imaginer l'atmosphère qui régnait dans ces lieux lorsque s'y trouvait un port en pleine activité.

LOWER MANHATTAN

◉ VOIR

Battery Park	1	B6
Bowling Green	2	B5
Federal Hall	3	C4
Ferry pour la statue de la Liberté/Ellis Island	4	B6
Ground Zero	5	B3
National Museum of the American Indian	6	B5
New York City Police Museum	7	C5
New York Stock Exchange	8	B4
South St Seaport	9	D4
St Paul's Chapel	10	B3
Trinity Church	11	B4

🛍 SHOPPING

Century 21	12	B4
Issey Miyake	13	A1
J&R	14	B3

🍴 SE RESTAURER

Blaue Gans	15	B2
Bouley	16	B2
Bridge Café	17	D3
Bubby's Pie Company	18	A1
Financier Patisserie	19	C5
Franklin Station Café	20	B1
Fraunces Tavern	21	C5
Les Halles	22	B4
Soda Shop	23	A1
Thalassa	24	B2
Zaitzeff	25	C4

🍸 PRENDRE UN VERRE

Another Room	26	B1
Blue Bar, au Bayard's	27	C5
Jeremy's Ale House	28	D3
Rise	29	B5
Ulysses	30	C5

⭐ SORTIR

Terminal du ferry de Staten Island	31	C6
Tribeca Film Center	32	A1
Tribeca Performing Arts Center	33	A2
Washington Market Park	34	A2

◉ VOIR

◉ BATTERY PARK

☎ 311 ; www.nycgovparks.org ;
Broadway à la hauteur de Battery Pl ;
🕐 aube-1h ; ◉ Bowling Green
(lignes 4, 5), South Ferry (ligne 1) ; ♿
Ce parc à l'extrémité sud de Lower
Manhattan attire passionnés de
nature et amateurs d'art avec
ses 17 ha de verdure et 13 œuvres
exposées. Impossible d'ignorer
l'Holocaust Memorial, le NYC Police
Memorial, les roses du Hope Garden
(Jardin de l'espoir) ou encore la vue
sur la statue de la Liberté.

The Sphere, dans Battery Park

◉ BOWLING GREEN

Angle de Broadway et State St ;
◉ **Bowling Green (lignes 4, 5)**
Parcelle d'herbe grande comme un
mouchoir, Bowling Green a pourtant
joué un rôle majeur dans l'histoire
de la ville. C'est ici que le colon
hollandais Peter Minuit aurait acheté
l'île de Manhattan 24 $ aux Indiens
Lenape. Aujourd'hui s'y dresse
Charging Bull, de Arturo di Modica,
statue en bronze représentant
un taureau et symbole de la vitalité
économique de l'Amérique.

◉ FEDERAL HALL

☎ 212-825-6888 ; www.nps.gov/feha ;
26 Wall St ; entrée libre ; 🕐 10h-16h
lun-ven ; ◉ Wall St (2, 3, 4, 5)
À l'intérieur, le musée consacré au
New York du XVIIIe siècle et à la lutte
pour la liberté de la presse mérite
une visite. Federal Hall, aujourd'hui
géré par le National Parks Service,
arbore une architecture
néoclassique d'inspiration grecque,
reflétant le goût des pères
fondateurs pour la démocratie.
C'est là que George Washington a
prêté serment ; d'ailleurs, vous verrez
sa statue en bronze, dans l'entrée.

◉ GROUND ZERO

Church St entre Vesey et Liberty ; ◉ **World
Trade Center (2, 3, E), Rector St (N, R)**
Les anciennes fondations du World
Trade Center, d'où émergent des
morceaux de métal rouillé, restent

visibles depuis tous les côtés de la plate-forme des visiteurs de Ground Zero. Certains éléments resteront pour mémoire, même après la rénovation du site. Autre mémorial permanent : les trois panneaux de bronze qui rappellent la chronologie des événements du 11 Septembre sur un côté de la caserne des pompiers au croisement de
Liberty et Greenwich Sts.

◉ NATIONAL MUSEUM OF THE AMERICAN INDIAN
☎ 212-514-3700 ; www.nmai.si.edu ; 1 Bowling Green ; entrée libre ; 🕙 10h-17h ven-mer, 10h-20h jeu ; ⊕ Bowling Green (4, 5)
Géré par le Smithsonian Institute, ce musée occupe le spectaculaire bâtiment de l'ancienne maison des douanes, où Herman Melville avait écrit une partie de *Moby Dick*. La collection d'objets d'art, d'artisanat et de la vie courante des tribus indiennes sont complétées par des bornes interactives présentant leur culture et leurs croyances.

◉ NEW YORK STOCK EXCHANGE
☎ 212-656-5168 ; www.nyse.com ; 8 Broad St ; ⊕ Wall St (1, 2, 4, 5), Broad St (J, M, Z)
On ne visite plus la Bourse de New York aujourd'hui, pour des raisons de sécurité, mais rien n'empêche d'admirer sa superbe

façade d'inspiration romaine ou de regarder passer les hordes de traders vêtus de bleu. Pendant les fêtes, Exchange Place et ses grands arbres rivalisent avec le Rockefeller Center et son immense sapin.

◉ SOUTH ST SEAPORT
☎ 212-732-7678 ; www.southstseaport. org ; Pier 17 angle de Fulton et South Sts ; 🕙 10h-21h lun-sam, 11h-20h dim ; ⊕ Fulton St (3, 4, 5, J, Z) ; ♿
Généralement les New-Yorkais évitent le petit centre commercial de Pier 17, avec ses restaurants sans âme et ses tee-shirts kitsch, mais ils aiment sortir dans la zone portuaire de South St Seaport, surtout pendant l'été, quand il y a des concerts. On y profite du calme, des pavés réservés aux piétons, des bateaux anciens (qui se visitent) ou des souvenirs marins.

◉ ST PAUL'S CHAPEL
☎ 212-233-4164 ; www.stpaulschapel.org ; Broadway et Vesey St ; ⊕ Park Pl (2, 3)
Dans la même paroisse que Trinity Church, mais moins vaste et moins élaborée, cette église se caractérise par un style chaleureux qui ne déplaisait pas à George Washington, qui y avait un banc. Centre névralgique des secours pendant les attentats du 11 Septembre, l'église abrite une exposition permanente sur cet épisode de son histoire.

◔ STATUE DE LA LIBERTÉ ET ELLIS ISLAND

☎ **212-363-3200 (informations ferry), 212-269-5755 (Time Pass), 866-782-8834 (réservations, n° gratuit) ; www.nps. gov/stli, www.statuereservations.com ; Circle Line ferry adulte/enfant 10/4 $, départ de Battery Park ttes les 20-30 min de 8h30 jusqu'en fin d'après-midi, arrêt à Liberty Island puis à Ellis Island ;** ☽ **parc 9h-17h (18h30 juin-août) ;** ♿

La partie supérieure de la statue de la Liberté n'est pas accessible, pour des raisons de sécurité, mais elle mérite vraiment le détour pour ceux qui n'y sont jamais allés.

Ses dimensions, une fois sur place, suffiront à vous impressionner. Pour entrer dans la base du monument, il faut impérativement avoir réservé un "Time Pass".

Ellis Island, toute proche, se révèle également très intéressante, les objets laissés par les immigrants et les témoignages y étant particulièrement émouvants.

◔ TRINITY CHURCH

☎ **212-602-0800 ; Broadway angle Wall St ;** ☽ **8h-18h lun-ven, 8h-16h sam, 7h-16h dim ;** ◎ **Broadway (2, 3, 4, 5), Rector St (N, R)**

Construite en 1697 par le roi William III, Trinity Church a marqué l'histoire de New York. Les membres du clergé qui en avaient la charge, contrairement

à ce que prévoyait leurs engagements, ont commencé à soutenir l'indépendance de l'Amérique au début du XVIIIe siècle. Dans son paisible petit cimetière, certaines tombes portent des noms familiers à toute personne qui s'est intéressée à la révolution américaine.

🛍 SHOPPING

Sans être le haut lieu du shopping, Lower Manhattan possède quelques adresses susceptibles de vous attirer : Century 21 (géant du discount, et non agence immobilière), le centre piéton autour de Fulton et Nassau Sts, très accrocheur mais sans offre très originale, ou le secteur de Tribeca, pour ses meubles, ses jolies boutiques pour enfants et quelques enseignes de designers.

⬛ CENTURY 21

☎ **212-227-9092 ; www.c21stores.com ; 22 Cortland St angle Church St ;** ☽ **7h45-20h lun-mer et ven, 7h45-20h30 jeu, 10h-20h sam, 11h-19h dim ;** ◎ **Fulton St-Broadway-Nassau St (A, C, 4, 5)**

Voici le secret le moins bien gardé de New York : dans ce grand magasin carré vous attendent de véritables pièces de haute couture à prix réduits. La plupart du temps, c'est l'émeute, mais on peut en sortir avec un superbe vêtement de créateur.

Century 21

🏠 ISSEY MIYAKE
☎ 212-226-0100 ; 119 Hudson St ;
🕐 11h-19h lun-sam, 12h-18h dim ;
🚇 Franklin St (1)

Inutile de présenter Issey Miyake,
ni ses célèbres plissés, ou encore ses
jolies jupes et ses petits hauts soyeux,
si tentants dans cette boutique
du centre-ville. Si les créations
se fondent à merveille dans
ce quartier, les prix restent élevés.

🏠 J & R
☎ 800-221-8180 ; www.jr.com ; 15 Park
Row ; 🕐 9h-19h30 lun-sam, 10h30-
18h30 dim ; 🚇 Brooklyn Bridge (4, 5, 6)

Avec ses trois boutiques sur
plusieurs étages entre Ann et
Beekman Sts, J & R a en magasin
absolument tout ce qu'il faut en
matière de nouvelles technologies,
de jeux vidéo, de son et de musique.

🍴 SE RESTAURER
🍴 BLAUE GANS
Autrichien familial　　　$-$$
☎ 212-571-8880 ; 139 Duane St ;
🕐 déjeuner et dîner ;
🚇 Chambers St (1, 2, 3) ; 👶

La critique a jugé un peu négligée
cette nouvelle adresse du jeune
chef austro-américain Kurt
Gutenbrunner, mais tous les autres
adorent la salade de chou rouge,
les grosses saucisses et les escalopes
panées, le goulasch de gibier

et la salade de pommes de terre. Essayez aussi les vins et desserts autrichiens. Ici on vient sans réserver, avec ses enfants si l'on veut, en toute décontraction.

🍴 BOULEY *Français* $$$

☎ 212-694-2525 ; www.davidbouley. com ; 120 West Broadway ; 🕙 déjeuner et dîner; 🚇 Chambers St (2, 3, A) ; ♿
Alternativement adulé ou boudé par la critique, David Bouley réussit toujours à revenir sur les devants de la scène new-yorkaise pour notre plus grand plaisir. Dans le restaurant phare, on se presse pour venir goûter les plats de saison, agneau et moussaka, coquillages et asperges. Faute de réservation, consolez-vous chez Bouley Bakery, Café & Market à côté, ou au **Danube** ($$$; ☎ 212-791-3771 ; 30 Hudson St ; 🕙 dîner), une variante d'inspiration autrichienne.

🍴 BRIDGE CAFÉ
Américain créatif $$-$$$

☎ 212-227-3344 ; bridgecafechef@aol. com ; 279 Water St ; 🕙 déjeuner 11h45-16h lun-ven, dîner 16h-22h dim et lun, 16h-23h mar-jeu, 16h-minuit ven, 17h-minuit sam, brunch 11h45-16h dim ; 🚇 Fulton St-Broadway-Nassau St (2, 3, 4, 5, A, C, J, M, Z) ; ♿ 🚻
En place depuis plus de deux siècles, Bridge reste l'une des meilleures adresses de New York. L'ambiance désuète qui imprègne les moindres

recoins lui confère une atmosphère romantique où l'on savoure tranquillement un brunch ou un bon dîner – produits frais, et viandes, poissons et volailles de la région – plus moderne que ne le laisse penser la déco.

🍴 BUBBY'S PIE COMPANY
Américain familial $$

☎ 212-219-0666 ; www.bubbys.com ; 120 Hudson St ; 🕙 petit déj, déjeuner et dîner; 🚇 Franklin St (1) ; ♿ 🚻
Chez Bubby's, les enfants vont adorer la purée, les hot-dogs bien juteux, les hamburgers-frites et les épaisses tartes maison. Les adultes se régaleront de la salade poire-roquette-betterave rôtie ou des soupes et sandwichs de la maison.

🍴 FINANCIER PATISSERIE
Pâtisseries, sandwichs et desserts $-$$

☎ 212-334-5600 ; 62 Stone St angle Mill Ln ; 🕙 7h-20h30 lun-ven, 7h-19h sam ; 🚇 Wall St (2, 3, 4, 5), Broad St (J, M, Z) ; ♿ 🚻
Un peu de l'esprit "rive gauche" dans le Financial District !
Les clients matinaux s'arrachent les croissants tout juste sortis du four, les tartes aux amandes ou à l'abricot, et le vrai café noir. Les mêmes reviennent ensuite pour le déjeuner, irrésistiblement attirés par les quiches-salade, la soupe de lentilles ou les sandwichs.

🍴 FRANKLIN STATION CAFÉ

Malais/Français $-$$

☎ 212-274-8525 ; 222 W Broadway angle Franklin St ; 🕑 petit-déj, déjeuner et dîner tlj, brunch sam et dim ; 🚇 Franklin St (1), Canal St (A, C, E) ; ♿

Une cuisine malaise et française ? Drôle d'association, direz-vous, et pourtant : Franklin Station manie avec brio les classiques de l'Hexagone (mesclun, bouillabaisse) et les parfums d'Asie (poulet satay, curries au lait de coco), au point d'être devenu incontournable dans un quartier marqué par les effets de mode. Délicieux *smoothies* à la mangue. Un joli diaporama est parfois projeté sur le mur.

🍴 FRAUNCES TAVERN

Américain traditionnel $$-$$$

☎ 212-968-1776 ; www.frauncestavern. com ; 54 Pearl St ; 🕑 11h30-21h30 lun-ven, 11h-21h30 sam (réservation recommandée) ; ♿

Peut-on laisser passer l'occasion de dîner là où George Washington lui-même s'est attablé en 1762 ? Impressionnantes portions de ragoût maison, de *clam chowder* (soupe aux palourdes) et de bœuf Wellington. Pour le dessert, choisissez parmi un assortiment de classiques de la cuisine anglo-saxonne. Le bar attire des habitués du coin : idéal pour un en-cas ou un verre.

🍴 LES HALLES

Français $$-$$$

☎ 212-285-8585 ; www.leshalles.net ; 15 John St entre Broadway et Nassau ; 🕑 déjeuner et dîner; 🚇 Broadway-Nassau St (A, C)

Ambiance animée dans ce restaurant à la déco tendue de rouge, qui propose les classiques de la cuisine française : filet de bœuf béarnaise, cassoulet, choucroute garnie, moules-frites, etc., et, bien sûr, les entrées incontournables.

🍴 THE SODA SHOP

Américain familial $-$$

☎ 212-571-1100 ; 125 Chambers St ; 🕑 8h-21h ; 🚇 Chambers St (A, C, 2, 3) ; ♿ ♿ Ⓥ

On y apprécie le déjeuner et le dîner qui font la part belle aux classiques de la cuisine américaine familiale comme les macaronis au fromage ou les spaghettis aux boulettes de viande. Les habitués aiment surtout y savourer le petit déjeuner (pancakes, omelette) avant de rejoindre leur bureau.

🍴 THALASSA *Grec* $$$

☎ 212-941-7661 ; www.thalassanyc. com ; 179 Franklin St ; 🕑 déjeuner et dîner; 🚇 Franklin St (1) ; ♿

La vocation première de ce Grec n'était pas la restauration, mais le stockage de vins et de fromages. Cet ancien entrepôt devenu

EN-CAS EN BORD DE MER

Depuis la disparition du Fulton Fish Market (et des odeurs de poisson), le quartier de South Street Seaport est très couru, et nombreux sont les restaurants qui y ont vu le jour. Citons, par exemple, **Meade's** (22 Peck Slip ; cuisine de pub) ; **SUteiSHI** (236 Front St ; sushis) ; **Bin No. 220** (220 Front St ; bar à vins) ; **Jack's Stir Brew** (222 Front St ; pâtisseries végétaliennes et café) ; **Il Brigante** (214 Front St ; italien) ; **Stella Maris** (213-217 Front St ; cuisine européenne) ; et **Salud!** (142 Beekman St ; tapas).

restaurant est spécialisé dans le poisson frais. Régalez-vous aussi de risotto aux fruits de mer, de homard braisé au cognac, ail et thym, d'agneau braisé ou de sanglier, arrosés de vins grecs.

🍴 ZAITZEFF *Bio* $-$$
☎ 212-571-7272 ; www.zaitzeffnyc. com ; 72 Nassau St ; ⏰ 8h-22h lun-ven, 10h-18h sam et dim ; Ⓜ Fulton St-Broadway-Nassau St (2, 3, 4, 5, A, C, J, M, Z) ; ♿ 🚻 Ⓥ

Des restaurants bio, rapides et sains font leur apparition dans Manhattan. Un ancien trader de Wall Street a ouvert le Zaitzeff et approvisionne aujourd'hui ses anciens collègues en hamburgers (bœuf ou dinde) 100% bio au pain portugais complet.

Choix de muffins, salades, frites de patate-douce et plats végétariens (sur place, à emporter ou livrés).

🍸 PRENDRE UN VERRE

🍸 ANOTHER ROOM
☎ 212-226-1418 ; 249 West Broadway ; Ⓜ Franklin St (1, 2)
L'ambiance est décontractée dans ce bar fréquenté par les habitants installés de longue date à Tribeca, qui réussit à paraître accueillant malgré l'exiguïté des lieu et la déco industrielle. Vin et bière uniquement.

🍸 BLUE BAR
☎ 212-514-9454 ; www.bayards.com ; 1 Hanover Sq entre Pearl et Stone Sts ; ⏰ 16h30-23h lun-sam ; Ⓜ Wall St (2, 3), Bowling Green (4, 5), Broad St (J, M, Z), Whitehall St (R, W)
Le Blue Bar, à la déco marine, se trouve dans le brownstone qui abrite le restaurant réputé Bayard's. Ambiance assez tranquille, plus animée le mercredi soir, quand on y joue du piano, mais rien de tel pour prendre un verre en amoureux.

🍸 JEREMY'S ALE HOUSE
☎ 212-964-3537 ; 228 Front St ; ⏰ 8h-minuit lun-ven, 10h-minuit sam, 12h-23h dim ; Ⓜ Fulton St-Broadway-Nassau St (2, 3, 4, 5, A, C, J, M, Z)

Robert Hammond,
À gauche, avec Joshua David, cofondateur de la High Line

Votre saison préférée en ville ? Les week-ends d'été ! Je fais partie des rares personnes qui aiment New York pendant les week-ends où il fait chaud.
Votre quartier, dans cinq ans ? J'attends avec impatience l'extension du Whitney Museum. Je pense que le croisement des Washington et Gansevoort Sts sera l'un des plus animés au monde : entrée de la High Line (voie ferrée suspendue à 9 mètres de hauteur transformée en parc), le Whitney Museum, l'énergie de West Village et du Meatpacking District. C'est un excellent point de départ pour la High Line : on peut voir de l'art contemporain à Chelsea, et des Hopper et des Warhol au Whitney. **Un exemple d'initiative qui n'existe qu'à New York ?** Le tour de Manhattan à la nage, une course de relais organisée par www.swimnyc.org.

LES QUARTIERS

LOWER MANHATTAN

Jeremy's Ale House n'a pas
la prétention d'être le bar le plus chic
de New York, mais il a ses
inconditionnels. Une clientèle
en partie constituée d'ouvriers
du bâtiment vient y déguster
les calamars frits et la bière
servie dans de grands verres en
polystyrène. Ambiance garantie.

ⓨ RISE
☎ 917-790-2626 ; www.ritzcarlton.
com ; Ritz Carlton angle 2 West St
et Battery Pl ; ⓞ Rector St (N, R, W),
Bowling Green (4, 5)
Quatorzième étage au-dessus
de l'Hudson River : quoi de mieux
pour prendre un verre ? Ce bar
design, sexy et confortable, se
révèle agréable à tout moment de
l'année, mais surtout exceptionnel
en été, pour sa terrasse. Code
vestimentaire : *"casual chic"*, c'est-à-
dire élégant, mais sans en faire trop.

ⓨ ULYSSES
☎ 212-482-0400 ; 95 Pearl St ;
ⓞ Wall St (2, 3)
Un bar irlandais avec de grands
fauteuils et de confortables canapés.
Ulysses se divise entre un lounge
décontracté et un bar d'habitués.
Fréquenté par une clientèle
éclectique et sympathique, il offre
un remarquable choix de boissons.
Les propriétaires font la navette
avec leurs deux autres bars,
Puck Fair et Swift.

SORTIR
⭐ RIVER TO RIVER FESTIVAL
www.rivertorivernyc.com ; South St
Seaport, Battery Park et Lower
Manhattan ; entrée libre ; ⓞ toutes les
lignes desservant Lower Manhattan ; ♿
Tout l'été, cette organisation
à but non lucratif propose
des films, des concerts, des soirées
dansantes, des activités pour
les enfants et d'autres événements
culturels dans tout Lower
Manhattan (voir le programme en
ligne). Les New-Yorkais apprécient
tout particulièrement les soirées
latino à South St Seaport.

RICHMOND GALLERIES
Pour trouver des antiquités, des pièces
uniques, des éditions rares et bien
d'autres choses, il faut se rendre à
Staten Island, dans une **vente aux
enchères** (☎ 718-273-1120 ; www.
richmondgalleries.com) familiale qui
existe depuis un siècle. C'est l'un des
secrets les mieux préservés de New York,
même si les files d'attente sont de plus
en plus longues les jours de vente. Tout a
commencé quand un client des Brown,
qui faisaient alors des déménagements,
n'a pas pu payer le stockage : la famille
a gardé les meubles. Le site Internet vous
renseignera sur les détails et les dates.

⭐ FERRY DE STATEN ISLAND

☎ 718-815-BOAT ; www.nyc.gov/html/
dot/html/masstran/ferries/statfery.html ;
Whitehall Terminal dans Whitehall et
South Sts ; entrée libre ; 🕐 24h/24 ; ♿
De l'air frais, de la place, la vue
sur Manhattan, la statue de la
Liberté et Ellis Island – et en plus,
c'est gratuit : le bonheur !
Rien de mieux à New York
que le ferry de Staten Island.

⭐ TRIBECA FILM CENTER

☎ 212-941-2000 ; www.tribecafilm.
com ; 375 Greenwich St entre N Moore
et Franklin Sts ; 🚇 Franklin St (1)
Il ne s'agit pas d'un cinéma
à proprement parler, mais Robert De
Niro voue un tel amour à ce centre
que le public vient en nombre
y assister à des projections spéciales
tout au long de l'année. Les lieux
font aussi office de Q.G. pour
le Tribeca Film Festival, lui aussi
lancé par De Niro.

⭐ TRIBECA PERFORMING ARTS CENTER

☎ 212-220-1460 ; www.tribecapac.org ;
199 Chambers St ; 🚇 Chambers St
(A, C, 1, 2, 3)
Collectif d'artistes, Tribeca PAC
met à l'honneur des représentations
sur divers sujets en rapport
avec la vie à New York, par
les habitants du quartier. Œuvres
multidisciplinaires et inattendues,
comme *Lost Jazz Shrines*, spectacle
rendant hommage aux clubs
de jazz de New York qui
n'existent plus.

⭐ WASHINGTON MARKET PARK

☎ 212-964-1133 ; www.washington
marketpark.org ; Greenwich St et
Chambers ; 🕐 6h-tombée de la nuit ;
🚇 Chambers St (1, 2, 3)
En 1858, c'était encore un marché.
Aujourd'hui, on y vient pour jouer et
pour se détendre.

>CHINATOWN ET LITTLE ITALY

Ce secteur offre un exemple vivant de la manière dont s'installent, prospèrent et évoluent les communautés d'immigrants à New York. Little Italy est peu à peu englouti par Chinatown, à l'exception de quelques rues au nord de Canal St. Mais quelle que soit l'ethnie qui se sent ici le plus chez elle – quoique, la question ne se pose pas vraiment, quand on sait qu'ici résident 150 000 sinophones –, le quartier possède une atmosphère vraiment unique.

Avec une présence vietnamienne de plus en plus marquée et des vagues d'immigrants chinois en provenance de Fuzhou et du Guangdong, les festivals, les vacances et les fêtes traditionnelles se succèdent, et plus de deux cents restaurants et bars se sont installés.

L'histoire des différentes vagues d'immigration a laissé des traces. Pour vous orienter, passez par le **kiosque d'information d'Explore Chinatown** (☎ 212-484-1216 ; www.explorechinatown.com ; Canal St entre Baxter et Walker Sts ; 🕙 10h-18h lun-ven et dim, 10h-19h sam) où un personnel multilingue et efficace vous dira tout sur les restaurants, les boutiques, les visites et les événements en cours.

N'hésitez pas à vous promener au hasard des rues aux parfums singuliers et dont l'activité est débordante à toute heure. Pour une ambiance italienne, direction Mott St et Mulberry St, où l'on dîne en plein air à la belle saison.

CHINATOWN ET LITTLE ITALY

🔵 VOIR

Columbus Park	**1**	C6
Eastern States Buddhist Temple	**2**	D5
Mahayana Buddhist Temple	**3**	E4
Mulberry Street	**4**	C3
Museum of Chinese in the Americas	**5**	C5

🔶 SHOPPING

Canal Street	**6**	G4
Pearl Paint Company	**7**	A4
Pearl River Mart	**8**	A3
Wing Fat Shopping	**9**	D6

🍴 SE RESTAURER

Bo Ky Restaurant	**10**	C5
Canoodle	**11**	C5
Canton	**12**	E5
Da Nico	**13**	C3
Doyers Vietnamese Restaurant	**14**	D6
Jaya	**15**	C5
La Esquina	**16**	B2
Mei Lai Wah Coffee House	**17**	D5
Original Chinatown Ice Cream Factory	**18**	D5
Peking Duck House	**19**	D6

🍸 PRENDRE UN VERRE

Double Happiness	**20**	C2
Happy Ending	**21**	E2
Mare Chiaro	**22**	C2
Winnie's	**23**	C5

⭐ SORTIR

Kiosque d'information d'Explore Chinatown	**24**	C5

Carte p. 58-59

VOIR

TEMPLES BOUDDHISTES

Il y a des temples bouddhistes partout dans Chinatown, mais c'est au **Eastern States Buddhist Temple** (64 Mott St entre Bayard et Canal Sts) que vous verrez le plus grand nombre de statues dorées de toutes tailles. Il est considéré comme un monument, à l'instar du **Mahayana Buddhist Temple** (133 Canal St et Manhattan Bridge Plaza), qui renferme un grand bouddha de 5 m de haut. Deux lions dorés montent la garde à l'entrée.

COLUMBUS PARK

☎ Mulberry et Park Sts

On a du mal à imaginer, en découvrant le calme qui règne dans ce parc où les habitants jouent au mah-jong et aux dominos, qu'il faisait autrefois partie du quartier dont Martin Scorsese s'est inspiré pour *Gangs of New York*. Il ne reste dans ce petit triangle qu'un square tranquille, mais les bâtiments environnants étaient déjà là en 1890.

MULBERRY STREET

⊕ Spring St (C, E)

Autrefois, une visite dans Mulberry Street vous transportait en Italie. Ce n'est plus vraiment le cas, pourtant les racines de la péninsule sont toujours présentes. Le mafieux Joey Gallo avait été abattu dans le restaurant **Umberto's Clam House** (☎ 212-431-7545 ; 386 Broome St

angle Mulberry St) dans les années 1970, Frank Sinatra fréquentait assidûment le bar **Mare Chiaro** (p. 64), tandis que le **Ravenite Social Club** (247 Mulberry St), aujourd'hui une boutique de cadeaux, était autrefois l'Alto Knights Social Club, où des personnages un peu louches comme Lucky Luciano aimaient passer du temps. Le Ravenite avait aussi les faveurs du mafieux John Gotti (et donc du FBI) avant son arrestation et son emprisonnement à vie en 1992.

MUSEUM OF CHINESE IN THE AMERICAS

☎ 212-619-4785 ; www.moca-nyc.org ; 70 Mulberry St angle Bayard St ; ⏱ 12h-17h mar-dim ; ⊕ Canal St (J, M, N, Q, R, W, Z, 6)

À l'heure où nous écrivons ces lignes, le MoCA s'apprête à emménager dans un espace de 1 000 m² sur Lafayette entre Grand et Howard Sts, avec un hall d'accueil luxueux et un cadre plus cossu pour ses pièces anciennes. Objets, récits et photographies retracent l'histoire de Chinatown.

SHOPPING

CANAL STREET

⊕ Canal St (M, N, Q, R, W, Z, 6)

Artère perpétuellement animée et congestionnée, Canal Street déborde de mille et une trouvailles, de l'objet design au souvenir le plus

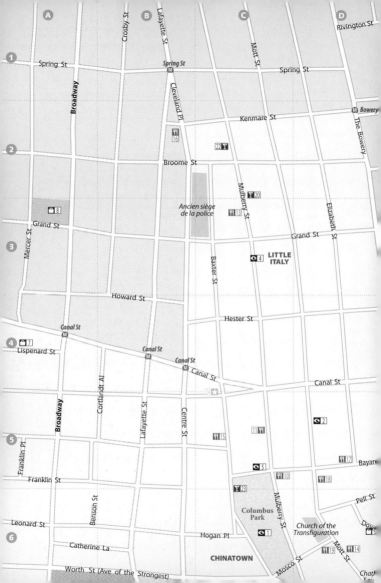

Étal de bijoux fantaisie le long de Canal St

kitsch : armez-vous de patience si vous cherchez quelque chose de précis. Vous en profiterez encore mieux en vous laissant aller au hasard, parmi les étals, les marchandises exotiques, les pharmacies homéopathiques et les centaines de conversations entremêlées.

PEARL PAINT COMPANY
☎ 212-431-7932 ; 308 Canal St ; ☻ 10h-19h lun-ven, 10h-18h30 sam, 10h-18h dim ; ◉ Canal St (J, M, N, Q, R, W, Z, 6)
Véritable institution de la sphère artistique, Pearl Paint s'étale sur quatre étages d'un immense entrepôt dans Canal St, où vous trouverez absolument tout ce qui touche à la peinture, au dessin, aux loisirs créatifs. Une mine.

PEARL RIVER MART
☎ 212-431-4770 ; 477 Broadway ; ☻ 10h-19h ; ◉ Canal St (J, M, N, Q, R, W, Z, 6)
Véritable caverne d'Ali Baba version asiatique, Pearl River Mart se trouve désormais un peu au nord de Canal St à deux pas de Soho. L'idéal pour ses clients qui n'ont que l'embarras du choix : kimonos aux couleurs éclatantes, pantoufles brodées de perles, théières japonaises, lanternes de papier, pots d'herbes et d'épices mystérieuses, et boîtes de thés originaux.

UN CONCOURS POUR LES VENDEURS DE RUE

Les New-Yorkais accordent une très grande importance à la reconnaissance du travail bien fait, qu'il s'agisse de leurs collègues ou des milliers de vendeurs de rue qui peuplent les trottoirs de la ville du lever au coucher du soleil, proposant aux passants des spécialités de leur pays. Tous les ans, l'association à but non lucratif Street Vendors Project organise un concours pour départager les meilleurs. Éternel troisième du "Vendy Prize" : Thiru "Dosa Man" Kumar (dans Washington Sq Park South et Sullivan St). Ses *dosa* végétariens sont légendaires, mais Sammy's Halal s'accroche encore et toujours à la première place (angle 73rd St et Broadway, dans le Queens). Pour voir la liste des vainqueurs du moment ou bien pour ajouter un vendeur : www.streetvendor.org.

WING FAT SHOPPING

**8-9 Bowery entre Pell et Doyers Sts ;
Canal St (J, M, N, Q, R, W, Z, 6)**
Un centre commercial comme vous n'en verrez pas beaucoup. Situé en sous-sol, il propose objets et services inattendus : réflexologie, timbres de collection et conseil en *feng shui*. On dit que le tunnel a servi d'arrêt sur la voie de l'Underground Railroad, et d'échappatoire lors des joutes entre gangs Tong rivaux au début du XXᵉ siècle : ils se battaient dans la rue et disparaissaient comme par enchantement avant que la police ne les repère.

SE RESTAURER

BO KY RESTAURANT
Asiatique $
☎ 212-406-2292 ; 80 Bayard St entre Mott et Mulberry Sts ;
petit-déj, déjeuner et dîner ;
Canal St (J, M, N, Q, R, W, Z, 6) ; V

Bon marché, rapide et savoureux, Bo Ky ne manque pas d'attraits. En atteste un ballet perpétuel de clients venus à deux ou à trois goûter les soupes à la viande, les nouilles à la sauce de poisson, les riz au curry.

CANOODLE *Chinois* $
☎ 212-349-1495 ; 79 Mulberry St ;
petit-déj, déjeuner et dîner (jusqu'à 21h) ; Canal St (J, M, N, W, Z, 6) ;
& 🚻 V
Une valeur sûre. Canoodle doit son succès à son riz frit aux saucisses, sa caille émincée à la laitue, ses poissons et son canard. Toujours plein, malgré ses entorses au bon goût en matière de déco, il ouvre et il ferme tôt (pour Chinatown).

CANTON *Cantonais* $$$
☎ 212-226-4441 ; 45 Division St entre Bowery et Market St ; déjeuner et dîner ; East Broadway (F) ; &
Toujours là depuis cinquante ans, et nous avons vérifié : Canton fait

bien son métier… Sous le pont de Manhattan, on y prépare des délices comme les nouilles au gingembre et aux oignons frais, le tofu sauté (au porc), les légumes variés et le poulet à l'ail.

🍴 DA NICO *Italien* $$-$$$

☎ 212-343-1212 ; **164 Mulberry St** ; 🕑 **déjeuner et dîner ;** 🚇 **Canal St (J, M, N, Q, R, W, Z, 6) ;** 🚹

Voici l'une des rares adresses de Little Italy où l'on peut se réfugier au calme juste pour profiter de l'ambiance. La clientèle apprécie tout autant l'immense terrasse extérieure de Da Nico que ses scampi géantes, son *pollo scarpariello* (poulet sauté aux herbes et à l'ail) et sa pizza napolitaine. Cette adresse familiale fait office d'exception dans un quartier devenu très touristique.

🍴 DOYERS VIETNAMESE RESTAURANT *Vietnamien* $

☎ 212-513-1521 ; **11 Doyers St entre Bowery et Pell St ;** 🕑 **déjeuner et dîner ;** 🚹 Ⓥ

L'un des principaux intérêts de Doyers, c'est son emplacement : on surnommait cette rue fascinante "le triangle sanglant" au temps de la guerre des gangs. La vaste carte propose moult plats végétariens ou à base de viande, et l'on mange en sous-sol.

🍴 JAYA *Malais* $$

☎ 212-219-3331 ; **90 Baxter St entre Walker et White Sts ;** 🕑 **déjeuner et dîner ;** 🚇 **Canal St (J, M, N, Q, R, W, Z, 6) ;** 🚹 Ⓥ

Trente sortes de nouilles servies avec du tofu, des légumes, des crevettes, du piment, du porc, du bœuf, du poulet – voilà le standard. Sinon, optez pour les spécialités maison : riz frit à la noix de coco, bœuf sauté au basilic ou soupe de poisson.

🍴 LA ESQUINA *Mexicain* $-$$

☎ 646-613-1333 ; **106 Kenmare St ;** 🕑 **24h/24 ;** 🚇 **Spring (6)**

La Esquina dans Little Italy

Vous aurez peut-être l'impression, en passant rapidement devant, que La Esquina accueille des étudiants venus se souler à moindres frais, ce qui n'est pas faux, mais seulement tard dans la soirée. La cuisine y est délicieuse et copieuse. Sur réservation, vous aurez accès au lounge/restaurant très agréable qui se trouve au niveau inférieur.

🍴 MEI LAW WAH COFFEE HOUSE *Boulangerie* $

☎ 212-925-5438 ; 64 Bayard St angle Elizabeth St ; ⏾ petit-déj, déjeuner et dîner ; Ⓜ Canal St (J, M, N, Q, R, W, Z, 6) ; 🚼 Ⓥ

Une authentique brioche au porc à la vapeur et un vrai café : rien de tel pour attaquer la journée sous de bons auspices. Faites comme les habitués qui s'arrêtent dans cette institution de Chinatown sur le chemin du bureau.

🍴 ORIGINAL CHINATOWN ICE CREAM FACTORY *Glacier* $

☎ 212-608-4170 ; www.chinatown icecreamfactory.com ; 65 Bayard St ; ⏾ 11h-22h ; Ⓜ Canal St (J, M, N, Q, R, W, Z, 6) ; 🚼 Ⓥ

Posez la question aux serveurs, ils vous diront que la glace a été inventée en Chine pendant la dynastie Tang. On les croirait presque sur parole, à voir les parfums proposés : avocat, durian, sésame et menthe poivrée, en plus des classiques vanille et chocolat.

🍴 PEKING DUCK HOUSE
Chinois $-$$

☎ 212-227-1810 ; 28 Mott St ; ⏾ déjeuner et dîner ; Ⓜ Canal St (J, M, N, Q, R, W, Z, 6) ; 🚼 🚼 Ⓥ

Vous entrez ici dans le royaume du canard laqué. On le sert croustillant, accompagné de sauce *hoisin* et de fines crêpes à découper, à rouler et à tremper. La carte mêle aussi avec brio les saveurs de Pékin, de Shanghai et du Sichuan. Les plats sont meilleurs que dans bien d'autres restaurants de Chinatown, et plus légers. Le choix de prédilection des familles du quartier venues fêter un événement.

🍸 PRENDRE UN VERRE

🍸 DOUBLE HAPPINESS

☎ 212-941-1282 ; 173 Mott St entre Broome et Grand Sts ; Ⓜ Bowery (J, M, Z), Spring St (6)

L'entrée se fait par un escalier de pierre, directement dans une cave sombre sans indication, mais cela fait partie du jeu. Les habitués fort bien élevés ne se laissent pas impressionner. Les bougies renforcent encore le côté fantomatique des lieux.

🍸 HAPPY ENDING

☎ 212-334-9676 ; www.happyending lounge.com ; 302 Broome St ; ⏾ 22h-4h mar ; 19h-4h mer-sam ; Ⓜ Grand St (B, D) ; Bowery (J, M, Z)

Mieux vaut ignorer la déco rose et mauve – les propriétaires ont jugé bon de conserver le cadre d'origine de cet ancien établissement de massage – et profiter de la musique : groove, hip-hop, funk ou électro. Chaque soir a sa spécialité (voir sur le site), par exemple disco le mardi, lectures le mercredi (avant l'heure du dance-floor), mais aussi des soirées gays, gothiques et punks, ou encore le DJ Human Jukebox le samedi. La plaque de l'entrée indique toujours "Xie He Health Club", les propriétaires ayant également conservé ce souvenir.

MARE CHIARO
☎ 212-226-9345 ; 176½ Mulberry St entre Broome et Grand Sts ; Grand St (B, D)
Les serveuses un peu rustiques du Mare Chiaro succombaient parfois au charme de Frank Sinatra qui essayait de se faire offrir un verre dans ce bar.

WINNIE'S
☎ 212-732-2384 ; 104 Bayard St entre Baxter et Mulberry Sts ; Canal St (J, M, N, Q, R, W, Z, 6)
Les bars de karaoké ne manquent pas dans les rues de Chinatown, mais Winnie se distingue pour ses puissants cocktails et son vaste choix

Marché aux légumes à Chinatown

de chansons pop des années 1980.
Le lieu réunit de nombreux amateurs
du genre, certains très bons, d'autres
juste assez mauvais pour vous faire
penser que vous seriez meilleur.

SORTIR
CIRCUIT DANS CHINATOWN

☎ 212-619-4785 ; www.moca-nyc.org
Pour vraiment apprendre
à connaître Chinatown, un guide se
révèle indispensable. Vous pouvez
faire appel en toute confiance au
Museum of Chinese in the America
(p. 57). Une fois par semaine, de mai

> ### POÉSIE À TRIBECA
> Le collectif à but non lucratif **Poets House** (☎ 212-431-7920 ; www.poetshouse.org), qui rend hommage à la poésie et aux poètes, est basé à Soho, mais organise souvent des événements et des lectures au Tribeca Performing Arts Center. Les passionnés de la langue anglaise sensibles à la poésie apprécieront ce moment d'inspiration.

à décembre inclus, vous découvrirez
les liens entre passé et présent avec
un guide habilité par le musée,
mais originaire de Chinatown.

>LOWER EAST SIDE

Ce quartier aux multiples visages est longtemps resté mal aimé, et pourtant, il suscite aujourd'hui la convoitise des New-Yorkais branchés et des promoteurs, et chaque jour amène son lot de changements. Il n'y a pas si longtemps, le Lower East Side restait un ghetto en dépit des efforts incessants des habitants, pour la plupart ouvriers et immigrants, pour le moderniser. Non sans courage, ils ont construit la synagogue d'Eldridge Street et l'église ukrainienne qui existent toujours, et se sont battus avec acharnement pour obtenir de modestes améliorations dans les immeubles où ils vivaient.

Le Lower East Side est aujourd'hui en pleine mutation, partagé entre le désir de conserver les traces du passé et de s'ouvrir à la nouveauté. Pour la première fois depuis cent ans, le quartier semble plein de possibilités.

LOWER EAST SIDE

Carte p. 68-69

👁 VOIR

👁 EAST RIVER PARK

Un lifting de 4 millions de dollars peut faire des merveilles, même pour un parc qui se trouve à deux pas d'une autoroute. Cette parcelle allongée s'étend sur le côté est de Manhattan, avec ses terrains de sport, ses courts de tennis, ses toilettes refaites à neuf, d'excellentes pistes pour le vélo et une vue superbe sur la rive de Dumbo.

👁 SYNAGOGUE D'ELDRIDGE STREET

☎ 212-219-0888 ; www.eldridgestreet. org ; 12 Eldridge St entre Canal et Division Sts ; 🕓 visites 11h-16h dim, mar, jeu ou sur rdv ; 🚇 East Broadway (F)
Bâtie en 1887, la synagogue fut au cœur de la vie du quartier pour les juifs de cette époque. Elle a été abandonnée en 1920, et fermée dans les années 1950, jusqu'au début de sa rénovation dans les années 1980 (aujourd'hui pratiquement terminée). Elle accueille à présent des concerts, des expositions, des conférences et des lectures.

👁 MARCHÉ D'ESSEX STREET

☎ 212-312-3603 ; www.essexstreet market.com ; 120 Essex St entre Delancey et Rivington Sts ; 🕓 8h-18h lun-sam ; 🚇 Delancey St (F, V), Delancey-Essex St (J, M, Z)

Ce marché, qui existe depuis quatre-vingts ans, propose des produits appréciés des communautés juive et latino qui vivent dans le quartier. On y trouve même du comté, en plein New York ! Déambulez dans les allées pour découvrir mille et une senteurs et saveurs. Adresse incontournable pour le vin casher : Schapiro Wines, fondé en 1899.

👁 GALLERY ONETWENTYEIGHT

☎ 212-674-0244 ; www.onetwenty eight.com ; 128 Rivington ; 🕓 sur rdv par téléphone ; 🚇 Second Ave (F)
Une petite galerie qui met à l'honneur la peinture et le dessin contemporains. Elle prête aussi son espace à l'expression des artistes locaux le temps d'une soirée, dont la publicité se fait généralement par le bouche à oreille. Vous aurez de la chance si vous tombez par hasard sur l'un de ces *happenings*.

👁 LOWER EAST SIDE TENEMENT MUSEUM

☎ 212-431-0233 ; www.tenement.org ; 90 Orchard St angle Broome St ; adulte/ senior et étudiant/enfant de moins de 5 ans 15/11 $/gratuit, réductions sur les billets combinés ; 🕓 centre d'information 11h-15h30, visites ttes les 40 min, de 13h et 13h20 jusqu'à 16h30 et 16h45 mar-ven (réservation conseillée) ; 🚇 Grand St (B, D), Delancey St (F), Essex St (J, M, Z) ; ♿

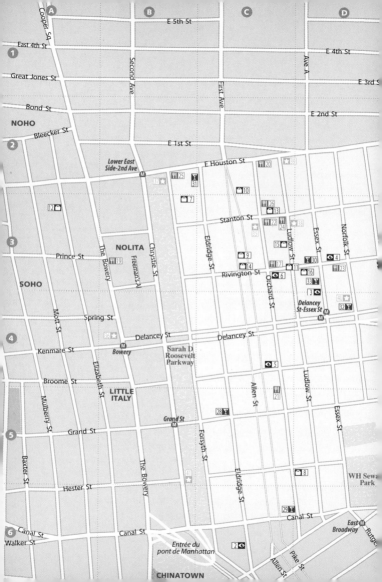

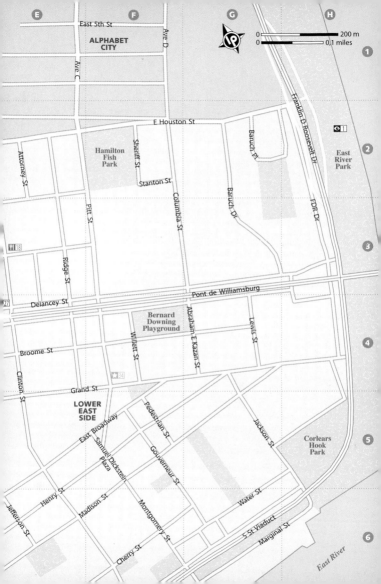

Un appartement restauré dans le Lower East Side Tenement Museum

Divers circuits détaillés et évocateurs dans les bâtiments de trois *tenements* (logements ouvriers) donnent un aperçu émouvant de la vie des immigrants juifs et d'Europe de l'Est au XIXᵉ et XXᵉ siècles. Pendant la visite dans les appartements rénovés, on peut songer à l'espoir (parfois déçu) que ces nouveaux venus avaient éprouvé en s'installant aux États-Unis.

ORCHARD STREET BARGAIN DISTRICT
Orchard, Ludlow et Essex Sts entre Houston et Delancey Sts ; ⊙ dim-ven ; ⓜ Delancey St (F), Essex St (J, M, Z)
Autrefois, cette intersection réunissait toutes sortes de petits marchands à la sauvette. Aujourd'hui, vous

ne verrez rien de très pittoresque, mais vous pourrez trouver parmi les trois cents boutiques présentes quelques tee-shirts, chemises et jeans bon marché. Les amateurs de marchandage pourront tenter leur chance.

PARTICIPANT INC
☎ 212-254-4334 ; 95 Rivington St entre Ludlow et Orchard Sts ; ⊙ mer-dim 12h-19h ; ⓜ Second Ave (F)
Mi-galerie, mi-salle de spectacle, Participant Inc prête son étage à toutes sortes de manifestations innovantes. Fondé en 2002 par Lia Gangitano, ce lieu résiste contre vents et marées, à la différence de plusieurs autres galeries qui ont

VISITES DU TENEMENT MUSEUM

Lors de votre visite, vous découvrirez trois reconstitutions de *tenements*, notamment la maison et la boutique de vêtements de la famille Levine, originaire de Pologne, et deux appartements d'immigrants datant des crises de 1873 et 1929. Le week-end, le musée propose une visite interactive permettant aux enfants de s'habiller en vêtements d'époque et de toucher à tout ce qu'ils veulent dans l'appartement restauré (de 1916 environ) d'une famille juive séfarade. Les visites guidées du quartier (avril à décembre) incluent un arrêt à la **Streit's Matzo Company** (148-154 Rivington St), ouverte dans les années 1890, et la visite du **First Shearith Israel Graveyard** (55-57 St James Pl entre James et Oliver Sts), le cimetière de la première communauté juive du pays . Les pierres tombales datent du début du XVIIe siècle et abritent certains de ceux qui ont échappé à l'Inquisition espagnole.

disparu. On y voit des artistes de renommée internationale, mais aussi les œuvres de créateurs qui habitent dans le Lower East Side.

🏠 SHOPPING

🏠 48 HESTER

☎ 212-473-3496 ; 48 Hester St angle Ludlow St ; 🕓 12h-19h mar-ven, 11h-18h sam et dim ; 🚇 Lower East Side-Second Ave (F, V)

La propriétaire, Denise Williamson, met à l'honneur ses créateurs préférés : Ulla Johnson, Kristen Lee, sass & bide, Rag & Bone et Franck. Elle propose aussi ses propres créations en coton.

🏠 360 TOY GROUP

☎ 646-602-0138 ; 239 Eldridge St entre Houston et Stanton Sts ; 🕓 11h-19h dim, 12h-18h lun ; 🚇 Delancey St-Essex St (F, J, M, Z)

Les jouets de cette boutique, au moins un peu étranges et parfois carrément inouïs, sont importés de toute l'Asie (notamment de Hong Kong et du Japon) par le propriétaire, Jakuan. Les collectionneurs de figurines seront ravis d'y trouver quelques raretés. Et n'oublions pas les créations abstraites de la ligne de vêtements Rock Hard de Jakuan.

🏠 BLUESTOCKINGS

☎ 212-777-6028 ; www.bluestockings. com ; 172 Allen St ; 🕓 13h-22h tlj ; 🚇 Lower East Side-Second Ave (F, V)

Délabrée à souhait et chargée d'histoire, cette librairie reste imprégnée de la culture alternative qui caractérisait autrefois le quartier. Libération de la femme, droits civiques de la communauté noire, etc. : dans les livres de Bluestocking, les années 1970 et leur aspiration à la liberté ne sont pas très loin.

🏠 BREAKBEAT SCIENCE
☎ 212-995-2592 ; 181 Orchard St ;
🕑 13h-20h dim-mer, 13h-21h jeu-sam ;
🚇 Lower East Side-Second Ave (F, V)
Vous trouverez ici tout ce qu'il faut
pour être un bon DJ : équipement,
vêtements, tables à mixer et
de nombreux accessoires (dont
un kit pour nettoyer les disques)
vous attendent dans cette boutique
spécialisée de Lower East Side.

🏠 ECONOMY CANDY
☎ 212-254-1531 ; www.economycandy.
com ; 108 Rivington angle Essex St ;
🕑 9h-18h lun-ven, 10h-17h sam ;
🚇 Delancey St-Essex St (F, J, M, Z)
Paradis des gourmands du quartier,
cette confiserie familiale propose
un impressionnant assortiment
de bonbons rétro avec lesquels
tout Américain a grandi, mais
aussi une sélection plus récente,
des fruits secs et toutes sortes
de gourmandises casher.

🏠 ELIZABETH & VINE
☎ 212-941-7943 ; 253 Elizabeth St ;
🕑 11h-22h lun-sam ;
🚇 Bleecker St/Lafayette St (6)
N'hésitez pas à entrer dans
ce magasin d'alcool indépendant :
grand comme un mouchoir
de poche, il est pourtant bien
achalandé. Vin de table ou bouteille
à 300 $, il y en a pour tous les goûts
et tous les budgets. Vous pouvez

suivre les recommandations du
caviste sur la devanture. Spécialiste
des vins français et chiliens.

🏠 FOLEY + CORINNA
☎ 212-529-5042 ; 143 Ludlow St
angle Stanton St ; 🕑 12h-20h ;
🚇 Lower East Side-Second Ave (F, V)
Une boutique de vêtements vintage
avec quelques pièces uniques
très féminines. Robes délicates,
tee-shirts, chemises, jupettes
et fleurettes côtoient les chaussures
et les bijoux créés par Corinna.

🏠 JUTTA NEUMANN
☎ 212-982-7048 ; www.juttaneumann.
com ; 158 Allen St angle Rivington St ;
🕑 11h-19h ; 🚇 Lower East Side-
Second Ave (F, V)
Les accessoires en cuir de Jutta
Neumann ne font généralement
pas long feu : on s'y arrache
portefeuilles, sacs, sandales et
manteaux qui peuvent être ajustés,
ou personnalisés à votre goût
(moyennant un supplément).

🏠 MARY ADAMS THE DRESS
☎ 212-473-0237 ; www.maryadams
thedress.com ; 138 Ludlow St ; 🕑 13h-
18h mer-sam, 13h-17h dim, ou sur rdv ;
🚇 Delancey St-Essex St (F, J, M, Z)
On peut acheter une robe déjà prête,
mais aussi demander d'en créer
une sur mesure (à partir de 1 500 $).
Mary Adams a su donner un côté

original à des robes classiques et romantiques. Grand succès auprès des futures mariées.

🍴 SE RESTAURER

🍴 ALIAS *Américain* $$

☎ 212-505-5011 ; 76 Clinton St ; 🕒 18h-23h lun-jeu, 18h-23h30 ven, 11h-15h30 et 18h-23h30 sam, 11h-16h et 18h-22h dim ; 🚇 Delancey St (F) ; ♿ Ⓥ

Seul rescapé des trois premiers restaurants de ce quartier au temps où il était encore un *no man's land* de la restauration, Alias continue de servir une savoureuse cuisine, riche en produits de saison : cabillaud noir d'Alaska, poires à la ricotta et au sirop d'érable et poitrine braisée à la tomate.

🍴 FREEMAN'S
Américain (gibier) $$$

☎ 212-420-0012 ; www.freemans restaurant.com ; au bout de Freeman Alley, après Rivington entre Bowery et Chrystie St ; 🕒 17h-23h30 tlj, 11h-15h30 sam et dim ; 🚇 Second Ave (F) ; Ⓥ

Tout au bout de la petite rue, on fait parfois la queue pendant un certain temps pour tenter d'avoir une table au très convoité Freeman's, qui ne prend pas de réservation. Délicieux plats carnés (principalement du gibier – chevreuil, faisan, voire autruche) accompagnés de vins plutôt onéreux et de desserts légers.

🍴 'INOTECA
Italien $$

☎ 212-614-0473 ; 98 Rivington angle Ludlow St ; 🕒 déjeuner et dîner tlj, brunch sam et dim ; 🚇 Lower East Side-Second Ave (F,V) ; ♿ ♿ Ⓥ

Si possible, essayez d'obtenir l'une des solides tables carrées en bois pour déguster les *panini* et *tramezzini* petit format, délicieux et nourrissants (par exemple, creusé puis garni d'œuf, de truffe et de fromage *fontina*), ou les aubergines *a la parmigiana*, les lasagnes ou les pâtes aux fruits de mer et à l'ail.

🍴 KATZ'S DELI
Spécialités juives $

☎ 212-254-2246 ; www.katzdeli.com ; 205 E Houston St ; 🕒 petit déj, déjeuner et dîner ; 🚇 Lower East Side-Second Ave (F,V) ; ♿ ♿

Une adresse courue des New-Yorkais, qui raffolent des gigantesques sandwiches de Katz's. Les plus pressés opteront pour le service à emporter, rapide comme l'éclair, les autres s'installeront pour profiter du spectacle en dégustant du *pastrami* sur le pain de seigle.

🍴 LITTLE GIANT
Américain de saison $$

☎ 212-226-5047 ; www.littlegiantnyc. com ; 85 Orchard St ; 🕒 dîner tlj, brunch sam et dim ; 🚇 Delancey St (F) ; ♿ Ⓥ

LES QUARTIERS

LOWER EAST SIDE

Le menu saisonnier fait la part belle aux produits frais des fermes bio du nord de l'État. Selon le moment, on y trouve de la mousse de foie de poulet, des choux de Bruxelles rôtis au sirop d'érable, de généreux gâteaux et, chaque semaine, un plat mettant le porc à l'honneur. La carte des vins est fournie et ils proviennent exclusivement de la région.

🍴 THE ORCHARD
International $$
☎ 212-353-3570 ; 162 Orchard St ;
🌙 dîner lun-sam ; 🚇 Delancey St (F) ;
♿ Ⓥ
Restaurant idéal pour ces soirées où l'on ne sait pas précisément

de quoi on a envie, Orchard rend hommage aux cuisines du monde entier, depuis le modeste *taco* mexicain de rue jusqu'au tartare de thon et au risotto aux fruits de mer. La longue salle blanche est très sobre et illuminée par des bougies.

🍴 SCHILLER'S LIQUOR BAR
Bistro $$
☎ 212-673-0330 ; www.schillersny. com ; 131 Rivington St angle Norfolk St ;
🕐 11h-minuit lun-jeu, 11h-2h ven-dim ; ♿ 👶
Sa cuisine éclectique – toasts au fromage, steak-frites, crevettes à l'ail, flans au caramel –, un service sans chichis et une ambiance chaleureuse

Zucco : le French Diner

rendent cette adresse très agréable.
Carafes et portions généreuses.
Situé dans Rivington St, c'est un
endroit idéal pour se rafraîchir
avec une bière après une journée
un peu chaude.

🍴 TENEMENT
Américain traditionnel $$$

☎ 212-598-2130 ; 157 Ludlow St
entre Stanton et Rivington Sts ;
🕑 17h-23h ; Ⓢ Second Ave (F) ; Ⓥ
Le restaurant n'a plus rien du
tenement, devenu ensuite maison
de passe, qu'il était autrefois.
Aujourd'hui, on y prépare des
calamars, de succulentes côtes
d'agneau et de la poitrine de
canard dans une déco moderne
et séduisante. On apprécie
encore plus le menu du bar,
pour la fin de soirée.

🍴 YONAH SHIMMEL
KNISHERY *Knishes* $

☎ 212-477-2858 ; 137 E Houston St
entre Eldridge et Forsyth Sts ; 🕑 9h30-
19h ; Ⓢ Lower East Side-Second Ave
(F, V) ; ⓫ Ⓥ
Une véritable *success story* à
l'américaine, que celle de Yonah
Shimmel. D'abord vendeur de rue
dans Coney Island, le succès des
knishes – spécialité typique des
communautés juives d'Europe de
l'Est – préparés par sa femme lui a
permis d'ouvrir une petite boutique
dans le Lower East Side…

Cette affaire familiale florissante
depuis quatre-vingt-douze ans suit
toujours la recette d'origine, utilise
le même monte-charge qu'autrefois
pour descendre des pommes
de terre, le fromage et le chou.
Goûtez un morceau de *knish*
du Yona Shimmel et vous serez
conquis. On y parle encore yiddish.

🍴 ZUCCO : LE FRENCH DINER
Français $-$$

☎ 212-677-5200 ; 188 Orchard St près
de Houston St ; 🕑 déjeuner et dîner ;
Ⓢ Delancey St (F) ; ⓫ Ⓥ
On vous y servira un sandwich grillé
avec serviette en tissu et verre
de vin blanc, ou encore de bonnes
merguez. Un peu plus français,
tout comme la déco, les moules
marinières ou le thon grillé
à la provençale.

🍸 PRENDRE UN VERRE
🍸 THE DELANCEY
☎ 212-254-9920 ; 168 Delancey St ;
🕑 16h-5h ; 🚇 Delancey St (F),
Bowery (J, M, Z)
Trois niveaux et surtout un toit-
terrasse avec fontaine et quelques
plantes vertes vous attendent
au Delancey. En bas, un DJ passe
du rock (indie et classique) et de
la new wave, tandis que le sous-sol
est réservé au punk et à l'électro.

Vous n'avez pas besoin de montrer patte-blanche pour entrer : ici on prône l'égalité. Mercredi soir, place au "Death Disco", importé de Londres, et pour lequel tout le monde se lève.

FONTANA'S

☎ 212-334-6740 ; www.fontanasnyc. com ; 105 Eldridge St ; 🕑 14h-4h ; 🚇 Delancey St (F), Essex St (J, M, Z)

Des posters kitsch sur des murs bleus et des alcôves en rouge devant le bar donnent au Fontana's un look très sixties qui séduit les habitants du quartier. Ce bar sur trois étages accueille les meilleurs groupes du moment en concert (au sous-sol), les DJs les plus en vue (à l'étage principal) et une clientèle sympathique de connaisseurs.

GOOD WORLD BAR & GRILL

☎ 212-925-9975 ; www.goodworld bar.com ; 3 Orchard St ; 🕑 12h-4h lun-ven, 10h-4h sam et dim ; 🚇 East Broadway (F)

Une adresse très prisée où les DJs œuvrent tard dans la nuit. Goûtez aux délicieuses boulettes de viande à la suédoise, gratuites si le personnel le décide. Saumon mariné, soupe de poisson et pancakes de pommes de terres à la carte, même si la plupart des clients se contentent de la Stella Artois pression.

MAGICIAN

☎ 212-673-7851 ; 118 Rivington St entre Essex et Norfolk Sts ; 🚇 Delancey St (F), Essex St (J, M, Z)

Choisissez un grand classique sur le jukebox, une bière locale ou un cocktail maison (ils sont généreux) et profitez de ce bel espace décontracté et jamais surpeuplé : c'est un bar d'habitués, qui reste encore confidentiel.

SAPPHIRE LOUNGE

☎ 212-777-5153 ; www.sapphirenyc. com ; 249 Eldridge St ; 🕑 19h-4h ; 🚇 Second Ave (F, V)

Attendez-vous à avoir chaud dans ce qui doit être la plus petite discothèque du monde. On peut s'asseoir sur une minibanquette contre le mur, mais autant aller directement sur la piste pour danser sur un mélange de hip-hop, de dance, de reggae et de techno. Ceux qui viennent sans partenaire n'ont pas à s'inquiéter : ils trouveront leur bonheur sur place.

SUBTONIC LOUNGE

☎ 212-358-7501 ; www.tonicnyc.com ; 107 Norfolk St ; 🕑 22h-7h mar-dim ; 🚇 Delancey St (F), Essex St (J, M, Z)

Au sous-sol du célèbre Tonic lounge, le Subtonic offre un espace hédoniste très "rave" l'où on passe les toutes dernières nouveautés techno en provenance de Berlin – et parfois quelques DJs stars. Le vendredi soir, pour la Bunker Party, les rois du mix mettent véritablement le feu à une piste prise d'assaut.

THE WHISKEY WARD

☎ 212-477-2998 ; www.thewhiskey ward.com ; 121 Essex St ; ☾ 17h-4h ; ⓜ Delancey St (F), Essex St (J, M, Z) ; ♿
Un jour, la municipalité a décidé de diviser Manhattan en deux districts, celui de Lower East Side héritant du surnom de "Whiskey Ward" (district du whisky), eu égard à ses nombreux établissements spécialisés. Les propriétaires du bar semblent aussi friands d'histoires que de whisky dont ils servent à peu près toutes les variétés possibles : malt, rye, scotch, Irish, bourbon… Clientèle de tous âges pour ce bar sans prétention aux murs de brique.

SORTIR

ABRONS ART CENTER

☎ 212-598-0400 ; www.henrystreet. org ; 466 Grand St ; ⓜ Canal Street-Sixth Ave (A, C, E) ; ♿
Ce vénérable centre de la culture dispose de trois théâtres, dont le Harry de Jur Playhouse (un symbole national), avec son propre hall d'accueil, des sièges fixes surélevés, une scène vaste et profonde, et une excellente visibilité. Étape incontournable du Fringe Festival,

Abrons Art Center vous offre aussi la possibilité de voir des productions expérimentales et locales. Nullement rebuté par les sujets difficiles, Abrons sponsorise des pièces de théâtre, des spectacles de danse et des expositions de photos diffusés nulle part ailleurs.

ARLENE'S GROCERY

☎ 212-358-1633 ; www.arlenesgrocery. net ; 95 Stanton St ; ☾ 18h-4h tlj ; ⓜ Lower East Side-Second Ave (F, V)
Ancienne boucherie, Arlene's Grocery accueille désormais des concerts tous les soirs, présentant des talents contemporains. Des boissons bon marché et du beau monde vous attendent, surtout si vous comptez faire forte impression le lundi soir au karaoké rock'n roll– gratuit et accompagné par un groupe : une occasion à ne pas manquer.

ART IN ODD PLACES

www.artinoddplaces.org ; ⓜ Lower East Side (F,V), Bleecker St et Lafayette (6)
Explorant la culture de la rue, Art in Odd Places ("l'art dans d'étranges lieux") organise chaque année une chasse au trésor dans tout Lower East Side en distribuant cartes et indices dirigeant les participants vers des installations artistiques, comme des draps blancs agrafés à des poteaux portant un panneau "*Draw here*" ("dessinez ici"). Consultez le site pour en savoir plus.

⭐ BOWERY BALLROOM

☎ 212-533-2111 ; www.boweryball room.com ; 6 Delancey St ; Ⓜ Delancey St (F), Bowery (J, M)

Devenu un grand classique, son succès ne s'est jamais démenti. On aime autant les concerts que le bar, classieux, dans une profonde pénombre, les boissons fortes, l'acoustique et les stars qui s'y produisent. Dirty Pretty Things et Ziggy Marley y jouent et les soirées Losers Lounge (The Cure contre The Smiths) sont à guichets fermés.

⭐ LANDMARK SUNSHINE CINEMA

☎ 212-358-7709 ; www.landmark theaters.com ; 143 E Houston St ; place 10 $; Ⓜ Lower East Side-Second Ave (F, V) ; ♿ 👶

Datant du début du XIXᵉ siècle, le Sunshine faisait jadis office de théâtre consacré au vaudeville yiddish. Fermé dans les années 1950, il a rouvert en 2001, métamorphosé en cinéma. Chaises confortables, aménagement fonctionnel et jardin japonais : l'ensemble est très réussi. Un bel endroit pour se faire un film : art et essai ou grosse machine américaine.

⭐ THE LIVING ROOM

☎ 212-533-7235 ; www.livingroomny. com ; 154 Ludlow St ; entrée gratuite, 1 conso mini ; 🕐 18h30-2h dim-jeu, 18h30-4h ven et sam ; Ⓜ Lower East Side-Second Ave (F, V), Essex St (J, M, Z)

On entre gratuitement au Living Room, qui avait accueilli Norah Jones juste avant qu'elle n'accède au rang de superstar. Concerts généralement acoustiques, avec un ampli occasionnel. Vous entendrez peut-être Mudfunk, Happy Chichester ou Julia Darling. Si la musique ne vous séduit pas, sachez que le lounge de l'étage accueille des DJs.

⭐ MERCURY LOUNGE

☎ 212-260-4700 ; www.mercury loungenyc.com ; 217 E Houston St ; 🕐 16h-4h ; Ⓜ Lower East Side-Second Ave (F, V)

Certains groupes passés au Mercury Lounge sont devenus célèbres, comme les Strokes. D'autres sont en passe de le devenir, comme Beirut, mais on vient généralement ici pour écouter des groupes encore inconnus. Le Mercury a pour cela une excellente oreille, attendez-vous donc à vous amuser, même si vous ne connaissez personne à l'affiche.

LOWER EAST SIDE ALTERNATIF

Girls Room (☎ 212-254-5043 ; 210 Rivington St angle Pitt St ; Ⓜ East Broadway (F))
On se retrouve ici entre filles pour monter sur scène et chanter en vrai ou en karaoké, ou pour admirer les *go-go dancers*.

Slide/Marquee (☎ 212-420-8885 ; 356 Bowery ; Ⓜ Lower East Side-Second Ave (F, V)
Homos, hétéros, filles, garçons et travestis se retrouvent ici pour des soirées ciné, des concerts, etc. Relié au très agréable lounge-restaurant Marion's, qui sert de la cuisine de bistro au niveau de la rue.

⭐ PIANOS

☎ 212-505-3733 ; www.pianosnyc.com ;
106 Norfolk St ; 🕐 12h-4h ;
Ⓜ **Lower East Side-Second Ave (F, V)**
Les propriétaires ont laissé l'enseigne du magasin de pianos qui se trouvait ici auparavant. Place au mélange des genres – surtout pop, punk et new wave, avec quelques groupes de hip-hop et d'indie, afin qu'il y en ait pour tous les goûts.

⭐ SARAH D ROOSEVELT PARK

Houston St angle Chrystie St
Le week-end, ce parc se retrouve envahi par les basketteurs du quartier venus faire quelques paniers. Autrefois fréquenté par les dealers, le parc a été récupéré par les habitants et joue un rôle essentiel dans la vie locale, avec ses terrains de sport et ses fontaines.

>SOHO, NOHO ET NOLITA

Autrefois de véritables *no man's land*, ces quartiers sont désormais les plus branchés de New York, fréquentés par les touristes du monde entier et habités par les stars du cinéma et du rock. Il n'a pas fallu longtemps à Noho (North of Houston St) et Nolita (North of Little Italy) pour bénéficier de l'appel d'air généré par Soho (South of Houston St).

Des trois, Soho reste le plus frappant esthétiquement, avec ses bâtiments hauts et massifs aux façades en fonte, et sa ligne d'horizon si caractéristique.

Nolita offre lui aussi bien des attraits, le quartier vivant à un rythme un peu moins effréné, avec autant de petites boutiques et de restaurants que Soho compte de galeries et de grandes enseignes.

Au nord de Houston St, en dessous d'Astor Place, se trouve le triangle dessiné par Lafayette et Bond Sts. Les atouts réunis dans cet espace attirent de nombreux adeptes du shopping.

SOHO, NOHO ET NOLITA

Carte p. 82-83

VOIR

CHILDREN'S MUSEUM OF THE ARTS

☎ 212-274-0986 ; www.cmany.org ; 182 Lafayette St entre Broome et Grand Sts ; entrée 9 $, sauf jeu 16h-18h où l'on donne ce que l'on veut ; 🕙 12h-17h ven-dim et mer, 12h-18h jeu ; 🚇 Spring St (6), Prince St (N, R) ; ♿

Interdit de regarder ! Voici un musée où l'on participe, par des activités multisensorielles aussi éducatives qu'amusantes et animées par des artistes de métier : les enfants adorent.

DRAWING CENTER

☎ 212-219-2166 ; www.drawingcenter. org ; 35 Wooster St ; 🕙 10h-18h mar-ven, 11h-18h sam ; 🚇 Canal St (A, C, E, 1)

Un centre à but non lucratif consacré exclusivement au dessin, présentant des œuvres d'artistes connus ou inconnus. Michel-Ange, James Ensor et Marcel Duchamp y côtoient Richard Serra, Ellsworth Kelly et Richard Tuttle.

MERCHANT'S HOUSE MUSEUM

☎ 212-777-1089 ; www.merchants house.com ; 29 E 4th St entre Lafayette et Bowery ; 🕙 12h-17h jeu-lun ; 🚇 Bleecker St (6)

Ce musée local offre un aperçu sur la vie des riches hommes d'affaires au XIXᵉ siècle. Seabury Tredwell, qui importait divers produits d'Europe, vivait dans cette maison construite en 1831. Sa famille a conservé les meubles et les vêtements d'origine. Un vrai voyage dans le temps.

NEW YORK FIRE MUSEUM ET NEW YORK CITY POLICE MUSEUM

Fire Museum (☎ 212-691-1303 ; www. nycfiremuseum.org ; 278 Spring St ; 🕙 10h-17h mar-sam, 10h-16h dim ; 🚇 Houston (1), Spring St (C, E) ; ♿) ; Police Museum (carte p. 45 ; ☎ 212-480-3100 ; www.nycpolicemuseum.org ; 100 Old Slip près de South St Seaport ; don recommandé 6 $; 🕙 10h-17h mar-sam ; 🚇 Wall St (2, 3) ; ♿)

Ces deux musées abritent des objets véritablement fascinants : des pompes manuelles que les enfants peuvent essayer pour éteindre un faux incendie au Fire Museum ; des accessoires de gangsters (le pistolet d'Al Capone) et moult fausses monnaies au Police Museum. Les deux musées proposent des visites intéressantes.

ANCIENNE CATHÉDRALE SAINT-PATRICK

260-264 Prince St angle Mott St ; 🚇 Prince St (R, W)

Avant que St Patrick sur la Cinquième Avenue ne lui vole la vedette,

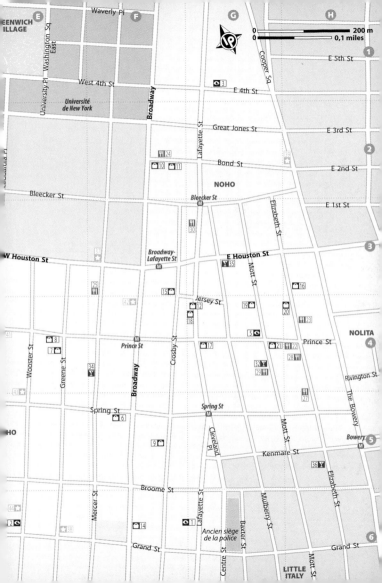

LES QUARTIERS

SOHO, NOHO ET NOLITA

LE DISTRICT DE LA FONTE

Le surnom de Soho (ci-dessus) provient de ses nombreux bâtiments industriels. Les amateurs admireront le **Singer Building** (561-563 Broadway entre Prince et Spring Sts), où étaient entreposées les fameuses machines à coudre. Il y a aussi le **St Nicholas Hotel** (521-523 Broadway entre Spring et Broome Sts), qui avait fait office de Q.G. du ministère de la Guerre d'Abraham Lincoln au temps de la guerre de Sécession, et porte encore des panneaux d'époque sur sa façade en marbre. Le **Haughwout Building** (488 Broadway angle Broome St) a été le premier à adopter l'ascenseur sécurisé conçu par Elisha Otis. Surnommé le "Parthénon de l'architecture en fonte", le Haughwout fait figure de rareté car il se trouve sur un angle de rue et comporte deux façades d'époque complètes. Ne manquez pas l'horloge côté Broadway.

cette gracieuse église de 1809 de style néogothique était le siège de l'archidiocèse à New York. Principalement bâtie par des immigrants irlandais, elle continue à servir les communautés les plus diverses en proposant des messes en anglais, en espagnol et en chinois. Sa cour aux murs de brique abrite un ancien cimetière et son mausolée d'illustres familles new-yorkaises.

🛍 SHOPPING

🏷 AMERICAN APPAREL

☎ 212-226-4880 ; www.american apparel.net ; 121 Spring St entre Broadway et Mercer St ; ⏰ 10h-20h lun-jeu, 10h-21h ven et sam, 11h-20h dim ; ⓟ Prince St (R, W)
Classiques, mais surtout éthiques : aucun de ces vêtements ne provient d'un atelier clandestin, au contraire, tout y est fait selon des standards de qualité supérieure. Vous y trouverez des sweat-shirts, avec ou

sans capuche, des sous-vêtements et bien d'autres vêtements dans une large gamme de couleurs.

🏷 ANNA SUI

☎ 212-941-8406 ; www.annasui.com ; 113 Greene St ; ⏰ 11h30-19h lun-sam, 12h-18h dim ; ⓟ Prince St (R, W)
Féminines et furieusement tendance, les robes d'Anna Sui font figure d'incontournables pour la New-Yorkaise qui se veut sexy sans que cela soit trop évident. La boutique aux murs violets mérite le détour.

🏷 APPLE STORE SOHO

☎ 212-226-3126 ; www.apple.com/ retail/soho ; 103 Prince St ; ⏰ 10h-20h lun-sam, 11h-19h dim ; ⓟ Prince St (N, R, W)
Apple Store, toujours en effervescence, attire toute la hiérarchie des utilisateurs d'ordinateurs : les débutants

s'amusent de l'escalier et de la passerelle translucides, ainsi que des iPods multicolores, tandis que les vrais spécialistes se lancent dans des conversations pointues avec le personnel. Accès Internet, séminaires gratuits et formations aux astuces de l'informatique.

🏠 BLOOMINGDALE SOHO
☎ 212-729-5900 ; 504 Broadway ;
🕙 10h-21h lun-ven, 10h-20h sam, 11h-19h dim ; Ⓟ Prince St (R, W)
Plus branché et plus jeune que la légendaire maison mère de l'Upper East Side, ce grand magasin installé à Soho se concentre exclusivement sur la mode, les bijoux, le maquillage et les accessoires. Des robes de soirée aux maillots de bain, il ne manque rien.

🏠 BOND 07
☎ 212-677-8487 ; 7 Bond St ;
🕙 11h-19h lun-sam ; 12h-19h dim ;
Ⓟ Prince St (R, W)
Rien de plus tendance que les lunettes de Selima Salaun, qui ont été adoptées par de nombreuses célébrités. Avec plus de cent modèles en stock, elle trouvera forcément le vôtre.

🏠 BOND 09
☎ 212-228-1940 ; 9 Bond St ;
🕙 11h-19h lun-sam ; Ⓟ Prince St (R, W)
Si vous visitez New York, autant vous "parfumer New York" : voici

Lèche-vitrine à Soho

ce que l'on vous dira chez Bond 09. Ici, les parfums (fort agréables au demeurant) portent les noms des quartiers, comme Eau de Noho, Chinatown ou Chelsea Flowers.

📷 BROOKLYN INDUSTRIES
☎ 212-219-0862 ; www.brooklyn industries.com ; 286 Lafayette St ; 🕙 11h-20h lun-sam, 12h-19h30 dim ; 🚇 Broadway-Lafayette St (B, D, F, V)
La marque du quartier de Williamsburg a conquis Manhattan. Créée par deux artistes amoureux de la mode, et désormais millionnaires, elle propose des vêtements confortables et tendance, reconnaissables à son logo : un ciel jaune avec des gratte-ciel.

📷 CHELSEA GIRL
☎ 212-343-1658 ; www.chelsea-girl. com ; 63 Thompson St entre Spring et Broome Sts ; 🕙 12h-19h ; 🚇 Spring St (C, E)
Ce petit magasin est une véritable mine de vêtements vintage des dernières décennies, de toutes les formes et de toutes les tailles. Des trouvailles ne sont pas rares dans ce stock à l'apparence désordonnée.

📷 DAFFY'S
☎ 212-334-7444 ; www.daffys.com ; 462 Broadway angle Grand St ; 🕙 10h-20h lun-sam, 12h-19h dim ; 🚇 Canal St (A, C, E)

NEW YORK >86

Deux étages de vêtements et d'accessoires de marque (et quelques objets déco) pour hommes, pour femmes, et même pour enfants, à des prix imbattables. Les clients n'hésitent pas longtemps devant ces étiquettes qui affichent le prix réel et celui de Daffy's, souvent 50% moins cher.

📷 HOUSING WORKS USED BOOK CAFE
☎ 212-334-3324 ; www.housingworks. org/usedbookcafe ; 126 Crosby St ; 🕙 10h-21h lun-ven, 12h-21h sam ; 🚇 Broadway-Lafayette St (B, D, F, V)
Ce grand café s'avère idéal pour passer quelques heures au calme. Vous pouvez aussi y acheter des livres pour la bonne cause : les bénéfices sont reversés aux SDF séropositifs ou malades du sida de la ville.

📷 MAYLE
☎ 212-625-0406 ; 242 Elizabeth St ; 🕙 12h-19h lun-sam, 12h-18h dim ; 🚇 Spring St (6), Prince St (N)
Superbes matières et coupes classiques donnent aux vêtements de cette boutique de Nolita un petit air rétro, et pourtant : on utilise des tissus très modernes et la confection se fait sur place. Grands manteaux, jupes droites en laine et robes près du corps aussi uniques que cette adresse.

🏠 MCNALLY ROBINSON
☎ 212-274-1160 ; www.mcnally
robinson.com ; 52 Prince St ;
🕐 10h-22h lun-sam, 10h-20h dim ;
🚇 Prince St (R, W)

Ce sympathique café (avec Wi-Fi)
abrite une librairie indépendante,
proposant une multitude
d'ouvrages sur tous les sujets
ou presque – cuisine, fiction,
voyage, architecture, littérature
gay/lesbienne, etc. –, ainsi que
des magazines et des journaux
du monde entier.

🏠 OTTO TOOTSI PLOHOUND
☎ 212-431-7299 ; 273 Lafayette St ;
🕐 11h30-19h30 lun-ven, 11h-20h
sam, 12h-19h dim ; 🚇 Broadway-
Lafayette St (B, D, F, V)

Toutes les marques que l'on
adore – Miu Miu, Cynthia Rowley,
Helmut Lang, Paul Smith et Prada
Sport – se présentent comme
autant de tentations sur leurs
cintres. La vitrine d'Otto Tootsi
mérite à elle seule le détour :
un chef-d'œuvre.

🏠 REBECCA TAYLOR
☎ 212-966-0406 ; www.rebeccataylor.
com ; 260 Mott St ; 🕐 11h-19h lun-sam,
12h-19h dim ; 🚇 Bleecker/Lafayette St
(6), Prince St (N)

Dans cette rue spécialisée dans
les vêtements décontractés,
cette boutique se distingue avec
ses jupes à fleurettes, ses pantalons
larges et ses chemises à jabot
qui remportent un franc succès.
La moitié de Nolita s'habille
chez Mlle Taylor.

🏠 SEIZE SUR VINGT
☎ 212-343-0476 ; www.16sur20.com ;
107 Grand St ; 🕐 11h-19h lun-sam,
12h-18h dim ; 🚇 Broadway-Lafayette St
(F, V), Spring St (6)

Voici un secret encore bien gardé
de Nolita. Des jupes et des tailleurs
stricts se voient rehaussés de
matières colorées et gaies. Vous
trouverez également des chemises
cintrées qui souligneront joliment
votre silhouette.

🏠 SIGERSON MORRISON
☎ 212-941-5404 ; www.sigerson
morrison.com ; 242 Mott St
et 28 Prince St ; 🕐 11h-19h lun-sam,
12h-18h dim ; 🚇 Spring St (6),
Prince St (N)

Sigerson Morrison doit son
immense succès à quelques
innovations auxquelles il fallait
penser : tongs à talons ou
chaussures de pluie en plastique
version chic, et une jolie gamme
de vêtements aux couleurs vives.
La boutique propose aussi Belle,
une ligne un peu plus accessible
où l'on retrouve son style glamour
et féminin.

🍴 SE RESTAURER

🍴 24 PRINCE ST

Américain familial $$

☎ 212-226-8624 ; 24 Prince St entre Mott et Elizabeth Sts ; 🕙 déjeuner et dîner ; 🚇 Spring St (6) ; ♿ 👶 🅅
Sans faire dans le très original, 24 Prince a trouvé la recette du succès : savoureux *macaroni and cheese*, poulet grillé, épinards à la crème, pain de maïs et autres classiques de la cuisine américaine dans une ambiance décontractée-chic.

🍴 BARBOSSA

Sud-américain $$

☎ 212-625-2340 ; 232 Elizabeth St ; 🕙 11h-23h30 mar-dim ; ♿ 👶
La grande fenêtre de la façade et le coin dédié à la bossa-nova donnent à ce café une ambiance très jazzy. On y déguste une cuisine légère : grand choix de salades (souvent agrémentées de mangues, de cacahuètes ou d'avocats), délicieuses soupes et plats savoureux.

🍴 BOND ST

Japonais/Sushis $$$

☎ 212-777-2500 ; 6 Bond St ; 🕙 18h-22h30 dim-lun, 18h-23h30 mar-sam ; 🚇 Bleecker St (6) ; ♿ 👶 🅅
Nobu n'a qu'à bien se tenir, voici Bond St. Le restaurant existe depuis un certain temps, mais

les amateurs de sushis tenaient à conserver le secret, et on les comprend. Gagnant à tous les coups : le menu de dégustation *omakase*, de 40 à 120 $ au choix, mais les makis et sashimis de la carte méritent aussi que l'on s'intéresse à eux.

🍴 HONMURA AN *Japonais* $$

☎ 212-334-5253 ; 170 Mercer St entre Houston et Prince Sts ; 🕙 déjeuner et dîner mer-ven, dîner mar et dim ; 🚇 Prince St (R, W) ; 🅅
Des nouilles *soba* et *udon* servies chaudes ou froides et surmontées de tout ce qui peut vous passer par la tête : *tempura* de crevettes géantes, gâteau de poisson ou légumes japonais. Si vous ne parvenez pas à choisir entre les sashimis et les gnocchis *soba*, Honmura An peut vous préparer un petit assortiment de tout.

🍴 KITTICHAI *Thai* $$

☎ 212-219-2000 ; www.kittichai restaurant.com ; rdc, 60 Thompson St entre Broome et Spring Sts ; 🕙 déjeuner et dîner ; 🚇 Spring St (C, E) ; 🅅
La superbe déco "thaï branché" de ce restaurant tout en blanc et tons chauds ne doit pas faire oublier sa cuisine créative, qu'il s'agisse de ses en-cas (tartelette citron et poulet émincé, lotte marinée en feuilles de pandanus) ou de ses plats (curry rouge aux légumes, côtelettes au

curry vert). Vous pourrez également déguster les incontournables soupes au piment.

🍴 PEASANT
Italien $$$

☎ 212-965-9511 ; www.peasantnyc.com ; 194 Elizabeth St ; 🕙 dîner ;
🚇 Spring (6), Prince St (N)
Pour rester si longtemps au top dans Elizabeth St, temple des dernières tendances et des inaugurations médiatisées, il faut vraiment avoir quelque chose de spécial. Pour le comprendre, il suffit de goûter à ces plats aux noms fort poétiques : *polpi i purgatorio*, *quaglie farcite* ou *porchetta arrosto*.

🍴 PUBLIC
Australien/Asiatique $$$

☎ 212-343-7011 ; 210 Elizabeth entre Rivington et Stanton Sts ; 🕙 déjeuner et dîner tlj, brunch sam et dim ;
🚇 Spring St (6)
Censé représenter une bibliothèque, avec ses serveurs qui prennent la commande sur un carnet d'écolier, Public a juste ce qu'il faut d'originalité pour sortir du lot. Idem pour la cuisine, étonnant mélange d'Asie, d'Australie et de Nouvelle-Zélande, qui peut surprendre, mais on y apprécie les viandes peu communes (kangourou et autruche), et les savoureux accompagnements (soupe de fenouil, beignets de crabe).

Cuisine italienne chez Peasant

⊯ RICE *Asiatique fusion* $

☎ 212-226-5775 ; www.riceny.com ;
227 Mott St ; 🕑 12h-minuit ;
◉ Spring St (6) ; ♿ 🚼 Ⓥ

Le grain le plus répandu dans
la nature est ici accommodé à toutes
les sauces. Après avoir goûté le riz vert
(aromatisé à la coriandre, au persil et
aux épinards) ou le riz noir thaï (gluant,
cuit à la vapeur dans du lait de coco),
vous reviendrez, c'est sûr ! Autres plats
délicieux : le satay de crevettes nappé
d'une sauce aux amandes grillées,
le ragoût de lentilles et les boulettes
végétariennes au sésame.

⊯ SPARKY'S *En-cas bio* $

☎ 212-334-3035 ; 333 Lafayette
St angle Bleecker St ; 🕑 8h-minuit
lun-ven, 10h-minuit sam, 10h-22h dim ;
◉ Bleecker St (6) ; ♿ 🚼 Ⓥ

Spécialiste de la cuisine rapide bon
marché mais de qualité, Sparky's
prépare hot-dogs de soja ou de
bœuf, frites et glaces maison. Pour
le petit déjeuner : yaourts régionaux
et granola avec du lait. Produits bio
de petits producteurs.

🍸 PRENDRE UN VERRE

🍸 C TABAC

☎ 212-941-1781 ; 32 Watts St entre
Sixth Ave et Thompson St ; 🕑 17h-2h
dim-mer, 17h-4h jeu-sam ; ◉ Canal St
(A, C, E, 1)

Fumeurs, consolez-vous : chez
C Tabac, on ne vous reprochera
rien, bien au contraire. Vous pourrez
choisir parmi 150 variétés de
tabac et déguster un Gingersnap
(vodka aromatisée au gingembre,
gingembre cristallisé et champagne)
ou simplement une bière pour
profiter de l'ambiance de ce salon
Art déco aux murs de bambou.

🍸 CHIBI'S BAR

☎ 212-274-0025 ; 238 Mott St entre
Prince et Spring Sts ; 🕑 17h30-1h
lun-ven, 15h-2h sam, 15h-minuit
dim ; ◉ Spring St (6) ; ♿

Une toute petite adresse que
les accents du jazz (concerts
le dimanche) rendent magique,
tout comme les saveurs
dangereusement tentatrices des
sakés, *saketinis*, bières japonaises et
en-cas du bar, du caviar de saumon
à l'*edamame* (fève de soja). Chibi
doit son nom au petit bouledogue
de la propriétaire. Vous le verrez
peut-être installé dehors.

🍸 EAR INN

☎ 212-226-9060 ; 326 Spring St
entre Greenwich et Washington Sts ;
🕑 11h30-4h ; ◉ Spring St (C, E)

D'ici quelques années, un
programme immobilier de 12 étages
surplombera l'Ear Inn, mais il n'est
pas prêt de disparaître car il se
trouve dans une maison historique,
habitée en 1817 par James Brown

(pas le chanteur, mais le partisan de George Washington). Clientèle d'ouvriers, de motards et de poètes, amoureux de son ambiance et de sa tourte traditionnelle.

☎ MERCBAR
☎ 212-966-2727 ; 151 Mercer St entre Houston et Prince Sts ; ⏰ 17h-2h dim-mar, 17h-4h mer-sam ; ⊖ Prince St (R, W)

Un petit bar intime où l'on peut discuter sans avoir à hurler par-dessus la sono : l'idéal pour les habitués, travaillant souvent dans l'édition, qui aiment venir y boire des Martini et parler de l'actualité.

☎ MILANO'S
☎ 212-226-8844 ; 51 E Houston St entre Mulberry et Mott Sts ; ⏰ 17h-4h ; ⊖ Broadway-Lafayette St (B, D, F, V)

Milano ne cherche pas à remporter la palme du bar le plus chic, mais il dégage un certain charme un peu canaille. Offrez-vous une bière Pabst à 3 $ et rigolez un peu avec ces piliers de bar qui ne décollent jamais.

☎ XICALA
☎ 212-219-0599 ; 151 Elizabeth St ; ⏰ 17h-2h ; ⊖ Spring St (6) ♿

Le mercredi soir, un trio cubain vient jouer dans ce petit bar à vins et à tapas un poil glauque, mais très festif. Goûtez la spécialité – la sangria à la fraise – ou bien un sherry de Riojas ou de Jerez, tout aussi délicieux.

SORTIR

★ ANGELIKA FILM CENTER
☎ 212-995-2000 ; www.angelika filmcenter.com ; 18 W Houston St angle Mercer St ; ⏰ tlj ; ⊖ Broadway-Lafayette St (B, D, F, V) ; ♿ ♿

L'Angelika est spécialisé dans la projection de films étrangers ou indépendants et se révèle assez pittoresque – longues files d'attente, sono parfois incertaine et grondement du métro. Le très beau bâtiment à lui seul mérite une visite pour son architecture signée Stanford White. Bon plan : boire un petit noir ou donner un rendez-vous dans le café de l'Angelika, un lieu spacieux et agréable.

★ ARTISTS SPACE
☎ 212-226-3970 ; www.artistsspace. org ; 3ᵉ ét., 38 Greene Street ; ⏰ 11h-18h mar-dim ; ⊖ Canal St (A, C, E, J, M, N, R, 1, 6)

Artists Space est l'un des tous premiers espaces alternatifs à New York : il a été fondé en 1972 pour soutenir les artistes contemporains des arts visuels (vidéo, médias électroniques, arts du spectacle, architecture, design). Avec son espace d'exposition pour les arts et les artistes émergents, il s'efforce de mettre en valeur le rôle que jouent les créateurs dans la société.

⭐ BOUWERIE LANE THEATER

☎ 212-677-0060 ; www.exchangenyc.
org ; 330 Bowery ; 🕙 12h-18h lun-ven
(1 h avant le lever de rideau) ;
🚇 Astor Pl (6)

Théâtre à l'écart de Broadway,
actuellement occupé par The
Exchange, ex-Jean Cocteau Review,
le Bouwerie a été construit il y a plus
de cent ans par Henry Engelbert.
Occupé par une banque et converti
en théâtre dans les années 1960,
sa superbe façade en fonte est l'une
des dernières encore debout dans
le style second Empire.

⭐ HERE

☎ 212-647-0202 ; www.here.org ;
145 Sixth Ave entre Spring et Broome
Sts ; 🚇 Canal St (C, E)

Un théâtre acclamé par la critique
et pourtant toujours juste
financièrement, HERE soutient
tout ce qui peut être indépendant,
innovant ou expérimental :
Les Monologues du vagin d'Eve Ensler ;
La Symphonie fantastique de

Basil Twist ; *On Edge* d'Hazelle
Goodman, etc. Les horaires et les prix
varient considérablement : le café
offre une excellente occasion
de se renseigner.

⭐ LOUIS MEISEL GALLERY

☎ 212-677-1340 ; www.meiselgallery.
com ; 141 Prince Street ; 🕙 10h-18h
mar-sam, sauf juillet 10h-17h mar-ven,
et août sur rdv ; 🚇 Prince St (N, R) ; ♿

Les œuvres de cette galerie
spécialisée dans le photoréalisme
sont un véritable festival de
couleurs. Nos préférées : celle
des gratte-ciel de Staten Island
ou celle des camions de pompiers.

⭐ NEW MUSEUM OF CONTEMPORARY ART

☎ 212-219-1222 ; www.newmuseum.
org ; 583 Bowery entre Houston
et Prince Sts ; 🚇 Prince St (N, R)

À l'heure où nous écrivons ces
lignes, ce musée était sur le point
de déménager de son ancienne
adresse proche du Chelsea Museum

NOBU ROI

Les rumeurs disent que Robert De Niro envisage de revendre le phénomène **Nobu** (☎ 212-
219-0500 ;105 Hudson St), mais ce restaurant médiatisé et adulé de ses fans n'a aucun
souci à se faire pour l'avenir. Si vous sentez que vos espoirs d'avoir une table risquent d'être
déçus, tentez votre chance chez **Nobu Next Door** (☎ 212-334-4445). On y sert la même
chose – spécialités asiatiques et latino-américaines – dans un cadre tout aussi glamour (juste
différent), mais on ne prend pas de réservations pour moins de six personnes. En évitant le
samedi, vous aurez toutes vos chances d'y entrer après une attente raisonnable.

(p. 133) vers sa nouvelle demeure sur Bowery, où des locaux flambant neufs l'attendent. Le nouveau musée dédié à l'art contemporain international s'intéressera surtout aux expositions multimédias.

⭐ PETER BLUM GALLERY
☎ 212-343-0441 ; www.peter blumgallery.com ; 99 Wooster St ; 🕑 10h-18h lun-ven, fermé juillet/août ; 🚇 Spring St (C) ; ♿

Peter Blum compte trois galeries en ville, celle-ci étant la principale. Il y a notamment présenté les étonnantes photographies de l'artiste d'origine coréenne Kim Sooja et les imprimés de la Japonaise Yayoi Kusama.

⭐ SPENCER BROWNSTONE GALLERY
☎ 212-334-3455 ; www.spencer brownstonegallery.com ; 39 Wooster St entre Broome et Grand Sts ; 🕑 11h-18h mar-sam ; 🚇 Canal St (C, E) ; ♿

Après avoir fait ses armes en tant que marchand d'art privé, Spencer Brownstone a ouvert son propre espace sur Wooster St… et ne l'a jamais regretté ! Sa galerie met à l'honneur les œuvres d'artistes européens connus ou en passe de le devenir : installations, photographies, peintures, sculptures et vidéos.

> EAST VILLAGE

Punks, anarchistes, étudiants de l'université de New York, courtiers de Wall Street, professeurs, philosophes, poètes, prostituées, danseurs et ouvriers du bâtiment – toutes les catégories de la population s'y côtoyaient, signe que la lutte des classes et l'esprit révolutionnaire ont joué un rôle primordial dans le passé. Ce qui reste du brassage social d'East Village se manifeste surtout dans la vie nocturne, spectaculaire à bien des égards.

East Village a conservé une grande part de son authenticité. Si le ballet des limousines se déploie chaque soir sur Second Avenue et dans le Lower East Side, de nombreux militants restent fidèles au KGB Bar (jadis quartier général des socialistes) et à ses débats hebdomadaires. Ils participent régulièrement à des manifestations et mènent un fervent combat contre les promoteurs immobiliers. Il est rassurant de voir que si le vernis change, l'esprit collectif n'a rien perdu de sa fougue, du moins à East Village.

EAST VILLAGE

◎ VOIR

6th & B Garden	**1**	G4
New York Marble Cemetery	**2**	D6
Bains russes et turcs	**3**	E3
St Mark's-in-the-Bowery	**4**	C3
Tompkins Square Park	**5**	F3
Ukrainian Museum	**6**	C4

🏠 SHOPPING

A Cheng	**7**	E3
Alphabets	**8**	F4
East Village Music Store	**9**	D5
Footlight Records	**10**	B2
Love Saves the Day	**11**	D4
Other Music	**12**	B5
St Mark's Bookshop	**13**	C3
Tokio 7	**14**	D4
Underdog East	**15**	E4

🍴 SE RESTAURER

Angelica Kitchen	**16**	D2
B&H Dairy	**17**	C4
Bao 111	**18**	H4
Boca Chica	**19**	E6
Caracas Arepas Bar	**20**	E4
Counter	**21**	E4
Hearth	**22**	E2
Il Bagatto	**23**	F6
Mo Pitkin's	**24**	F5
Prune	**25**	D6
S'Mac	**26**	D2
Veselka	**27**	D3

🍸 PRENDRE UN VERRE

11th St Bar	**28**	F2
Angel's Share	**29**	C3
B3 Bar	**30**	G5
Beauty Bar	**31**	C1
Clubhouse	**32**	G3
D.B.A.	**33**	E5
Holiday Cocktail Lounge	**34**	D3
KGB Bar	**35**	C5
Odessa Café	**36**	F4
Rue B	**37**	G2

⭐ SORTIR

Amato Opera House	**38**	C6
Easternbloc	39	F4
Joseph Papp Public Theater	**40**	B5
La MaMa ETC	**41**	C5
Nuyorican Poets Café	**42**	G5
Orpheum Theater	**43**	C4
Pyramid	**44**	F4
Starlight Bar & Lounge	45	F3

Carte p. 96-97

◉ VOIR

◉ 6TH & B GARDEN

www.6bgarden.org ; angle 6th St et Ave B ;
🕙 13h-18h sam et dim ; 🚇 Astor Pl (6)
Les habitants d'East Village adorent
ce jardin de 5 000 m² où se mêlent
des fleurs, des vignes et des
sculptures. Dans les années 1980,
des militants locaux ont réhabilité
cette friche à l'abandon, et plus
tard ils ont dû se battre pour éviter
un rachat par la municipalité.
Désormais, tout un chacun profite
de cette oasis de verdure.

◉ COLONNADE ROW

428-434 Lafayette St entre Astor Pl
et East 4th St ; 🚇 Astor Pl (6)
Jadis, neuf demeures de style
néogrec s'élevaient dans cette allée ;
il n'en reste que quatre. Toutes
furent construites en 1833, en pierres,
par des détenus de Sing Sing (prison
située au nord de New York).
Chaque façade classique est
agrémentée de détails sculptés.

◉ NEW YORK MARBLE CEMETERY

www.marblecemetery.org ; entrée
dans Second Ave, entre 2nd St et 3rd St ;
🕙 visite guidée le 4ᵉ dim du mois,
mars-nov, sur rdv les autres week-ends ;
🚇 Lower East Side-Second Ave (F, V),
Bleecker St/Lafayette St (6) ; 🚻
Datant des années 1800, le premier
cimetière non religieux de Manhattan

exhale une charmante ambiance
surannée. Beaucoup d'éminents
New-Yorkais sont enterrés ici.

◉ BAINS RUSSES ET TURCS

☎ 212-473-8806 ; www.russianturkish
baths.com ; 268 E 10th St entre First Ave et
Ave A ; 25 $ pour 10 séances ; 🕙 11h-22h
lun, mar, jeu et ven , 9h-22h mer, 7h30-
22h sam-dim ; 🚇 First Ave (L), Astor Pl (6)
Depuis 1892, voici le lieu idéal pour
un sauna ou un bain de vapeur,
ou pour faire un plongeon dans l'eau
glacée, puis se faire sécher dans
le solarium. Le forfait journalier
comprend le casier, le cadenas,
le peignoir, les serviettes et les
claquettes. Sur place, le café russe
sert des jus de fruits frais, des salades
de pommes de terre et d'olives, des
crêpes et du bortsch. Les bains sont
réservés aux femmes de 9h à 14h
le mercredi, et aux hommes de 7h30
à 14h le samedi.

◉ ST MARK'S-IN-THE-BOWERY

☎ 212-674-6377 ; www.stmarkschurch-
in-the-bowery.com ; 131 E 10th St à
la hauteur de Second Ave ; 🕙 lun-ven
10h-18h ; 🚇 Astor Pl (6), Third Ave (L)
Toujours en activité, cette église
épiscopale fut élevée en 1799, sur
les terres agricoles du gouverneur
hollandais Peter Stuyvesant, qui
est enterré dans la crypte. Outre
la messe du dimanche attirant une
foule de fidèles, les manifestations
culturelles organisées à St Mark's ont

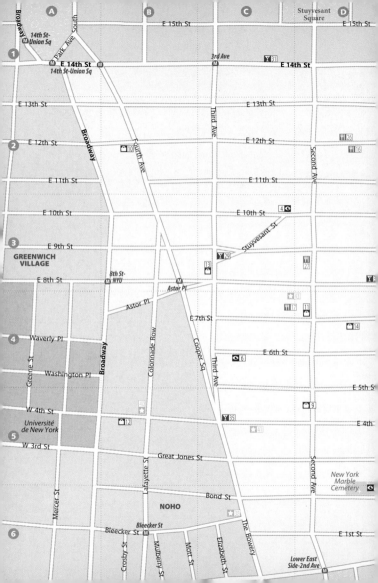

toujours du succès. Les lectures de poésie (**Poetry Project** ; ☎ 212-674-0910) et les spectacles de danse (**Danspace** ; ☎ 212-674-8194) se multiplient pour le Nouvel An, avec un marathon de performances pendant 24 heures.

◉ TOMPKINS SQUARE PARK
www.nycgovparks.org ; entre E 7th St et 10th St et entre Ave A et Ave B ; 🕐 6h-minuit ; ◉ Astor Pl (6) ; ♿
En 1874, 7 000 ouvriers en colère et 1 600 policiers s'affrontèrent dans cette enclave de végétation, et l'histoire s'est répétée à maintes reprises depuis : le Tompkins Square Park est au cœur de toutes les protestations d'East Village. Ce grand jardin verdoyant est paisible la journée, animé en soirée et un rien intimidant aux petites heures du jour.

◉ UKRAINIAN MUSEUM
☎ 212-228-0110 ; www.ukrainian museum.org ; 222 E 6th St entre Second Ave et Third Ave ; 🕐 mer-dim 11h30-17h ; ◉ Lower East Side-Second Ave (F, V), First Ave (L)
La présence des Ukrainiens est encore bien marquée à East Village. Ce musée retrace leur longue histoire à New York. La collection d'art populaire compte des céramiques, des ferronneries, des textiles tissés et les traditionnels œufs de Pâques. Les visiteurs en quête de leurs racines ukrainiennes disposeront de bons outils de recherche.

Les maîtres surveillent leurs chiens au Tompkins Square Park

LES DESSOUS CACHÉS DE NEW YORK

À New York, une foule de détails extraordinaires passent inaperçus, et les histoires qui les accompagnent sont souvent tues. Vous pouvez rejoindre un forum sur New York, connu sous le nom de Yellow Arrow (http://yellowarrow.net/secretny). Ce "projet artistique aux innombrables auteurs" implique à la fois des habitants et des touristes. Chacun est invité à raconter une histoire de son choix ou à envoyer une image en relation avec son expérience de la ville.

SHOPPING

A CHENG

☎ 212-979-7324 ; www.achengshop.com ; 443 9th St ; 🕙 11h30-20h lun-ven, 12h-19h sam-dim ; ⓜ Astor Pl (6), First Ave (L)

Des étoffes délicates qui tombent parfaitement, voici ce que vous trouverez sur les étagères de cette boutique décontractée et accueillante qui met parfaitement en valeur le talent et l'originalité d'A Cheng.

ALPHABETS

☎ 212-475-7250 ; 115 Ave A entre 7th St et St Marks ; 🕙 tlj 12h-20h ; ⓜ Lower East Side-Second Ave (F, V)

Parfait pour un souvenir original. Alphabets est séparé en deux : tee-shirts, jouets et cartes postales,

d'un côté, et articles plus onéreux de l'autre, comme des théières de créateurs, des panières Precidio ou des vêtements pour hommes.

EAST VILLAGE MUSIC STORE

☎ 212-979-8222 ; www.evmnyc.com ; 85 E 4th St ; 🕙 12h-20h lun-ven, 14h-19h dim ; ⓜ Lower East Side-Second Ave (F, V)

Une étape obligée pour quiconque souhaite acquérir un instrument de musique neuf ou d'occasion, des accessoires ou des partitions. La plupart des instruments peuvent être réparés sur place.

FOOTLIGHT RECORDS

☎ 212-533-1572 ; 113 E 12th St ; 🕙 11h-19h lun-ven, 10h-18h sam, 12h-17h dim ; ⓜ 8th St-NYU (R, W), Astor Pl (6)

Footlight possède une belle collection de bandes originales de films étrangers ou de spectacles de Broadway (souvent épuisées). Un paradis pour les chasseurs de vinyles ou les fétichistes en quête d'un morceau de cabaret inédit.

LOVE SAVES THE DAY

☎ 212-228-3802 ; 119 Second Ave ; 🕙 12h-20h lun-ven, 12h-21h sam et dim ; ⓜ Astor Pl (6)

Dans une ville sujette à l'embourgeoisement, il est appréciable de voir que certaines choses ne se dénaturent pas. C'est le cas de ce magasin loufoque plein de vêtements en polyester, de manteaux en fausse fourrure, de bottes glamour, et de figurines originales de *Star Wars*. Rien ne semble avoir changé depuis le passage de Rosanna Arquette et de Madonna dans *Recherche Suzanne désespérément*.

OTHER MUSIC
☎ 212-477-8150 ; 15 E 4th St ; ⏱ 12h-21h lun-ven, 12h-20h sam, 12h-19h dim ; Ⓔ Bleecker St (6)
Ce magasin indépendant vend des disques rares, neufs ou d'occasion : musique d'ambiance, psychédélique, électronique, et rock indépendant. Le personnel est d'une aide précieuse.

ST MARK'S BOOKSHOP
☎ 212-260-7853 ; 31 Third Ave ; ⏱ 10h-minuit lun-sam, 11h-minuit dim ; Ⓔ Astor Pl (6)
À deux pas de St Marks, cette librairie indépendante est spécialisée dans les ouvrages politiques, la poésie, les essais, les romans et les publications universitaires. Le personnel n'est pas des plus avenants, mais cela ne doit pas vous décourager.

TOKIO 7
☎ 212-353-8443 ; 64 E 7th St ; ⏱ lun-sam 12h-20h30, dim 12h-20h ; Ⓔ Astor Pl (6)
En contrebas de E 7th St, dans une zone ombragée, ce dépôt-vente

branché connaît un vif succès grâce à ses vêtements de créateurs en bon état, mais assez onéreux. Excellente sélection de costumes masculins : il y a toujours une perle à essayer, dans des prix avoisinant 100-150 $.

UNDERDOG EAST
☎ 212-388-0560 ; 117 E 7th St entre First Ave et Ave A ; ⏱ mar-dim 14h-20h ; Ⓔ Astor Pl (6)
Enfin une boutique exclusivement consacrée aux hommes. Dans un décor discret aux briques apparentes, ces messieurs trouveront jeans, pulls, chemises et accessoires (dont de superbes chapeaux en cachemire) créés par des stylistes tels que Earnest Sewn, Filippa K et La Coppola Storta.

🍴 SE RESTAURER

ANGELICA KITCHEN
Végétarien/Végétalien $$
☎ 212-228-2909 ; www.angelica kitchen.com ; 300 E 12th St ; ⏱ 11h30-22h30 tlj ; Ⓔ Astor Pl (6) ; ♿ 👶 Ⓥ
Installé de longue date, ce restaurant végétarien se distingue pour son choix varié et son service attentionné (mais un peu lent). Les bols ornés de dragons débordent de riz, de haricots, de tofu ou d'algues. Grand choix de sandwichs à base de *tempeh*, dont le Reuben, très épicé. Thai Mee Up est un plat à base d'ingrédients crus ; les nouilles japonaises sont exquises.

🍴 B & H DAIRY
Crémerie casher $

☎ 212-505-8065 ; 127 Second Ave entre St Marks Pl et E 7th St ; 🕑 petit déj, déjeuner et dîner ; 🚇 Astor Pl (6) ; 🚻 🛗 Ⓥ

Produits casher frais, végétariens et faits maison, avec tous les jours six sortes de soupes à accompagner d'une bonne tranche de pain *challah*. Joignez-vous à la foule au comptoir, et captez l'attention d'un serveur avant de mourir de faim !

🍴 BAO III *Vietnamien* $$
☎ 212-254-7773 ; www.bao111.com ; 111 Ave C ; 🕑 dîner ; 🚇 Astor Pl (6), Lower East Side-Second Ave (F, V) ; 🚻 Ⓥ

Les rouleaux de printemps du chef Michael Huynh, énormes et délicatement épicés, sont connus dans toute la ville. Il en est de même pour ses brochettes de bœuf au *saté*, sa poule au pot, ses sakés chauds à la citronnelle et bien d'autres cocktails. Réservation indispensable.

🍴 BOCA CHICA
Latino-américain $-$$

☎ 212-473-0108 ; 13 1st Ave angle First St ; 🕑 dîner tlj, brunch dim ; 🚇 Second Ave (F) ; 🚻 🛗 Ⓥ

Depuis longtemps, ce restaurant bas de plafond et animé séduit des clients qui affluent tous les soirs de la semaine et n'hésitent pas à faire la queue pour les mojitos bien dosés et les solides plats latinos, comme

Délicate spécialité vietnamienne au Bao III

LES QUARTIERS

EAST VILLAGE

COLORS

Ouvert en 2006 par d'anciens employés du Window on the World (le restaurant de l'ancien World Trade Center) qui se sont associés en coopérative, **Colors** (☎ 212-777-8443 ; 417 Lafayette St ; ⊕ Astor Pl (6)) est une forme d'hommage à leurs collègues qui ont péri dans les tours le 11 septembre 2001. L'ambiance est cosmopolite et conviviale, nombre de plats internationaux étant inspirés de recettes familiales. Découvrez le *seitan* fumé au chutney d'abricot et de basilic, et un ragoût de conques haïtien accompagné de radis et de mayonnaise de safran. La salle à manger, moderne, est ornée d'une grande mappemonde conçue par Jim Walrod, l'architecte du Maritime Hotel.

le *ropa vieja*, des crevettes frites à la noix de coco, accompagnées de riz et de haricots. Pas de réservation.

CARACAS AREPAS BAR
Latino-américain $

☎ 212-228-5062 ; www.caracasarepas
bar.com ; 93 1/2 E 7th St entre First Ave
et Ave A ; ⊙ 12h-22h lun-sam, 12h-23h
dim ; ⊕ Astor Pl (6) ; ♿ ⚙ Ⓥ
Dans ce minuscule restaurant, choisissez entre les *empanadas*, les spécialités du jour (comme la soupe à la queue de bœuf) ou l'une des 17 sortes d'*arepas*, dont le Pepi Queen (poulet et avocat) ou La Pelua (bœuf et cheddar), servis avec de la *nata* (crème aigre) et des bananes plantains frites.

COUNTER
Végétarien éclectique $$

☎ 212-982-5870 ; 105 First Ave entre
E 6th St et E 7th St ; ⊙ déjeuner et dîner
mar-sam ; ⊕ Lower East Side-
Second Ave (F, V) ; ♿ ⚙ Ⓥ

Asseyez-vous au comptoir et commandez un vin biologique ou biodynamique, ou une bière fine avec une assiette de pâte d'olive et de noix de cajou. Vous pouvez aussi vous installer dans le jardin sur le toit pour déguster le risotto au chou-fleur, le mille-feuilles de légumes grillés, le steak de *seitan* au poivre ou un délicieux plat du jour.

HEARTH
Italo-américain $$$

☎ 646-602-1300 ; www.restaurant
hearth.com ; 403 E 12th St angle First Ave ;
⊙ 18h-22h ven-sam, 18h-23h dim-jeu ;
⊕ First Ave (L), 14th St-Union Sq
(4, 5, 6, L, N, Q, R, W)
Les plus audacieux et les férus de gibier choisiront le menu dégustation. Hearth n'offre pas un choix faramineux car il a choisi de se concentrer sur quelques classiques : gigot d'agneau, poulet à l'ail, veau de lait. L'excellent menu varie selon les ingrédients de saison.

IL BAGATTO *Italien* $$

☎ 212-228-3703 ; 192 E 2nd St entre Ave A et Ave B ; 🕑 17h30-23h30 mar-dim, plats à emporter et livraisons l'après-midi ; 🚇 Lower East Side-Second Ave (F, V) ; Ⓥ

Un petit restaurant romantique et animé, servant de délicates créations italiennes et des desserts fabuleux. La carte des vins est excellente et le sommelier, attentionné, vous fera goûter avant de choisir. Même en réservant, vous patienterez sans doute un peu : c'est le style de la maison.

MO PITKINS
Casher latino $$$

☎ 212-777-5660 ; www.mopitkins.com ; 34 Ave A entre 2nd St et 3rd St ; 🕑 18h-23h ven-sam, 18h-minuit dim-jeu ; 🚇 Lower East Side-Second Ave (F, V) ; Ⓥ

Les mots nous manquent pour décrire l'énergie de ce restaurant/ cabaret/salon littéraire. "Mo Knows Songwriters" est une performance de crooner hebdomadaire ; il y a aussi des concerts acoustiques et des fanfares de swing. La cuisine latino casher constitue un autre point fort : macaronis au fromage, frites à l'ail et au *manchego*, artichauts frits, poulet rôti, fondant au chocolat sans farine et autres douceurs. Des lectures sont organisées lors des soirées littéraires du lundi.

PRUNE
Américain créatif $$$

☎ 212-677-6221 ; www.prune restaurant.com ; 54 E 1st St entre First Ave et Second Ave ; 🕑 déjeuner et dîner tlj, brunch sam-dim ; 🚇 Lower East Side-Second Ave (F, V)

Le week-end, les fêtards viennent en masse pour reprendre des forces avec un brunch ou un Bloody Mary (neuf excellentes versions). Le soir, la petite salle est toujours remplie d'amateurs de cochon de lait rôti, de ris de veau ou de saucisses.

S'MAC *Américain* $

☎ 212-358-7912 ; www.smacnyc.com ; 345 E 12th St au niveau de First Ave ; 🕑 13h-22h lun, 11h-23h mar-jeu et dim, 11h-1h ven-sam ; 🚇 Astor Pl (6) ; ♿ Ⓥ

S'Mac est le maître incontesté des macaronis au fromage, servis dans des poêlons individuels (quatre tailles). Goûtez le "All-American", à base de fromages américains, les macaronis au *manchego* ou le "Cajun" (avec des saucisses et des légumes).

VESELKA *Ukrainien* $

☎ 212-228-9682 ; www.veselka.com ; 144 Second Ave angle 9th St ; 🕑 24h/24 ; 🚇 Astor Pl (6) ; ♿ ♿ Ⓥ

Connu pour ses délicieux hamburgers, son bortsch, ses *pirojki* et son emplacement idéal, Veselka bouillonne d'activité en permanence et constituera un moment fort de votre séjour à New York.

Y PRENDRE UN VERRE

Y 11TH ST BAR

☎ 212-982-3929 ; 510 E 11th St entre Ave A et Ave B ; 🕙 12h-2h ; 🚇 Lower East Side-Second Ave (F, V)
Prenez place dans un canapé confortable, profitez de l'ambiance détendue et ouvrez vos oreilles : vous passerez un bon moment car ici les habitants du quartier vont et viennent, chacun avec une histoire à raconter. C'est également le repaire des jeunes journalistes du *Daily News*.

Y ANGEL'S SHARE

☎ 212-777-5415 ; 8 Stuyvesant St entre Third Ave et 9th St, 2ᵉ ét. ; 🕙 17h-minuit ; 🚇 Astor Pl (6)
Si vous traversez le restaurant japonais au même étage, vous découvrirez ce petit bijou avec ses serveurs raffinés et ses cocktails originaux. Il vaut mieux arriver de bonne heure, car les tables se remplissent vite et on ne peut consommer s'il n'y a plus de place assise.

Y B3 BAR

☎ 212-614-9755 ; 33 Ave B ; 🕙 17h-23h dim-jeu, 17h-1h ven-sam ; 🚇 Lower East Side-Second Ave (F, V)
Ce joli bistro à deux étages donne sur la rue, ce qui permet d'observer le ballet des passants.

On y sert une bonne cuisine de pub et de succulents mojitos, à siroter devant un concert.

Y BEAUTY BAR

☎ 212-539-1389 ; 531 E 14th St entre Second Ave et Third Ave ; 🕙 17h-4h lun-ven, 19h-4h sam-dim ; 🚇 Third Ave (L)
Un bar kitsch, très prisé depuis le milieu des années 1990, qui rend hommage aux salons de beauté d'autrefois. Une clientèle décontractée vient là pour la musique entraînante, l'ambiance nostalgique et les manucures à 10 $ (agrémentées d'une margarita Blue Rinse gratuite), du mercredi au dimanche.

Y CLUBHOUSE

☎ 212-260-7970 ; 700 E 9th St à la hauteur de Ave B ; 🕙 18h-3h dim-jeu, 18h-4h ven-sam ; 🚇 Lower East Side-Second Ave (F, V)
Dansez jusqu'au bout de la nuit dans ce bar au cadre chaleureux, et reprenez votre souffle dans un coin douillet lorsque vous serez épuisé. D'excellents DJs se relaient aux platines. La clientèle homosexuelle est bienvenue.

Y D.B.A

☎ 212-475-5097 ; www.drinkgoodstuff. com ; 41 First Ave ; 🕙 13h-4h ; 🚇 Lower East Side-Second Ave (F, V)
Le propriétaire Ray Deter est un grand spécialiste de la bière

Liste des bières à la pression au D.B.A.

en permanence. Côté comptoir, c'est un curieux mélange de clients nostalgiques, de grands buveurs près de leurs sous et de grigous en tous genres.

☒ KGB BAR

☎ 212-505-3360 ; 2e ét., 85 E 4th St ; ⏲ 19h-4h ; ⓜ Astor Pl (6), Lower East Side-Second Ave (F, V)

Dans les années 1940, ce lieu était le siège d'un parti socialiste ukrainien ; les murs rouges écaillés et les bannières de propagande jaunes sont donc authentiques. KGB s'est transformé en bar littéraire voilà quelques années ; les lectures sont toujours couronnées de succès et la vodka coule à flots.

☒ ODESSA CAFÉ

☎ 212-253-1470 ; 110 Ave A entre St Marks Pl et E 7th St ; ⏲ 17h-4h ; ⓜ Astor Pl (6)

Cet ancien restaurant polonais qui s'est transformé en bar, en plein cœur du Tompkins Square Park, est typique d'East Village. Désormais l'alcool fait partie du décor, pour le plus grand plaisir des clients grunges et tatoués, fort sympathiques au demeurant. Après un cocktail à 4 $ et une solide assiette de *pirojki*, vous n'aurez certainement aucun mal à vous fondre dans l'ambiance.

britannique à la pression. Il en propose plus de 150 sortes, ainsi que toute une sélection de whiskies pur malt et de tequilas. Et pourquoi ne pas déguster le précieux breuvage dans le jardin, à l'arrière ?

☒ HOLIDAY COCKTAIL LOUNGE

☎ 212-777-9637 ; 75 St Marks Pl entre First Ave et Second Ave ; ⏲ 16h-1h ; ⓜ Astor Pl (6)

Ce bar vieillot, mais charmant, semble rescapé d'une époque lointaine – imaginez-vous, les consommations sont à 3 $. Il faut s'attendre à un service bougon et à la télé allumée

LES QUARTIERS

EAST VILLAGE

☖ RUE B

☎ 212-358-1700 ; 188 Ave B entre 11th St et 12th St ; 🕙 12h-4h lun-ven, sam-dim 11h-4h ; 🚇 First Ave (L), Union Sq (6)

La margarita et le jazz se marient à merveille dans cet établissement élégant et romantique de Ave B, qui est de plus en plus couru. Vous y dégusterez des *bruschettas* et des terrines d'olives ainsi que des cocktails à base de Martini mélangé à du jus d'orange sanguine ou du jus de poire.

⭐ SORTIR

⭐ AMATO OPERA HOUSE

☎ 212-228-8200 ; www.amato.org ; 319 Bowery ; 🚇 Astor Pl (6) ; ♿ 🚻

Depuis cinquante-neuf ans Amato attire les foules grâce à des spectacles qui ne jouent pas la carte du glamour, mais celle de la passion. Des classiques tels *Falstaff*, *Madame Butterfly*, *La Force du destin* ou *La Chauve-Souris* sont régulièrement programmés.

⭐ EASTERNBLOC

☎ 212-420-8885 ; 505 E 6th St entre Ave A et Ave B ; 🚇 Lower East Side-Second Ave (F, V)

Le dernier-né des bars gays a imaginé une décoration kitsch avec des vidéos de Bettie Page, des affiches de la période communiste et des serveurs à l'allure slave. Des go-go dancers assurent l'animation du jeudi au dimanche.

⭐ JOSEPH PAPP PUBLIC THEATER

☎ 212-260-2400 ; www.publictheater.org ; 425 Lafayette St ; 🚇 8th St (N, R), Astor Pl (6)

Chaque été, le Papp organise son fabuleux festival "Shakespeare in the Park "au Delacorte Theater, à Central Park – c'est l'une de ses multiples contributions au dynamisme culturelde la ville. Fondé par un riche progressiste voilà plus de cinquante ans, le Joseph Papp Theater continue à soutenir les comédiens débutants comme les acteurs aguerris grâce à des créations révolutionnaires.

⭐ LA MAMA ETC

☎ 212-475-7710 ; www.lamama.org ; 74A East 4th St ; 🚇 Second Ave (F, V)

Spécialisé depuis longtemps dans l'expérimentation scénique (ETC signifie "club de théâtre expérimental"), La MaMa comporte désormais trois théâtres, un café, une galerie d'art et un bâtiment séparé pour les répétitions. Au programme : pièces d'avant-garde, spectacles comiques et lectures de toutes sortes.

⭐ NUYORICAN POETS CAFÉ

☎ 212-505-8183 ; www.nuyorican.org ; 236 East 3rd St ; 🕙 🚇 Second Ave (F)

En 1973, le poète portoricain Miguel Algarin a fondé ce club devenu légendaire. Le Nuyorican diffuse des spectacles de hip-hop, du slam, des pièces de théâtre, des films et des performances vidéo. Cette extraordinaire association artistique à but non lucratif (qui fonctionne grâce aux revenus tirés du café) représente un pan de l'histoire d'East Village.

⭐ ORPHEUM THEATER

☎ 212-477-2477 ; www.stomponline. com ; 126 Second Ave angle 8th St ; 🚇 Second Ave/Houston St (F) ; ♿ ♿
Haut lieu de la culture yiddish au début du XXe siècle, ce théâtre alimente l'énergie créatrice d'East Village. Il accueille actuellement *Stomp*, superbe spectacle de danse et de percussions.

⭐ PYRAMID

☎ 212-228-4888 ; 101 Ave A ; 🚇 Lower East Side-Second Ave (F, V)
Des soirées à thème sont organisées presque tous les soirs (soirées punk ou rock) dans cette discothèque à la clientèle principalement gay. La nuit années 1980 du vendredi est sans conteste la soirée la plus prisée. Parions que vous enflammerez la piste de danse !

TROMPE-L'ŒIL

Vous avez aperçu des moutons gambadant sur les pelouses de City Hall Park ? Ce n'est pas un nouveau moyen plus économique de tondre les pelouses imaginé par le maire. Il s'agit en fait de réalisations artistiques installées par le Public Art Fund, une association à but non lucratif qui s'évertue à disséminer des œuvres d'art un peu partout, surtout aux endroits où l'on s'y attend le moins. Les emplacements des installations les plus récentes sont diffusés au ☎ 212-980-4575 ou sur www.publicartfund.org.

⭐ STARLIGHT BAR & LOUNGE

☎ 212-475-2172 ; starlightbarlounge. com ; 167 Ave A ; 🕐 19h-3h ; 🚇 First Ave (L)
Des jeunes hommes de Chelsea se mêlent aux artistes d'East Village dans ce bar bondé, mais plaisant. À l'arrière, le salon offre un moment de repos appréciable. Le bar est tenu exclusivement par des femmes et, le dimanche, s'y déroule l'une des meilleures soirées lesbiennes de New York (la soirée "Starlette"). Le mercredi soir, l'hilarant Keith Price accueille des comiques gays.

> GREENWICH VILLAGE ET WEST VILLAGE

En dépit de sa métamorphose, Greenwich Village ne perd rien de son charme et occupe toujours une place à part dans le cœur des New-Yorkais. Jadis fief de l'avant-garde et de la créativité, le quartier s'est beaucoup assagi et son passé sulfureux semble bien loin.

Rien n'est plus agréable que d'explorer cette petite enclave par un temps ensoleillé. Le lacis de ruelles dissimule des magasins aux devantures insolites, des cafés biscornus et de nombreux bâtiments historiques en brique. Edna St Vincent Millay a vécu un temps au 75 ½ Barrow St et son voisin n'était autre que William S. Burroughs. Ils partageaient parfois une bière à l'Ear Inn (p. 90) ou au Chumley's (p. 118).

Quelques authentiques cabarets et cafés-théâtres bordent Seventh Ave et certains lieux mythiques de la nuit gay – le Duplex, le Monster et Stonewall – sont encore là. Bienvenue dans le quartier le plus romantique de Manhattan !

GREENWICH VILLAGE ET WEST VILLAGE

🅒 VOIR

Abingdon Square	1	B2
Christopher St Piers /Hudson River Park	2	A5
Forbes Collection	3	F1
Grace Church	4	H2
Université de New York	5	G4
Sheridan Square	6	C3
Washington Mews	7	F3
Washington Square Park	8	F4
Terrains de basket de West 4th St	9	D4

🅒 SHOPPING

Aedes de Venustas	10	D3
CO Bigelow Chemists	11	D3
East-West Books	12	F1
Forbidden Planet	13	G1
Les Pierre Antiques	14	B3
Marc Jacobs	15	B3
Murray's Cheese	16	D4

Oscar Wilde Memorial Bookshop	17	D3
Rebel Rebel	18	C4
Ricky's	19	D2
Shakespeare & Co.	20	H4
Susan Parrish Antiques	21	B3

🍴 SE RESTAURER

Babbo	22	E3
Blue Hill	23	E4
Manna Bento	24	G3
Mas	25	D5
Surya	26	C4
Wallse	27	A4

🅈 PRENDRE UN VERRE

Bar Next Door	28	E4
Chi Chiz	29	B5

Chumley's	30	C4
Little Branch	31	C1
Marie's Crisis	32	C3
One If By Land, Two If By Sea	33	D4
Stoned Crow	34	D3
Sullivan Room	35	E5

⭐ SORTIR

55 Bar	36	C3
Cherry Lane Theater	37	C5
Comedy Cellar	38	E4
Duplex	39	C3
Film Forum	40	D6
SOBs	41	D6
Village Vanguard	42	C2

Carte p. 110-111

◉ VOIR
◎ ABINGDON SQUARE

angle Hudson St et Banks St à la hauteur de West 12th St ; ◷ 14th St (2, 3) ; ♿
Si certaines zones de Greenwich Village ont connu des périodes de délabrement, Abingdon Sq a toujours été prospère et bien entretenue. Jadis propriété d'une riche famille de colons, la place a conservé son périmètre de 1843, son Abingdon Memorial en hommage aux vétérans de la Seconde Guerre mondiale, et constitue aujourd'hui un joli espace vert avec ses arbres majestueux.

◎ CHRISTOPHER ST PIERS/ HUDSON RIVER PARK

angle Christopher St et West Side Hwy
Comme beaucoup de secteurs du Village, l'extrême ouest était jadis un affreux terrain vague, abritant des entrevues sexuelles anonymes et fugaces. Aujourd'hui, on peut se balader en toute sécurité au bord de l'eau, sillonner les sentiers à pied ou à vélo, et pourquoi pas, draguer. Au coucher du soleil, les vues sont superbes.

◎ FORBES COLLECTION

☎ 212-206-5548 ; www.forbesgalleries. com ; 62 Fifth Ave angle 12th St ; entrée gratuite ; ◷ 10h-16h mar, mer, ven et sam ; ◷ 14th St-Union Sq (L, N, Q, R, W, 4, 5, 6)
Cette galerie rassemble des pièces de la collection personnelle du magnat de la presse Malcolm Forbes, comme des œufs de Fabergé, des maquettes de bateaux, d'anciennes éditions du Monopoly et des soldats de plomb.

◎ GRACE CHURCH

800-804 Broadway angle 10th St ; ◷ 8th St-NYU (R, W), Astor Pl (6)
Non loin d'Astor Pl, dans une étonnante parcelle de verdure, le style néogothique de cette belle église ne passe pas inaperçu. Dessinée par James Renwick Jr, la Grace Church fut bâtie avec du marbre taillé par les détenus de Sing Sing (prison située au nord de New York). C'est aussi une école très réputée, et les étudiants apprécient ses recoins mystérieux, ses vitraux et ses bibliothèques anciennes.

◎ UNIVERSITÉ DE NEW YORK

☎ 212-998-4636 ; www.nyu.edu ; centre d'information au 50 W 4th St
En 1831, Albert Gallatin (qui est enterré au cimetière de Trinity Church, p. 48), secrétaire du Trésor lorsque Thomas Jefferson était président, décida de fonder un petit centre d'enseignement supérieur ouvert à tous les étudiants, sans considération de couleur de peau ou d'origine sociale. Il s'agit aujourd'hui d'un énorme campus accueillant 50 000 étudiants. Vous pouvez admirer les bâtiments principaux autour de Washington Square Park.

SHERIDAN SQUARE

Angle Christopher St et Seventh Ave
Sheridan Square est un triangle ponctué d'arbres et de bancs, dans lequel on pénètre par un vieux portail en fer. Située au beau milieu du quartier gay de Greenwich Village, cette place a vu défiler toutes les manifestations pour les droits des homosexuels. Elle abrite également d'élégantes statues blanches, connues sous le nom de "Gay Liberation" : un couple d'homme et un couple de femmes, discutant main dans la main.

WASHINGTON MEWS

Entre Fifth Ave et University Pl, et 8th St et Washington Sq Park ; ⊕ 8th St (R, W) ; ♿
Des écuries privées reconverties en appartements bordent un côté de la pittoresque Washington Mews. Les lampes à pétrole et les chevaux ont disparu, mais cette allée minuscule incarne encore l'ancien New York. De célèbres écrivains ont résidé ici, entre autres Sherwood Anderson et Walter Lippmann, ainsi que l'artiste Gertrude Vanderbilt Whitney, fondatrice du Whitney Museum. L'université de New York se trouve juste à côté et est propriétaire d'une partie des bâtiments.

WASHINGTON SQUARE PARK

www.washingtonsquareparkcouncil.org ; ⊕ W 4th St (A, B, C, D, E, F, V), 8th St-NYU (R, W), Astor Pl (6)
Le Washington Square Park s'apparente à une grande scène où chacun voudrait connaître son petit moment de gloire. Ce lieu unique concentre à lui seul ce qu'il reste du côté bohème de Greenwich Village. Pourtant, si la municipalité arrive à ses fins, le parc va subir des rénovations radicales : il sera entouré

BARS GAYS

Si le centre névralgique de la vie nocturne homosexuelle s'est déplacé à Chelsea et au Meatpacking District, le Village regroupe encore quelques bonnes adresses. **Henrietta Hudson** (☎ 212-924-3347 ; 438 Hudson St ; ⊕ Houston St (1)) est un établissement élégant accueillant des DJs éclectiques et une foule de belles jeunes femmes. **Monster** (☎ 212-924-3558 ; 80 Grove St angle Sheridan Sq ; ⊕ Christopher St-Sheridan Sq (1)) est un bar pour hommes dans la pure tradition gay, avec une petite piste de danse, un piano-bar et un espace cabaret. Les soirées à thème vont des fiestas latines aux nuits drag queen. De l'autre côté de la rue, DJ Warren Gluck balance des vieux tubes au **Stonewall** (☎ 212-463-0950 ; 53 Christopher St ; ⊕ Christopher St-Sheridan Sq (1)), berceau des émeutes de 1969 (p. 120). Depuis les récentes rénovations, l'établissement est pris d'assaut par la jeune génération.

Spectacle gratuit au Washington Square Park

d'une barrière, la célèbre fontaine Garibaldi, où Bob Dylan aurait fredonné sa première chanson, sera déplacée et la totalité du site sera surélevée de 1,2 m, au risque de déranger le repos de tous ceux qui y ont été enterrés (il s'agissait jadis d'un cimetière) ou pendus (repérez l'orme qui servait de potence, dans l'angle nord-ouest). Des groupes de défense ont engagé avec succès une procédure judiciaire, mais la Ville a fait appel et il faudra attendre des années pour qu'une décision soit arrêtée. Profitez-en donc tant qu'il est temps. Les différentes manifestations sont annoncées sur le site Internet. Ne manquez pas la "Quiet Disco", le week-end dans l'après-midi : trois cents personnes, iPod rivés aux oreilles, se déhanchent sur de la musique qu'elles sont seules à écouter.

◉ TERRAINS DE BASKET DE WEST 4TH ST

Sixth Ave à la hauteur de W 4th St
Si vous pénétrez dans la "Cage", petit terrain de basket enclos de barrières métalliques, vous devez vous attendre à des matchs acharnés. Mais vous pouvez aussi profiter du spectacle en vous joignant à la foule enthousiaste, en particulier le week-end. Tous les étés se déroule le tournoi de la W 4th St Summer Pro-Classic League (26e saison).

🛍 SHOPPING

🛍 AEDES DE VENUSTAS

☎ 212-206-8674 ; www.aedes.com ;
9 Christopher St ; 🕒 12h-20h lun-sam,
13h-19h dim ; Ⓜ Christopher St (1),
W 4th St (A, B, C, D, E, F, V)

Dans le décor de velours rouge
du somptueux Aedes de Venustas
("temple de beauté"), laissez votre
corps vous dicter ce dont il a besoin.
Un membre de l'équipe viendra
vous aider à composer une fragrance
basée sur votre propre "odeur
corporelle". Vous pouvez aussi vous
acheter des parfums plus classiques
comme le Nirmala ou le Shalini.

🛍 CO BIGELOW CHEMISTS

☎ 212-473-7324 ; 414 Sixth Ave entre
8th St et 9th St ; 🕒 7h30-21h lun-ven,
8h30-19h sam, 8h30-17h dim ;
Ⓜ W 4th St (A, B, C, D, E, F, V)

S'il existe des pharmacies moins
chères et plus performantes,
aucune ne rivalise avec le charme de
Bigelow, la plus ancienne officine des
États-Unis à en croire les gérants. On
vend encore des médicaments, mais
l'adresse est surtout réputée pour
ses produits de beauté biologiques
comme les crèmes à l'hamamélis
ou les baumes au miel d'abeille.

🛍 EAST-WEST BOOKS

☎ 212-243-5994 ; 78 Fifth Ave ;
🕒 10h-19h30 lun-sam, 11h-18h30 dim ;
Ⓜ 14th St-Union Sq (L, N, Q, R, W, 4, 5, 6)

En pénétrant dans cette superbe
librairie, on est saisi par la sérénité
ambiante. Outre l'éventail de livres
sur le bouddhisme et les philosophies
asiatiques, on trouve de la musique
d'ambiance, des matelas de yoga
et des bijoux en matières naturelles.

🛍 FORBIDDEN PLANET

☎ 212-473-1576 ; 840 Broadway ;
🕒 10h-22h lun-sam, 11h-20h dim ;
Ⓜ 14th St-Union Sq (L, N, Q, R, W, 4, 5, 6)

Dans ce temple de la science-fiction,
une pièce à l'étage est consacrée
aux jeux de cartes. Sur les étagères,
un choix infini de bandes dessinées,
jeux vidéo ou figurines (de *Star Wars*
à William Shatner).

🛍 LES PIERRE ANTIQUES

☎ 212-243-7740 ; www.lespierreinc.
com ; 369 Bleecker St ; 🕒 10h-18h lun-
ven, 12h-17h sam ; Ⓜ Christopher St (1)

Les 3 étages sont truffés de superbes
meubles français rénovés, datant pour
la plupart des XVIIIe et XIXe siècles.
Les armoires massives et les solides
tables à manger en bois vous feront
rêver d'une maison de campagne.

🛍 MARC JACOBS

☎ 212-924-0026 ; www.marcjacobs.
com ; 385, 403 et 405 Bleecker St ;
🕒 12h-20h lun-sam, 12h-19h dim ;
Ⓜ Christopher St (1)

Toujours au sommet de la gloire
malgré le temps qui passe, les
énormes magasins de Marc Jacobs

dominent Bleecker St. Les sacs et les accessoires sont au 385, les vêtements pour hommes au 403 et la célèbre collection pour femmes au 405.

MURRAY'S CHEESE
☎ 212-243-3289 ; www.murrayscheese.com ; 254 Bleecker St ; 🕑 8h-20h lun-sam, 9h-18h dim ; Ⓔ Christopher St-Sheridan Sq (1), W 4th St-Washington Sq (A, B, C, D, E, F, V)
Fondé en 1914, Murray's n'a jamais perdu son titre de meilleure fromagerie de New York. Le propriétaire Owner Rob Kaufelt met un point d'honneur à dégoter les meilleurs fromages de la planète : coulant, fort, doux, à trous, il y en a pour tous les goûts. Succursale au Grand Central Terminal.

OSCAR WILDE MEMORIAL BOOKSHOP
☎ 212-255-809 ; 15 Christopher St ; 🕑 11h-19h ; Ⓔ Christopher St-Sheridan Sq (1)
Installée depuis 1967 dans une petite maison en brique rouge, voici la plus vieille librairie du monde consacrée à la littérature gay et lesbienne. Fouinez parmi les livres neufs ou d'occasion, les magazines, les drapeaux arc-en-ciel, les autocollants et les cadeaux en tout genre. Le propriétaire fut à l'origine du mouvement pour les droits des homosexuels après la révolte du Stonewall en 1969.

REBEL REBEL
☎ 212-989-0770 ; 319 Bleecker St ; 🕑 12h-20h dim-mer, 12h-21h jeu-sam ; Ⓔ Christopher St-Sheridan Sq (1)
Cette minuscule boutique est pleine à craquer de CD et de précieux vinyles. N'hésitez pas à demander, une partie du stock est dissimulée à l'arrière, à l'abri des regards.

RICKY'S
☎ 212-924-3401 ; 466 Sixth Ave à la hauteur de 11th St ; 🕑 9h-23h lun-sam, 9h-22h dim ; Ⓔ 14th St (A, C, E), Eighth Ave (L)
Pour la première fois de votre vie, vous allez prendre plaisir à acheter une savonnette ou de la laque. En effet, Ricky's a quelque chose d'une discothèque : musique à plein volume, dentifrice rose fluo, profusion de paillettes, perruques et fringues exubérantes. À l'arrière, il y a même quelques gadgets érotiques.

SHAKESPEARE & CO
☎ 212-529-1330 ; 716 Broadway ; 🕑 10h-23h dim-jeu, 10h-23h30 ven-sam ; Ⓔ 8th St (N, R, W), Astor Pl (6)
Avec plusieurs succursales à New York (et une à Paris), cette librairie s'accroche à sa fibre indépendante, mais s'apparente désormais à une chaîne. La plupart des ouvrages sont consacrés au cinéma, au théâtre et à l'art sous toutes ses formes ; d'excellentes séances de lecture sont organisées avec les auteurs new-yorkais.

LES QUARTIERS

GREENWICH ET WEST VILLAGE

☐ SUSAN PARRISH ANTIQUES
☎ 212-645-5020 ; 390 Bleecker St ;
🕓 12h-19h lun-sam, ou sur rdv ;
Ⓖ Christopher St (1)

Mobilier américain, tissus, artisanat et peintures sont exposés dans ce magasin d'antiquités très respecté à West Village. Découvrez les textiles et les meubles amish du début du XXᵉ siècle, ainsi que des objets du XIXᵉ siècle en bon état. Les tapis navajo à crochets sont agrémentés de divers motifs floraux ou géométriques.

🍴 SE RESTAURER

🍴 BABBO
Italien $$$
☎ 212-777-0303 ; www.babbonyc.com ;
110 Waverly Pl ; 🕓 dîner ; Ⓖ W 4th St
(A, B, C, D, E, F, V), Christopher (1) ;
Le célèbre chef Mario Batali possède plusieurs restaurants à Manhattan, mais beaucoup soupçonnent que le Babbo, installé dans une maison à deux étages, est son chouchou. La cuisine est novatrice et éclectique, avec entre autres de la cervelle d'agneau *francobolli* ou des pieds de porc à la milanaise. N'oubliez pas de réserver.

🍴 BLUE HILL
Américain $$$
☎ 212-539-1776 ; www.bluehillnyc. com ; 75 Washington Pl ; 🕓 dîner ;
Ⓖ W 4th St (A, B, C, D, E, F, V)

Tous les plats sont concoctés à base de produits issus de l'agriculture biologique. Ainsi, lorsque la carte annonce de "l'agneau nourri à l'herbe grasse", ou des "œufs pondus du matin", ce n'est pas une métaphore. Le chef Dan Barber travaille de concert avec la ferme expérimentale Stone Barn pour tirer le meilleur parti des ingrédients de saison.

🍴 MANNA BENTO *Coréen* $
☎ 212-473-6162 ; 289 Mercer St ;
🕓 déjeuner et dîner lun-sam ;
Ⓖ 8th St (N, R) ; 🚻 ☂ Ⓥ

Constamment massée devant le Manna Bento, la foule d'étudiants laisse présager une nourriture savoureuse, roborative et bon marché. Riz, *kimchi*, nouilles de sarrasin et soupe de fruits de mer épicée sont généreusement servis.

🍴 MAS
Franco-américain $$$
☎ 212-255-1790 ; www.masfarmhouse. com ; 39 Downing St ; 🕓 dîner et souper tardif lun-sam ; Ⓖ W 4th St (A, B, C, D, E, F, V) ; 🚻

Le chef Galen Zamarra puise son inspiration dans le Sud de la France, depuis le nom de son restaurant jusqu'à la décoration en passant par le menu : huîtres "beau soleil", côte braisée, panse de porc et risotto aux orties. Une excellente adresse pour souper en fin de soirée.

🍴 SURYA
Indien $$

☎ 212-807-7770 ; www.suryany.com ; 302 Bleecker St ; 🕙 dîner lun-sam, déjeuner à emporter 12h-15h tlj, déjeuner buffet 12h-15h30 sam-dim ; Ⓒ Christopher St (1) ; ♿ Ⓥ

L'intérieur élégant et sensuel s'ouvre sur un patio ceint d'un treillage, idéal pour siroter un verre de vin blanc ou un excellent cocktail en attendant le *vindaloo* aux épices indiennes ou le *saag* au gingembre frais. Grand choix de plats végétariens ou à base de viande.

🍴 WALLSE
Autrichien $$

☎ 212-352-2300 ; www.wallse.com ; 344 W 11th St ; 🕙 dîner tlj, déjeuner sam-dim ; Ⓒ 14th St (A, C, E), Eighth Ave (L), Christopher St (1) ; ♿

Nos coups de cœur : les *Spätzle* au lapin braisé, aux champignons et à l'estragon, et le strudel aux cerises aigres servi avec sa glace à la pistache. L'ambiance du Wallse est très conviviale.

🍸 PRENDRE UN VERRE

🍸 BAR NEXT DOOR
☎ 212-529-5945 ; 129 MacDougal St entre 3rd St et 4th St ; 🕙 18h-2h dim-jeu, 18h-3h ven-sam ; Ⓒ W 4th St (A, B, C, D, E, F, V)

L'une des plus jolies boîtes du quartier, au rez-de-chaussée d'une maison restaurée, avec plafonds bas, murs en brique et éclairage romantique. Concerts de jazz tous les soirs et cuisine italienne au restaurant voisin, La Lanterna di Vittorio.

🍸 CHI CHIZ
☎ 212-462-0027 ; 135 Christopher St ; 🕙 16h-4h ; Ⓒ Christopher St (1)

Ce petit bar de Christopher St est très couru, en particulier par les gays afro-américains. Tous les dimanches, de 2h à la fermeture, les consommations sont à moitié prix. Si les noctambules investissent les lieux tous les soirs, sachez que les lundis sont consacrés au karaoké et les mardis au bingo.

🍸 LITTLE BRANCH
☎ 212-929-4360 ; 20 Seventh Ave ; 🕙 19h-3h lun-ven, 21h-3h dim ; Ⓒ 14th St (1, 2, 3), Eighth Ave (L)

Peut-être avez-vous entendu parler de Milk & Honey, un bar sans enseigne du Lower East Side, auquel seuls des clients privilégiés ont accès en prévenant par téléphone. Le même propriétaire vient d'ouvrir son troisième bar. Il s'agit de Sasha Petraske, originaire de West Village et fils d'une rédactrice de *Village Voice* qui a travaillé des années aux côtés de Sylvia Plachy. Little Branch est un petit établissement chaleureux, où l'on sert des cocktails divins ; soyez sympa

MARIE'S CRISIS

☎ 212-243-9323 ; 59 Grove St entre Seventh Ave et Bleecker St ; 🕙 16h-4h ; ⓒ Christopher St-Sheridan Sq (1)

Des reines de Broadway vieillissantes et autres fans de comédie musicale se rassemblent autour du piano et s'époumonent à tour de rôle sur des airs kitsch, souvent repris en chœur par toute l'assistance. Un divertissement au charme désuet qui vous donnera de l'allant, même si vous êtes arrivé fatigué.

ONE IF BY LAND, TWO IF BY SEA

☎ 212-255-8649 ; 17 Barrow St ; 🕙 dîner ; ⓒ Christopher St-Sheridan Sq (1), W 4th St-Washington Sq (A, B, C, D, E, F, V)

Réputé pour son bœuf Wellington et son emplacement pittoresque dans l'ancienne remise à calèches d'Aaron Burr, voici peut-être le restaurant new-yorkais le plus couru pour les rendez-vous amoureux. Le lieu est parfait également pour s'offrir un cocktail à l'apéritif ou en fin de soirée, loin de l'agitation de la rue.

STONED CROW

☎ 212-677-4022 ; 85 Washington Pl entre Washington Sq West et Sixth Ave ; 🕙 16h-4h lun-ven, 14h-4h sam-dim ; ⓒ W 4th St (A, B, C, D, E, F, V)

Un petit bistrot qui vaut le détour, vibrant au son de standards du rock crachés par un juke-box. Clientèle d'étudiants fuyant les examens de fin de semestre. Les grands pichets de bière et les billards se fondent parfaitement dans le décor.

LE CHUMLEY'S

Trouver l'entrée de cet ancien bar clandestin au 86 Bedford St, à l'angle de Barrow St, peut tourner au casse-tête : la porte est dissimulée et on la rate facilement. Une fois à l'intérieur, vous aurez l'impression de faire un voyage dans le temps. Bondé en soirée, le Chumley's est un endroit agréable pour prendre un verre l'après-midi. L'esprit des anciens clients – entre autres F. Scott Fitzgerald, Ernest Hemingway, William Burroughs et Norman Mailer – imprègne encore les murs, et vous verrez peut-être la toute première propriétaire des lieux, Henrietta Chumley, qui vient régulièrement siroter un cocktail Manhattan à sa place préférée, à côté de la cheminée. Des histoires de fantômes en tout genre sont associées au Chumley's : ainsi, l'actuel patron raconte que les douze pompiers qu'il employait à temps partiel, qui tous travaillaient dans la caserne voisine et périrent dans l'effondrement des Twin Towers, se dissimulent dans le juke-box pour pousser la chansonnette quand l'envie leur en prend.

LES QUARTIERS

GREENWICH ET WEST VILLAGE

SULLIVAN ROOM

☎ 212-252-2151 ; 218 Sullivan St entre Bleecker St et W 3rd St ; 🕙 21h-5h mer-sam ; Ⓜ W 4th St (A, B, C, D, E, F, V)
Difficile de trouver l'entrée de ce lieu caché en sous-sol, qui attire du beau monde venu danser sur la musique des DJs et boire des bières étrangères, ou des cocktails bien tassés. L'ambiance se réveille après 1h.

★ SORTIR

★ 55 BAR

☎ 212-929-9883 ; www.55bar.com ; 55 Christopher St ; entrée 3-15 $, 2 consos minimum ; 🕙 13h-4h ; Ⓜ Christopher St-Sheridan Sq (1), W 4th St (A, B, C, D, E, F)
Installé en sous-sol, ce bar sans prétention ne manque pas d'attrait et reçoit des musiciens locaux ou internationaux. À toute heure, la musique jazz, blues ou funky s'élève de ce coin historique du Village (le 55 Bar a pour voisin Stonewall).

★ CHERRY LANE THEATER

☎ 212-989-2020 ; www.cherrylane theater.com ; 38 Commerce St ; Ⓜ Christopher St (1)
Niché dans West Village, le théâtre Cherry Lane a un charme singulier et une histoire des plus originales. Fondé par la poétesse Edna St Vincent Millay, il a accueilli au fil des années nombre de metteurs en scène et de comédiens célèbres. Fidèle à sa vocation de créer du théâtre "vivant", il se veut accessible à tous les publics. La programmation alterne régulièrement entre lectures, pièces et performances de slam.

★ COMEDY CELLAR

☎ 212-254-3480 ; www.comedycellar. com ; 117 MacDougal St ; places 15 $ 🕙 début du spectacle à 21h dim-ven, à 19h30 sam ; Ⓜ W 4th St (A, C, E, F, V, S)
À Greenwich Village, le Comedy Cellar est une institution depuis des années. Beaucoup de grandes carrières ont démarré ici, et des comiques en devenir, en pleine gloire ou en perdition se produisent régulièrement sur ses planches. Quelques stars comme Jon Lovitz ou Colin Quinn font régulièrement des apparitions.

★ THE DUPLEX

☎ 212-255-5438 ; www.theduplex. com ; 61 Christopher St ; 🕙 16h-4h ; Ⓜ Christopher St (1)
Des photos de Joan Rivers, apparemment sainte patronne du Duplex, couvrent les murs de cette maison de West Village. De superbes spectacles de cabaret sont joués dans la petite salle à l'arrière, et une scène libre est ouverte à l'avant après 21h. Si le show vous ennuie, la piste de danse vous tend les bras à l'étage.

STONEWALL

Le bâtiment décrépit au 55 Christopher St, en face de Sheridan Square, est le tristement célèbre Stonewall Inn, où débuta le mouvement de défense des droits des homosexuels, suite à une descente de police le 28 juin 1969, à 1 h du matin. On raconte que de nombreux propriétaires de bars, gays, lesbiennes et transsexuels, s'étaient rassemblés dans ce bar pour pleurer la mort de Judy Garland, idole de la communauté homosexuelle. Lorsque la police est entrée, quelqu'un a lancé une bouteille ; la foule s'est alors massée, une femme embarquée dans une voiture de police a commencé à se débattre et les choses ont tourné au vinaigre. Les huit policiers se sont barricadés dans le bar et les émeutes ont fait rage pendant trois jours. Au plus fort de la lutte, plus de 200 000 personnes étaient rassemblées au Village pour participer à la "révolte de Stonewall". Lorsque le calme est revenu, le mouvement de libération des homosexuels était officiellement né.

⭐ FILM FORUM

☎ 212-727-8110 ; www.filmforum.com ; 209 W Houston St ; places 12 $; ⏱ tlj ; 🚇 Houston St (1) ; ♿ 🚻

Les amoureux du grand écran apprécient les rétrospectives (consacrées à Fellini ou Truffaut, par exemple) et les projections de vieux films mythiques. Tous les étés, la programmation "Nouvelle Vague" rencontre un franc succès. Les billets sont souvent pris d'assaut (même pour des films inconnus) ; si possible, prenez vos places à l'avance.

⭐ SOBS

☎ 212-243-4940 ; www.sobs.com ; 204 Varick ; ⏱ 18h30-3h ; 🚇 Houston St (1) ; ♿

SOBs (pour "Sounds of Brazil") est l'adresse préférée des amateurs de samba, rumba, salsa, reggae et autres musiques ensoleillées. Le décor joyeux (voire kitsch) et la nourriture

de qualité en font un rendez-vous prisé à la sortie du bureau ; les véritables danseurs n'entrent pas en piste avant 2h. Testez la soirée hebdomadaire "Basement Bhangra", destinée aux férus de hip-hop asiatique, et la "Tropica" du lundi soir, dans la plus pure tradition latino.

⭐ VILLAGE VANGUARD

☎ 212-255-4037 ; www.village vanguard.com ; 178 Seventh Ave ; entrée 15-40 $, 2 consos minimum ⏱ 19h-1h ; 🚇 Christopher St (1)

Le Vanguard est peut-être le club de jazz le plus prestigieux de New York : toutes les stars des cinquante dernières années sont passées par là. Ayant accueilli à ses débuts des performances de slam, il revient parfois à ses premières amours, mais en principe c'est le jazz qui est roi. Fermez les yeux et profitez d'une des meilleures acoustiques au monde.

Petar Marchev,
Chauffeur de cyclo-pousse, Staten Island (originaire d'Ukraine)

Quelle est votre saison préférée à New York ? L'automne, sans hésiter. Les couleurs sont magnifiques ! **Quel est le plus gros point fort de votre quartier ?** Le ferry de Staten Island est le meilleur moyen de transport de New York. **Avez-vous un endroit fétiche à New York ?** Probablement Coney Island et le quartier de Brighton Beach. J'adore la promenade en planche. **Avez-vous vécu des situations qui ne peuvent arriver qu'à New York ?** Des milliers de fois, et il y a souvent un chauffeur de taxi énervé dans l'histoire ! **Votre livre new-yorkais préféré ?** Mes livres favoris n'ont pas forcément New York pour cadre, mais un des auteurs que je préfère lire ici est Maxime Gorki ; d'une certaine façon il s'inscrit bien dans cet univers. **Qu'est-ce qui vous plaît le plus dans le métier de chauffeur de cyclo-pousse à New York ?** Mon principal lieu de travail est Central Park, autrement dit le meilleur de New York.

LE MEATPACKING DISTRICT

Si vous aimez courir les boutiques, les restaurants et les bars,
le Meatpacking District pourrait bien vous conduire au nirvana.

Lors de vos flâneries dans les larges rues pavées, ne manquez pas l'Hotel
Gansevoort et le Maritime Hotel, deux établissements qui ont contribué
à la spectaculaire métamorphose du quartier. Arpentez la célèbre
Gansevoort St, qui accueillit jadis un marché hollandais, puis un abattoir.
Le quartier s'est également fait connaître pour ses activités de prostitution,
touchant principalement une clientèle gay et transsexuelle. Vestige de
cette époque, le Lesbian, Gay, Transgender and Bisexual Community Center
(p. 244) a joué, au cours des années 1980 et 1990, un rôle crucial dans
les débats sur l'épidémie du sida.

Aujourd'hui, le secteur est beaucoup moins tumultueux.
Avec la renaissance de la High Line (voie ferrée suspendue à 9 mètres
de hauteur et transformée en un parc tout en longueur) et l'installation
de nombreux restaurants, de galeries et de boutiques chic, le quartier
est définitivement tourné vers l'avenir.

LE MEATPACKING DISTRICT

Carte p. 124–125

🛍 SHOPPING

🛍 ALEXANDER MCQUEEN
☎ 212-645-1797 ; www.alexander
mcqueen.com ; 417 West 14th St ;
🕑 11h-19h lun-sam, 12h-18h dim ;
Ⓜ 14th St A, C, E, 1, 2, 3, Eighth Ave (L)

Si vous ne vous égarez pas dans les méandres de cette boutique circulaire aux murs blancs, vous trouverez forcément de quoi vous faire plaisir. Lunettes de soleil, accessoires, chaussures et vêtements pour hommes emplissent les rayons, mais les vêtements pour femmes, sophistiqués et ornés de brocart, constituent le point fort des collections.

🛍 AN EARNEST CUT & SEW
☎ 212-242-3414 ; www.earnestsewn.
com ; 821 Washington St ; 🕑 12h-20h
lun-ven, 11h-20h sam, 11h-19h dim ;
Ⓜ 14th St (A, C, E, 1, 2, 3),
Eighth Ave (L)

Vous avez enfin déniché le jean de vos rêves, mais il est un poil trop long... Pas de problème, chez Earnest Cut & Sew, les retouches sont effectuées sur le champ. On réalise même des jeans personnalisés (mais l'originalité a un prix...). Cette boutique décorée dans le style industriel travaille beaucoup sur l'esthétique du denim : les vêtements ont un petit aspect brut, mais ils sont résolument modernes et confortables.

🛍 B8 COUTURE
☎ 866-623-5545 ; 27 Little W 12th St ;
🕑 10h-21h tlj ; Ⓜ 14th St (A, C, E, 1,
2, 3), Eighth Ave (L)

Tous les styles sont représentés, avec beaucoup des créateurs européens notoires, et quelques Américains, pour le principe. La magie consiste à marier les collections – une ravissante jupe de chez McFadden avec un haut de chez Gaultier.

🛍 BUCKLER
☎ 212-255-1596 ; www.bucklershow
room.com ; 13 Gansevoort St ; 🕑 11h-
19h lun-sam, 12h-18h dim ; Ⓜ 14th St
(A, C, E, 1, 2, 3), Eighth Ave (L)

Buckler a bâti sa réputation sur ses vêtements masculins en jeans, qui mêlent "l'espièglerie américaine et l'audace britannique". Si vous aimez le look de Lenny Kravitz ou celui d'Iggy Pop, vous avez franchi la bonne porte.

🛍 CARLOS MIELE
☎ 646-336-6642 ; www.carlosmiele.
com.br ; 408 W 14th St ; 🕑 12h-19h ;
Ⓜ 14th St (A, C, E), Eighth Ave (L)

Dans la boutique vedette de Miele, l'intérieur lumineux et chic est tout aussi attrayant que les sulfureuses tenues inspirées du carnaval brésilien. Idéal pour les robes glamour qui n'entraveront en rien vos pas de danse endiablés.

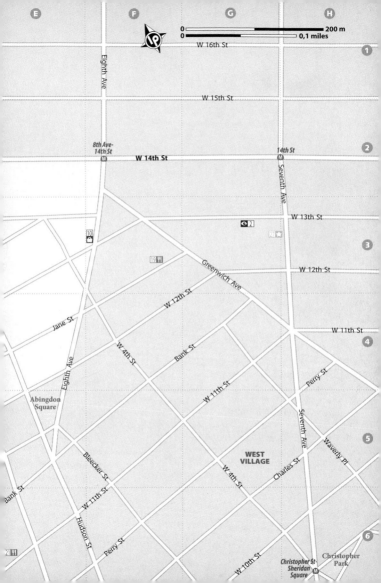

Lèche-vitrine devant Carlos Miele (p. 123)

🏛 CATHERINE MALANDRINO
☎ 212-929-8710 ; www.catherine
malandrino.com ; 652 Hudson St ;
🕑 11h-20h lun-sam, 12h-18h dim ;
🚇 14th St (A, C, E, 1, 2, 3), Eighth Ave (L)
Des vêtements drôles et modernes
qui soulignent joliment les formes,
voici le mot d'ordre dans les deux
boutiques Malandrino – une dans le
Meatpacking District, l'autre à Soho.
Les chemisiers légers et les robes
à fines bretelles sont parfaits
pour un été passé en ville.

🏛 CHOCOLATE BAR
☎ 212-367-7181 ; 48 8th Ave angle
W 13th St ; 🕑 11h-20h mar-dim ;
🚇 14th St (A, C, E), Eighth Ave (L)

Cette minuscule boutique est le
royaume du chocolat. Faites remplir
un ballotin en choisissant parmi les
délices concoctés par le Willy Wonka
de Brooklyn, Jacques Torres (p. 224),
aux saveurs allant du thé à la menthe
jusqu'à la pâte d'amande-pistache ;
vous pouvez faire votre provision
de tablettes ou siroter le meilleur
chocolat chaud de votre vie.

🏛 DESTINATION
☎ 212-727-2031 ; www.destinationny.
net ; 32-36 Little W 12th St angle
Washington St ; 🕑 11h-20h30 mar-dim ;
🚇 14th St (A, C, E), Eighth Ave (L)
Dans ce vaste espace blanc, les
touches de couleur sont apportées
par des articles en tout genre : bijoux
de créateurs européens comme
Les Bijoux de Sophie, Serge Thoraval
et Corpus Christie, accessoires
militaires chic (bottes en cuir
à boucles Gianni Barbato, pantalons
de marin John Rocha, sacs marins
Orca), gilets et vestes fantaisie, sacs
Mik et enfin chaussures Comptoirs
de Trikitrixa (qui ont des semelles
parfumées !).

🏛 JEFFREY NEW YORK
☎ 212-206-1272 ; www.jeffreynewyork.
com ; 449 W 14th St ; 🕑 10h-20h
lun-mer, 10h-21h jeu, 10h-19h sam,
12h30-18h dim ; 🚇 14th St (A, C, E),
Eighth Ave (L)
C'est ici que tout a commencé :
Jeffrey fut l'une des premières

grandes enseignes à investir les pavés du Meatpacking District, et son succès ne s'est jamais démenti. Valencia, Prada et d'autres sont représentés, aux côtés de marques de cosmétique.

🍴 SE RESTAURER

🍴 MARKT *Belge* $$

☎ 212-727-3314 ; 401 W 14th St angle 9th Ave ; 🕑 déjeuner et dîner ; 🚇 Eighth Ave (L), 14th St (A, C, E) ; ♿ 🚼 Ⓥ
La large devanture rouge à pignon sur rue depuis des années, et Markt demeure un des meilleurs endroits de la ville pour boire des bières étrangères (dont la Hoegaarden) et manger des moules-frites.

🍴 MI COCINA *Mexicain* $$

☎ 212-627-8273 ; 57 Jane angle Hudson St ; 🕑 dîner tlj, déjeuner sam-dim ; 🚇 14th St (A, C, E), Eighth Ave (L) ; 🚼 Ⓥ
Les délicieuses *enchiladas* végétariennes sont fourrées aux blettes et à la sauce tomate et piment *chipotle*, tandis que la cassolette de courgettes et maïs est relevée d'une sauce tomate et coriandre. Les classiques comme le poulet rôti ou les crevettes grillées sont à accompagner d'origan mexicain, d'une pointe de guacamole ou de crème aigre et de vin blanc. Les desserts sont diaboliquement tentants, et sur les étagères, les bouteilles de tequila présagent des cocktails au sommet.

🍴 PARADOU
Bistro français $$

☎ 212-463-8345 ; 8 Little W 12th St entre Ninth Ave et Washington St ; 🕑 dîner ; 🚇 14th St (A, C, E), Eighth Ave (L) ; Ⓥ
À l'arrière, le jardin débordant d'hortensias est paradisiaque quand vient le printemps. Dégustez une crêpe au froment, un panini ou du poisson grillé. Grand choix de vins, à des prix abordables ; certains sont servis en minicarafe individuelle.

🍴 PASTIS
Bistro français $$

☎ 212-929-4844 ; 9 Ninth Ave à la hauteur de Little W 12th St ; 🕑 petit déj, déjeuner et dîner ; 🚇 14th St (A, C, E), Eighth Ave (L) ; Ⓥ
Beaucoup de New-Yorkais estiment que cette adresse bondée a fait son temps, mais certains viennent encore prendre un café matinal. Ce restaurant demeure un sympathique bistro ouvrier où l'on sert des steaks, des artichauts frits et du canard laqué, honorables sans être sensationnels.

🍴 SASCHA
Américain/Belge $$

☎ 212-989-1920 ; 55 Gansevoort St à côté de Ninth Ave ; 🕑 9h-minuit tlj ; 🚇 Eighth Ave (L), 14th St (A, C, E) ; 🚼 Ⓥ
Un restaurant branché occupe l'étage, un agréable bistro est installé au rez-de-chaussée,

et sur le côté, on découvre le trésor de Sascha : sa boulangerie. Brioches fraîches, croissants et paninis se savourent avec un bon chocolat chaud, confortablement installé sur la terrasse.

🍴 SON CUBANO
Latino/Tapas $$

☎ 212-366-1640 ; 405 W 14th St ; 🕑 déjeuner et dîner ; 🚇 14th St (A, C, E), Eighth Ave (L) ; ♿

Son Cubano est un petit morceau de Little Havana dans le West Side, avec des mojitos, des tapas épicés et des percussionnistes. On se presse dans ce lieu populaire à la sortie du bureau ou le week-end pour dîner, prendre un verre ou danser. Nos suggestions : le poulpe avec une sauce fumée, les bananes plantains et le *ceviche* du jour.

🍴 SOY LUCK CLUB
Café diététique $

☎ 212-229-9191 ; 115 Greenwich Ave à la hauteur de Jane St ; 🕑 lun-ven 7h-22h, sam-dim 9h-22h ; 🚇 14th St (A, C, E), Eighth Ave (L) ; 🅥

La plupart des plats sont préparés à base de soja – crêpe de soja (sans blé) au poulet et au fromage, sandwich à l'avocat, salade de tofu, salade de mesclun et graines de soja, etc. – mais le Soy Luck Club propose également un large éventail de paninis, salades et brunchs, parfois avec de la viande.

Son Cubano

🍴 SPICE MARKET
Sud-asiatique $$-$$$

☎ 212-675-2322 ; www.jean-georges.com ; 403 W 13th St ; 🕑 déjeuner et dîner ; 🚇 14th St (A, C, E), Eighth Ave (L) ; ♿

Qu'il est bon de se perdre parmi les jolies pagodes et les bouddhas disséminés dans ce nouvel établissement de Jean-Georges Vongerichten, désormais à la tête de six restaurants à New York. La cuisine de rue asiatique est revisitée avec classe : brochettes à la sauce *saté*, moules à la citronnelle, samosas au poulet et porc *vindaloo*. Le soir, les amuse-gueules proposés au bar sont aussi appétissants (voire plus, selon certains) que les plats servis à table.

🍴 THE SPOTTED PIG
Cuisine de pub $$-$$$

☎ 212-620-0393 ; www.thespottedpig.com ; 314 W 11th St ; 🕑 déjeuner et dîner jusqu'à 2h 🚇 14th St (A, C, E), Eighth Ave (L) ; ♿ 👶 Ⓥ

Si vous avez un petit creux, on vous proposera bien mieux que des cacahuètes : toast au foie de volaille, *bruschetta* à la mozzarella et aux fèves, œufs de canard à la *bottarga* de thon, et davantage encore. Animé en soirée, idéal en journée avec des enfants, Spotted Pig propose au moins deux plats végétariens par jour : tout le monde y trouvera son compte.

🍸 PRENDRE UN VERRE

🍸 BRASS MONKEY

☎ 212-675-6686 ; 55 Little W 12th St angle Washington ; 🕑 11h30-4h ; 🚇 14th St (A, C, E), Eighth Ave (L)

Alors que la plupart des bars du Meatpacking District tendent vers le chic, le Monkey garde les pieds sur terre et séduit des clients plus soucieux de ce qu'ils boivent que des chaussures qu'ils portent. L'étroite façade bardée de bois dissimule un intérieur des plus chaleureux : plafonds bas et poutres apparentes, serveurs sympathiques et grand choix de bières et de whiskies. Quelques en-cas sont proposés, entres autres des moules et des plats de saucisse-purée.

🍸 DOUBLE SEVEN

☎ 212-981-9099 ; 418 W 14th St entre Ninth Ave et Tenth Ave ; 🕑 18h-4h lun-ven, 20h-4h sam ; 🚇 14th St (A, C, E), Eighth Ave (L)

Le propriétaire du très branché Lotus (p. 145), juste en face, a ouvert ce petit bar à cocktails visant une clientèle plus mûre (entendez par là trentenaire). Dans ce lounge intime, avec de hauts tabourets en cuir confortables, la consommation d'alcool va bon train, sans doute parce que les boissons sont délicieuses et accompagnées de chocolats fins.

Au bar du Plunge

☒ PLUNGE

☎ 212-206-6700 ; Gansevoort Hotel, 18 Ninth Ave angle 13th St ; ⏱ 11h-3h ; ◉ 14th St (A, C, E), Eighth Ave (L)

Situé au 15e étage du chicissime Gansevoort Hotel, cette star du quartier offre un point de vue slendide sur l'Hudson et le New Jersey, magnifié au coucher du soleil. Mieux vaut arriver tôt et venir en semaine pour éviter la horde de clients avides de panoramas. N'imaginez pas piquer une tête dans la piscine : elle est réservée aux clients de l'hôtel et le personnel de sécurité veille au grain.

★ SORTIR
★ CIELO

☎ 212-645-5700 ; 18 Little W 12th St ; 15-25 $; ⏱ lun-sam 22h30-5h ; ◉ 14th St (A, C, E), Eighth Ave (L)

Avis aux amateurs de house de toute la planète : grâce à votre soutien, le Cielo continue d'organiser ses superbes soirées, ses lundis électroniques ("Deep House") et ses nuits à thème tous les mois. Parmi les DJs régulièrement aux platines, on compte Willie Graff et le célèbre François K ; leurs sons planants finissent toujours par déplacer les foules sur la piste.

⭐ LEVEL V
☎ **212-699-2410 ; 675 Hudson St ;**
🕒 **20h-4h ; ⊕ 14th St (A, C, E),**
Eighth Ave (L)
Au sous-sol de l'élégant restaurant italien Vento Trattoria, dans Hudson St, Level V est un club underground qui ressemble à un donjon (et non à une cave, malgré son emplacement…). Si vous passez l'étape du portier, vous découvrirez une ambiance calfeutrée, de moelleux canapés rouge vif, des serveurs et des serveuses séduisants et un DJ qui enflamme la piste tout au long de la nuit.

⭐ MOVIDA
☎ **212-206-9600 ; www.movidanyc.**
com ; 28 Seventh Ave ; 🕒 22h-4h mar-
sam ; ⊕ 14th St (A, C, E), Eighth Ave (L)
Évoquant un yacht de luxe, le Movida connaît un succès grandissant avec son ambiance à la fois tape-à-l'œil et bon enfant. L'entrée est ouverte à tous, la clientèle est branchée et détendue et les DJs affichent une préférence pour la musique punk, le rock et l'électro. La soirée "Robot Rock" du samedi est très courue et il y a une deuxième happy hour (consommations à moitié prix) tous les soirs de 2h à 3h.

CHELSEA

En ce moment, Chelsea est en pleine effervescence : galeries et collectifs d'artistes poussent comme des champignons, faisant grimper en flèche la réputation du quartier.

Le dernier venu est le projet "gallery group" : une discothèque délabrée a été transformée en un alignement d'ateliers d'artistes, véritable exception horizontale dans un environnement dominé par les gratte-ciel. Ce mariage est intéressant, puisque Chelsea se distingue aussi bien pour ses galeries que pour ses clubs : voici une occasion de profiter des deux éléments à la fois.

Malgré de régulières descentes de police, l'ouest du quartier, de 26th St à 29th St, est truffé de discothèques et de clubs ; certains s'adressent à une clientèle gay, puisque Chelsea est désormais le cœur palpitant de la communauté homosexuelle ; cela dit, tout le monde est généralement bienvenu. De prime abord, les grandes avenues et les immeubles de Chelsea peuvent manquer de chaleur, mais une fois familiarisé avec l'art et la fête, on devient rapidement un inconditionnel du quartier.

CHELSEA

👁 VOIR

Barbara Gladstone Gallery	1	C3
Cheim & Read	2	B2
Chelsea Art Museum	3	B3
Chelsea Hotel	4	F3
Chelsea Piers Complex	5	B4
Gagosian	6	B3
Lehmann Maupin	7	B2
Matthew Marks	8	C3
Mitchell-Innes & Nash	9	C2
Museum at FIT	10	F2
Paul Kasmin	11	C1
Rubin Museum of Art	12	F5

🛍 SHOPPING

192 Books	13	C4
Balducci's	14	E6
Balenciaga	15	B3
Barney's Co-op	16	F5
Books of Wonder	17	H5

Marché de Chelsea	18	D5
Giraudon	19	E5
Housing Works Thrift Shop	20	G5

🍴 SE RESTAURER

Amuse	21	G5
Better Burger	22	E4
Blossom	23	D4
Elmo	24	F4
Empire Diner	25	C3
La Taza de Oro	26	E6
Matsuri	27	E5
Tía Pol	28	C3

🍷 PRENDRE UN VERRE

Chelsea Brewing Company	29	A4

Eagle	30	B1
Gym	31	E5
Half King	32	C3
Peter McManus Tavern	33	F4
Serena	34	F3
Splash Bar	35	H5
West Side Tavern	36	E3

⭐ SORTIR

718 Sessions	37	H3
Cain	38	C2
Hiro	39	E5
Joyce Theater	40	E4
Lotus	41	C6
Marquee	42	C2
Roxy	43	C5

Carte p. 134-135

VOIR

BARBARA GLADSTONE GALLERY

☎ 212-206-9300 ; www.gladstone
gallery.com ; 515 W 24th St entre
Tenth Ave et Eleventh Ave ; 🕙 10h-18h
mar-sam, fermé les week-ends
en juil-août ; Ⓜ 23rd St (C, E, 1) ; ♿
Installée depuis vingt-sept ans
à Manhattan, Barbara Gladstone en
connaît un rayon sur les fluctuations
du marché de l'art. Elle expose
toujours des œuvres qui font parler
d'elles, et on admire régulièrement
des artistes tels que Shirin Neshat,
Magnus von Plessen ou Anish Kapoor.

CHEIM & READ

☎ 212-242-7727 ; www.cheimread.
com ; 547 W 25th St entre Tenth Ave et
Eleventh Ave ; 🕙 10h-18h mar-sam ;
Ⓜ 23rd St (C, E) ; ♿
Les sculptures de toutes formes,
tailles ou matières abondent
à Cheim & Read, et les expositions
mensuelles apportent toujours un
vent de fraîcheur. Si vous passez au
bon moment, vous verrez peut-être
les photos de William Eggleston, ou
les installations lumineuses de Jenny
Holzer au-dessus de la porte d'entrée.

CHELSEA ART MUSEUM

☎ 212-255-0719 ; www.chelseaart
museum.org ; 556 W 22nd St ; 🕙 12h-
18h mar, mer, ven et sam, 12h-20h jeu ;
Ⓜ 23rd St (C, E) ; ♿

Ce musée, qui compte parmi les
nombreuses nouvelles adjonctions
à la scène artistique du quartier,
occupe un bâtiment de 3 étages
en brique rouge datant de 1850,
sur un terrain ayant appartenu
à l'écrivain Clement Clarke Moore.
Il se consacre à l'expressionnisme
abstrait de l'après-guerre, avec des
artistes américains et internationaux.
La collection permanente compte
des œuvres d'Antonio Corpora, de
Laszlo Lakner et du sculpteur Bernar
Venet. Le musée héberge également
la Miotte Foundation, chargée de
réunir les travaux de Jean Miotte,
artiste français établi à Soho,
qui appartient au courant de
l'art informel né après 1945.

CHELSEA HOTEL

☎ 212-243-3700 ; 222 W 23rd St
entre Seventh Ave et Eighth Ave ;
Ⓜ 23rd St (1, 2, C, E)
Le lieu le plus intéressant de
la bruyante 23rd St est un hôtel
de brique rouge agrémenté
de balcons en fer forgé. Pas moins
de sept plaques signalent son intérêt
littéraire. Avant que Sid Vicious,
de Sex Pistols, n'y assassine
sa petite amie Nancy Spungeon,
l'établissement était connu pour
avoir reçu des plumes prestigieuses
comme Mark Twain, Thomas Wolfe,
Dylan Thomas et Arthur Miller.
Jack Kerouac y aurait écrit
Sur la route d'un seul trait.

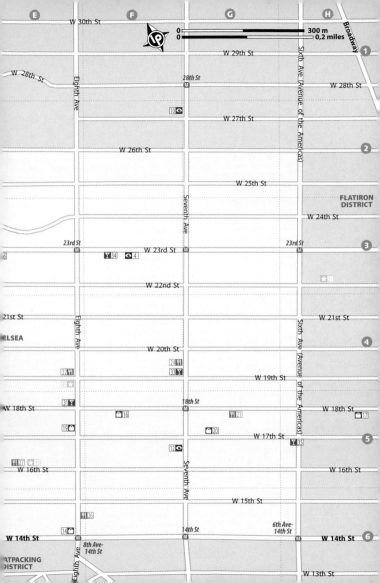

Les musiciens apprécient depuis toujours le Chelsea, et beaucoup d'excentriques du coin sont des résidents permanents. Au sous-sol, le Serena (p. 143) est idéal pour prendre un Martini dans une ambiance tamisée et sensuelle.

🅒 CHELSEA PIERS COMPLEX

☎ 212-336-6000 ; www.chelseapiers.com ; Hudson River au bout de 23rd St ; 🅒 23rd St (C, E)

Dans cet énorme complexe sportif au bord de l'eau, on peut effectuer un parcours de golf sur quatre niveaux, puis s'élancer sur la patinoire couverte ou louer des rollers pour aller jusqu'au Battery Park, le long de la piste cyclable d'Hudson Park. On compte également un élégant bowling, un espace dédié au basket, une école de voile pour enfants, des terrains de base-ball, une immense salle de sport avec piscine couverte (50 $ la journée pour les non-membres) et un mur d'escalade intérieur. Des kayaks sont prêtés gratuitement à la Downtown Boathouse, juste au nord du Pier 64. Enfin, vous pourrez vous restaurer ou prendre un verre à la Chelsea Brewing Company (p. 142), qui sert de la bonne cuisine de pub et d'excellentes bières maison au bord de l'eau. Bien que les Piers soient coupés par la West Side Hwy et son trafic intense, le choix des activités attire les foules ; le bus M23 dessert l'entrée principale, ce qui évite une longue marche depuis le métro.

🅒 GAGOSIAN

www.gagosian.com ; Chelsea ☎ 212-741-1111 ; 555 W 24th St ; 🕒 sam 10h-18h ; 🅒 23rd St (C, E) ; 🅰 ; Uptown ☎ 212-741-1111 ; 980 Madison Ave ; 🕒 mar-sam 10h-18h ; 🅒 77th St-Lexington Ave (6) ; 🅰

Les deux galeries Gagosian (à Chelsea et à l'est de Central Park) mettent à l'honneur des artistes internationaux, comme Julian Schnabel, Willem De Kooning, Andy Warhol et Basquiat.

La galerie Gagosian de Chelsea

� LEHMANN MAUPIN

☎ 212-255-2923 ; www.lehmann
maupin.com ; 540 W 26th St ; ⏱ 11h-18h
mar-sam ; Ⓜ 23rd St (C, E) ; ♿

L'une des galeries les plus influentes
du quartier, avec des sculptures
du coréen Do-ho Suh, ainsi que
des œuvres de Tracey Emin,
artiste britannique provocatrice et
de David Salle, pour ne citer qu'eux.

� MATTHEW MARKS GALLERY

☎ 212-243-0200 ; www.matthewmarks.
com ; 522 W 22nd St à la hauteur de
Tenth Ave, et 523 W 24th St ; ⏱ 10h-18h
lun-ven ; Ⓜ 23rd St (C, E) ; ♿

Les deux galeries de Matthew
Marks, installées dans d'anciennes
usines, donnent véritablement
le ton à Chelsea. Ces enseignes
sophistiquées exposent des artistes
prestigieux comme Nan Goldin
et Andreas Gursky.

� MITCHELL-INNES & NASH

www.miandn.com ; Chelsea ☎ 212-
744-7400 ; 534 W 26th St à la hauteur
de Tenth Ave ; ⏱ lun-ven 10h-18h ;
Ⓜ 23rd St (C, E) ; Uptown ;1018 Madison
Ave ; ⏱ lun-ven 10h-17h ; Ⓜ 77th St (6)

Les époux qui orchestrent ces
deux galeries ont commencé
leur carrière à Sotheby's. Un œil
avisé leur permet de présenter
d'excellents artistes d'avant-garde,
mais également des rétrospectives
soigneusement imaginées.

� MUSEUM AT FIT

☎ 212-217-5800 ; www.fitnyc.edu ;
Seventh Ave angle 27th St ; gratuit ;
⏱ mar-ven 12h-20h, sam 10h-17h ;
Ⓜ 28th St (1)

Le Fashion Institute of Technology
(FIT) est une école d'art, de mode
et de design située en lisière du
Fashion District de Manhattan.
Les visiteurs peuvent en admirer
les fabuleuses richesses dans les
expositions temporaires du musée,
qui donnent à voir également
les travaux des étudiants. Inaugurée
fin 2005, la collection permanente
est la principale du pays en
matière de mode et d'histoire
du textile. Elle comprend plus
de 50 000 vêtements et accessoires
datant de la fin du XVIIIe siècle
à nos jours.

� PAUL KASMIN

☎ 212-563-4474 ; www.paulkasmin
gallery.com ; 293 Tenth Ave angle 27th St
et 511 W 27th St ; ⏱ mar-sam 10h-18h,
lun-ven juil-août 9h-17h ; Ⓜ 23rd St
(C, E) ; ♿

Attendez-vous à être surpris
par Paul Kasmin : la galerie
accorde en effet une belle place
au légendaire Frank Stella.
Tous les supports sont représentés :
collages, peintures, photos,
sculptures et tout ce que les artistes
peuvent imaginer. Les expositions
sont variées, exubérantes et
consciencement provocatrices.

LES GALERIES À NE PAS MANQUER

Pas le courage de battre le pavé de galerie en galerie pendant toute une journée ? Voici une antisèche :
Barbara Gladstone Gallery (p. 133)
Gagosian (p. 136)
Cheim & Read (p. 133)
Spencer Brownstone (p. 93)
Si même cela vous semble insurmontable, appelez **New York Gallery tours** (☎ 212-946-1548 ; www.nygallerytours.com) pour un enrichissant circuit de deux heures.

🎨 RUBIN MUSEUM OF ART
☎ 212-620-5000 ; www.rmanyc.org ; 150 W 17th St angle Seventh Ave ; 🕐 11h-19h lun et sam, 11h-17h mer, 11h-21h jeu-ven, 11h-18h dim ; 🚇 18th St (1)
Le Rubin, ouvert en 2004, est le premier musée du monde occidental dédié à l'art de la région himalayenne. L'impressionnante collection comprend des tissus brodés de Chine, des sculptures en métal du Tibet, des statues en pierre du Pakistan, des peintures du Bhoutan, ainsi que des objets rituels et des masques de diverses régions tibétaines, couvrant une période du IIe au XIXe siècles.

🛍 SHOPPING
🛍 192 BOOKS
☎ 212-255-4022 ; 192 Tenth Ave entre 21st St et 22nd St ; 🕐 11h-19h mar-sam, 12h-18h dim-lun ; 🚇 23rd St (C, E)

En plein quartier des galeries, cette petite librairie indépendante propose des romans, des ouvrages sur l'histoire, les voyages, l'art et la critique littéraire. Elle accueille également des expositions temporaires qui sont l'occasion de mettre l'accent sur des livres en rapport avec le thème ou l'artiste présentés.

🛍 BALDUCCI'S
☎ 212-741-3700 ; 81 Eighth Ave angle 14th St ; 🕐 9h-22h ; 🚇 14th St (A, C, E), Eighth Ave (L)
Balducci's (qui a régné pendant des années un peu plus au sud, dans East Village) a récemment emménagé dans cette ancienne banque datant du début du XXe siècle. Produits d'alimentation de qualité, fromages, olives, pains, café fraîchement torréfié et autres aliments du monde entier.

🛍 BALENCIAGA
☎ 212-206-0872 ; 522 W 22nd St à la hauteur d'Eleventh Ave ; 🕐 10h-19h lun-sam, 12h-17h dim ; 🚇 23rd St (C, E)
Dans un cadre paisible et zen, admirez les collections artistiques, post-apocalyptiques et avant-gardistes de cette grande marque française, qui a parfaitement trouvé sa place dans ce coin de Chelsea. Lignes insolites, motifs gothiques et pantalons pour clientes longilignes (au portefeuille bien garni).

BARNEY'S CO-OP

☎ 212-593-7800 ; 236 W 18th St ; ⏱ 11h-20h lun-ven, 11h-19h sam, 12h-18h dim ; ⊕ 18th St (1)

Cette succursale de Barneys (p. 161), plus novatrice, pratique des tarifs (relativement) abordables. Dans cet espace clinquant, on découvre une sélection pointue de vêtements pour femmes et pour hommes, de chaussures et de cosmétiques. Les soldes spéciales de février et d'août déplacent les foules, pour les innombrables articles bradés.

BOOKS OF WONDER

☎ 212-989-3270 ; www.booksofwonder. com ; 16 W 18th St ; ⏱ 11h-19h lun-sam, 11h45-18h dim ; ⊕ 14th St-Union Sq (L, N, R, 4, 5, 6)

Il n'est jamais trop tôt pour transmettre à vos enfants le virus de la lecture, et pour cela voici une excellente adresse. Feuilletez les premières éditions de Maurice Sendaks et les grands classiques de la littérature infantile, s'adressant même aux plus jeunes. L'agencement est pratique, et le personnel est patient et compétent.

MARCHÉ DE CHELSEA

www.chelseamarket.com ; 75 Ninth Ave entre 15th St et 16th St ; ⏱ 7h-21h lun-sam, 10h-20h dim ; ⊕ 14th St (A, C, E), Eighth Ave (L)

Les gastronomes auront l'impression de pénétrer dans la caverne d'Ali Baba en accédant à ce marché couvert de 244 m de long regorgeant de produits frais. Ce marché n'occupe en fait qu'une petite partie du pâté de maisons qui abritait dans les années 1930 l'usine de biscuits Nabisco (à l'origine du biscuit Oreo) et accueille actuellement les chaînes Food Network, Oxygen Network et la chaîne d'information locale NY1. Plus de vingt-cinq boutiques font le bonheur des chalands, entre autres Amy's Bread, Fat Witch Brownies, The Lobster Place, Hale & Hearty Soup, Ronnybrook Farm Dairy et la boucherie Frank.

GIRAUDON

☎ 212-633-0999 ; 152 Eighth Ave entre 17th St et 18th St ; ⏱ 11h30-19h30 tlj sauf jeu, 11h30-23h jeu ; ⊕ 14th St (A, C, E), Eighth Ave (L)

Cette petite boutique vendait de somptueuses chaussures en cuir bien avant l'embourgeoisement du quartier. Style classique avec une pointe d'originalité, pour tous les jours ou pour une soirée glamour. Le lieu est minuscule mais rarement bondé. Les vendeurs sont très accueillants.

HOUSING WORKS THRIFT SHOP

☎ 212-366-0820 ; 143 W 17th St ; ⏱ 10h-18h lun-sam, 12h-17h dim ; ⊕ 18th St (1)

Avec sa vitrine joliment présentée, cette boutique gérée par une association caritative a tout d'un magasin classique, si ce n'est que les vêtements, les accessoires, les livres et les meubles sont vendus au bénéfice des sans-abri séropositifs ou malades du sida. Par ailleurs, on déniche de véritables aubaines.

🍴 SE RESTAURER

🍴 AMUSE *Américain* $$
☎ 212-929-9755 ; 108 W 18th St ; 🕑 déjeuner et dîner ; 🚇 18th St (1) ; ♿ 🚼 Ⓥ

Vous allez adorer les frites servies avec du piment *chipotle* et de l'aïoli, le thon poché aux olives, le bœuf braisé ou la fricassée de champignons *shiitake*. Pour tout goûter, choisissez un assortiment à prix fixe.

🍴 BETTER BURGER
Hamburgers biologiques $
☎ 212-989-6688 ; www.betterburger.nyc.com ; 178 Eighth Ave angle W 19th St ; 🕑 déjeuner et dîner ; 🚇 14th St (A, C, E), 18th St (1) ; ♿ 🚼 Ⓥ

Très apprécié des jeunes hommes musclés (et adeptes de protéines) du quartier, Better Burger est une brillante mise à jour du bon vieux hamburger. Ce fast-food élégant et lumineux ne propose que du bio sans hormones : bœuf, autruche, dinde, poulet, thon, soja ou purée

de légumes. Le tout est disposé sur de petits pains au blé complet faits maison et garnis de "'tomato zest", une variante raffinée du ketchup. Faites-vous plaisir avec une portion de surprenantes et délicieuses "frites" allégées, des smoothies ou des bières en bouteille. Des succursales de cette chaîne en plein essor sont installées à Midtown, Murray Hill et Upper East Side ; consultez le site Internet pour les adresses exactes.

🍴 BLOSSOM *Végétarien* $$
☎ 212-627-1144 ; 187 Ninth Ave entre W 21st St et W 22nd St ; 🕑 déjeuner et dîner ; 🚇 23rd St (C, E) ; Ⓥ

À Chelsea, la viande est souvent à l'honneur et le végétarisme est encore bien timide. Le tout nouveau Blossom espère bien inverser cette tendance. Logé dans une maison typique du quartier et dirigé par un couple créatif, le simple bar à jus de fruits de la journée se mue en restaurant d'ambiance le soir, avec chandelles et feu de cheminée. C'est alors qu'il dévoile tous ses charmes, avec une carte qui nous entraîne dans un tour du monde. Goûtez les gnocchis au potiron et aux champignons sauvages ou le tofu *fra diablo* qui marie pâte de soja, sauce tomate épicée et pousses de brocoli. Pour conclure en beauté, le gâteau à la ganache au chocolat rivalise avec la crêpe à l'ananas.

Blossom

🍴 ELMO
Américain $$

☎ 212-337-8000 ; 156 Seventh Ave entre W 19th St et W 20th St ; 🕓 11h-23h ; 🚇 18th St (1) ; Ⓥ

Un des nombreux épicentres de la vie gay du quartier, où les garçons viennent reprendre des forces après une séance de muscu et avant une nuit en discothèque (ou l'inverse). Elmo fait partie de la grande famille des restaurants à ambiance night-club (il possède son propre bar-discothèque au sous-sol avec un programme de soirées). L'endroit est séduisant, avec de hauts plafonds, un éclairage tamisé, des banquettes douillettes et une façade en porte-garage qui s'ouvre sur la rue

quand vient le printemps. On y sert des classiques simples et familiaux : *meatloaf*, poulet frit, *mac 'n' cheese* (à la fontina et au gruyère), moules (à la tequila) et grandes salades, et tout est délicieux. Le personnel est charmant et la clientèle agréable.

🍴 EMPIRE DINER
Américain $-$$

☎ 212-243-2736 ; www.theempirediner. com ; 210 Tenth Ave ; 🕓 24h/24 ; 🚇 23rd St (C, E) ; ♿ Ⓥ

Établi dans un car Pullman argenté, Empire Diner est empreint d'un charme farfelu, en raison des personnalités originales qui s'installent au comptoir pour déguster une tarte.

Les hamburgers, les salades et les énormes omelettes sont succulents.

🍴 LA TAZA DE ORO

Portoricain $-$$

☎ 212-243-9946 ; 96 Eighth Ave ; 🕑 petit déj, déjeuner et dîner lun-sam ; 🚇 14th St (1, A, C, E) ; ♿ ♿

Depuis plus de trente ans, La Taza de Oro conserve son long comptoir, ses tabourets et ses tables pratiques et sans prétention. La cuisine est efficace et savoureuse : riz et haricots, *lechón asado* (cochon de lait rôti), flans et bien d'autres mets. Vous serez certainement très satisfait en sortant de ce restaurant, et ce à petit prix.

🍴 MATSURI

Japonais $$-$$$

☎ 212-243-6400 ; The Maritime Hotel, 369 W 16th St ; 🕑 dîner mar-sam ; 🚇 Eighth Ave (L), 14th St (A, C, E) ; ♿ Ⓥ

On est tellement fasciné par le décor – le plafond évoque la coque d'un bateau de samouraï – que l'on en oublie presque la nourriture, et c'est dommage. Le riz frais arrive du Japon tout les jours, les sashimis au poivre rouge et au *ponzu* sont délicieux, le cabillaud noir au saké et les sashimis, très raffinés, à la sauce vinaigre-gingembre méritent également toute votre attention.

🍴 TÍA POL

Espagnol/Tapas $$

☎ 212-675-8805 ; 205 Tenth Ave entre W 22nd St et W 23rd St ; 🕑 dîner mar-dim ; 🚇 23rd St (C, E) ; Ⓥ

Ce tout petit bar à tapas des plus authentiques et des plus romantiques est une vraie perle. Une foule d'habitués se bouscule au comptoir en attendant que se libère une des six tables. Arrivez tôt et vous serez peut-être installé avant une demi-heure. L'attente est adoucie par les excellents vins rouges et les tortillas espagnoles. Au menu rien ne déçoit : salade verte au thon, *bruschetta* à la purée de haricots de Lima et poêlée de conques et de couteaux.

🍸 PRENDRE UN VERRE

🍸 CHELSEA BREWING COMPANY

☎ 212-336-6440 ; Chelsea Piers, Pier 59, West Side Highway au niveau de 23rd St ; 🕑 12h-minuit ; 🚇 23rd St (C, E)

Les amateurs de bonnes bières artisanales viendront faire un tour sur cette grande terrasse au bord de l'eau. Le Chelsea Brewing Company est un lieu idéal pour se réacclimater à la vie dans la cité, après une journée de piscine, de golf ou d'escalade au Chelsea Piers Complex (p. 136).

▼ EAGLE
☎ 646-473-1866 ; www.eaglenyc.com ;
554 W 28th St ; 🕙 22h-4h lun-sam,
17h-4h dim ; 🚇 23rd St (C, E)
Des hommes vêtus de cuir
descendent au Eagle pour de
chaudes soirées à thème, dans
lesquelles on drague beaucoup.
En été, la terrasse sur le toit
est particulièrement plaisante.

▼ GYM
☎ 212-337-2439 ; 167 Eighth Ave à la
hauteur de 18th St ; 🕙 16h-2h lun-jeu,
16h-4h ven, 13h-4h sam, 13h-2h dim ;
🚇 14th St (A, C, E), Eighth Ave (L)
Ce bar sportif pour hommes n'a
rien à voir avec les équivalents
pour hétérosexuels qui jalonnent
les rues de Midtown, plus tapageurs.
Ici, le décor est soigné – parquet
à larges lattes, hauts plafonds et
bar élégant – les clients sont polis
et les compétitions de patinage
artistique sont aussi appréciées
que les championnats de basket.

▼ HALF KING
☎ 212-462-4300 ; 505 W 23rd St à la
hauteur de Tenth Ave ; 🚇 23rd St (C, E)
Mariage unique entre une simple
taverne et un repaire d'écrivains, Half
accueille souvent des soirées littéraires
éclairées à la bougie. Vous trouverez
forcément votre bonheur parmi
la myriade de sièges et de fauteuils,
surtout par temps chaud, quand
le café installe sa terrasse à l'avant

et ouvre son agréable patio à l'arrière,
outre l'espace principal à l'intérieur
et la chaleureuse salle du fond.

▼ PETER MCMANUS TAVERN
☎ 212-929-6196 ; 152 7th Ave angle
19th St ; 🕙 11h-4h lun-sam, 12h-4h
dim ; 🚇 18th St (1)
James "Jamo" McManus, le petit-fils
du fondateur, passe encore derrière
le comptoir dès qu'il peut.
Cette affaire familiale existe depuis
le tout début du XXᵉ siècle. Preuves
irréfutables : les vitraux Tiffany,
les cabines de téléphone en bois
et d'autres indices à découvrir.

▼ SERENA
☎ 212-255-4646 ; www.serenanyc.com ;
222 W 23rd St ; 🕙 18h-4h lun-ven,
20h-4h sam ; 🚇 23rd St (C, E, 1)
Niché au sous-sol de l'étrange
Chelsea Hotel, le Serena est un
ancien bar clandestin aux allures de
maison close : satin rose, moelleuses
banquettes noires et luminaires
projetant des ombres sensuelles.
La clientèle est chic et détendue.

▼ SPLASH BAR
☎ 212-691-0073 ; 50 W 17th St ;
🕙 17h-4h mer-sam ; 🚇 Sixth Ave (L),
14th St (F, V)
Connu sous le nom de Splash, puis
de SBNY, voici désormais le Splash
Bar. Rien n'a vraiment changé (et
c'est tant mieux) dans ce haut lieu
de Chelsea où l'on passe d'un étage

à l'autre, du lounge à la discothèque. Très beaux serveurs en tenue légère. Le "Trannyshack" du dimanche est une soirée drag queen très courue.

☆ WEST SIDE TAVERN
☎ 212-366-3738 ; 360 W 23rd St entre Eighth Ave et Ninth Ave ; ✷ 14h-2h ; Ⓔ 23rd St (C, E)
Cette taverne à l'ambiance surannée et fleurant bon la bière diffuse de vieux tubes de rock et propose une bonne cuisine de pub. Billards et grandes tables le long du bar ; clientèle de Monsieur-Tout-le-Monde parfois accompagné de sa petite amie. Un vendredi sur deux, les plus beaux garçons du quartier et une foule branchée se retrouvent pour la soirée DJ "Snaxx", dans le petit sous-sol de l'établissement.

LA HIGH LINE
Âgée de soixante-quinze ans, la High Line était une voie ferrée suspendue à 9 m de hauteur, qui démarrait dans le Meatpacking District et partait vers l'ouest. Promise à la démolition en 2000, elle fut sauvée par un groupe de militants, les Amis de la High Line. Les 2,5 km de ligne ferroviaire vont ainsi être aménagés en parc municipal suspendu. Au moment de la rédaction de cet ouvrage, les travaux étaient quasiment achevés. Pour plus de détails, consultez www.thehighline.org.

SORTIR
☆ 718 SESSIONS
☎ 212-229-2000 ; 16 W 22nd St entre Fifth Ave et Sixth Ave ; ✷ 23h-4h mar-sam ; Ⓔ 23rd St (F, V, R, W – W sam et dim seulement)
Cet événement mensuel, qui se déroule dans un espace par ailleurs tout à fait ordinaire, mélange soirées danse sur le deep house vieille école de DJ Danny Krivit et, de temps en temps, des spectacles live, comme celui de Joi Cardwell pour la dernière soirée du Nouvel An. Les soirées house font rage le vendredi avec le DJ Marc Anthony.

☆ CAIN
☎ 212-947-8000 ; www.cainnyc.com ; 544 W 27th St ; ✷ 22h-4h lun-sam ; Ⓔ 23rd St (C, E)
De nombreux noctambules rêveraient de découvrir le Cain et sa décoration safari, mais l'établissement est connu pour ses conditions d'accès très strictes. Sur la piste, c'est la folie, avec une cabine de DJ creusée dans la pierre et des percussionnistes qui accompagnent la musique funk, house et rock. Si vous rêvez d'apercevoir une célébrité, ne manquez pas les soirées du mardi ; cependant il vous faudra procéder à un tour de passe-passe pour réussir à entrer...

📷 HIRO
☎ 212-727-0212 ; www.maritimehotel.com ; 371 W 16th St ; 🕐 22h-4h tlj sauf mer ; 🚇 14th St (A, C, E), Eighth Ave (L)
Le décor est japonisant, avec une touche marine, alors passez votre chemin si vous êtes allergique aux lanternes rouges, aux paravents en bambou ou aux banquettes basses joliment travaillées. En revanche, si vous aimez les lignes élégantes et les accessoires tape-à-l'œil (nous parlons de la clientèle maintenant), vous serez aux anges. Les jeudis et les samedis, la communauté gay de Chelsea investit la piste de danse.

📷 JOYCE THEATER
☎ 212-242-0800 ; www.joyce.org ; 175 Eighth Ave ; 🚇 23rd St (C, E), 14th St (A, C, E), 18th St (1)
Ce théâtre de Chelsea, original et intime, s'enorgueillit de recevoir chaque année les compagnies de danse de Merce Cunningham et Pilobolus. Il vient d'être rénové, et la vue sur la scène est parfaite où que l'on soit assis : la salle comporte 470 sièges confortables.

📷 LOTUS
☎ 212-243-4420 ; 409 W 14th St entre Ninth Ave et Tenth Ave ; 10-20 $; 🕐 19h-23h mar-sam ; 🚇 14th St (A, C, E), Eighth Ave (L)

La grande soirée de ce club B.C.B.G. a lieu le vendredi, quand GBH fait vibrer les murs avec un mélange de house, de disco et de *garage*, pour les jeunes branchés de Downtown.

📷 MARQUEE
☎ 646-473-0202 ; 289 Tenth Ave entre 26th St et 27th St ; 🕐 22h-4h mar-sam ; 🚇 23rd St (C, E)
Un public chic et glamour, avec son contingent de célébrités, se presse pour passer le cordon de velours et se défouler toute la nuit sur la musique électronique, la house et la funk.

📷 ROXY
☎ 212-627-0404 ; 515 W 18th St entre Tenth Ave et Eleventh Ave ; entrée 15-25 $; 🕐 20h-2h mer, 23h-4h ven-sam ; 🚇 14th St (A, C, E), Eighth Ave (L)
Cette discothèque légendaire garde la cote grâce à la soirée roller disco du mercredi. John Blair est l'instigateur de l'incontournable grande soirée gay du samedi, qui attire une foule d'hommes torse nu venus se déhancher sur les musiques de Manny Lehman ou Junior Vasquez. On n'est pas près d'oublier l'apparition de Madonna en personne, fin 2005, pour la promotion de son album *Confessions on a Dance Floor*.

UNION SQUARE, LE FLATIRON DISTRICT ET GRAMERCY PARK

L'énergie que dégage Union Square tranche singulièrement avec l'élégance intimiste de Gramercy Park. Union Square est le lieu de prédilection des marchés bio, des manifestations locales ou des rallyes cyclistes, tandis que Gramercy se distingue par son superbe parc verdoyant – et par ses grilles, qui en réservent l'accès aux habitants des hôtels particuliers des environs.

Gramercy possède toutefois quelques atouts : d'excellents restaurants et clubs autour d'Irving Plaza, côté est, et la paisible bibliothèque Pierpont Morgan, tout droit sortie d'un livre d'histoire.

Immédiatement au nord d'Union Square, le Flatiron District est surtout connu pour ses rues au traffic incessant et ses grandes enseignes, comme Home Depot et ABC Home Carpets.

Tous trois composent un quartier commode et cossu, où se côtoient de grands noms de la restauration (mais gare au portefeuille !).

UNION SQ, LE FLATIRON DISTRICT ET GRAMERCY PARK

◉ VOIR
Flatiron Building **1** B4
Madison Square Park **2** B3
Museum of Sex **3** B3
National Arts Club **4** C5
Bibliothèque
Pierpont Morgan **5** C1
Tibet House **6** B6
Union Square **7** C6

🏠 SHOPPING
ABC Carpet & Home **8** C5
Filene's Basement **9** C6

Kentshire Galleries **10** C6
Stardust Antiques **11** D4
Trader Joe's **12** D6

🍴 SE RESTAURER
Artisanal **13** C2
Blue Smoke **14** C3
Casa Mono **15** D5
Chocolate by
the Bald Man **16** C6
Eleven Madison Park **17** C3
Fleur de Sel **18** B5
Pure Food & Wine **19** C5
Tabla **20** C3

🍸 PRENDRE UN VERRE
Flatiron Lounge **21** B5
Gallery
at the Gershwin **22** B3
Pete's Tavern **23** D5
Sapa **24** B4

⭐ SORTIR
Bowlmor Lanes **25** C6
Happy Valley **26** B3
Irving Plaza **27** D6

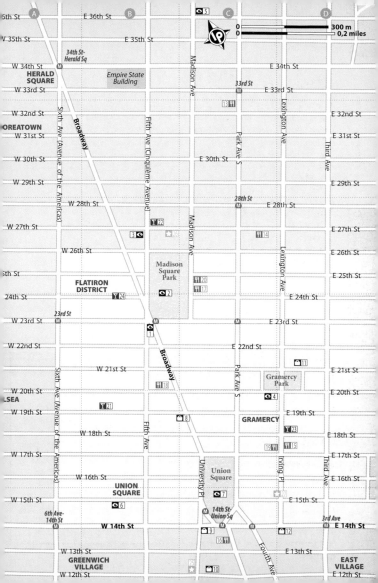

◉ VOIR

◉ FLATIRON BUILDING

**Angle Broadway, Fifth Ave et 23rd St ;
☎ 23rd St (N, R, 6)**

Doutant de la solidité de l'édifice de 21 étages conçu par Daniel Burnham, construit en calcaire et en terre cuite, les habitants le surnommèrent la "folie de Burnham".Large de deux mètres en son point le plus étroit, l'immeuble, en forme de fer à repasser *(flatiron)*, est devenu le monument emblématique du quartier.

◉ MADISON SQUARE PARK

**www.nycgovparks.org ; de 23rd à 26th Sts entre Broadway et Madison Ave ;
🕐 6h-1h ; ◉ 23rd St (N, R, 6) ; ♿**

L'endroit est adorable, que vous veniez pour ses élégantes statues, ses représentations artistiques gratuites en été et son aire de jeux pour enfants ou, comme tout le monde, pour Shake Shack, une échoppe gourmande et écologique qui a transformé le sud du parc en espace branché où dîner.

◉ MUSEUM OF SEX

**☎ 212-689-6337 ; www.museumofsex.com ; 233 Fifth Ave à hauteur de 27th St ; adulte/senior et étudiant 14,50/13,50 $;
🕐 11h-18h30 dim-ven, 11h-20h sam (dernier entrée 45 mn avant la fermeture) ; ◉ 28th St (N, R, 6)**

Avec son exposition révolutionnaire "Comment New York a transformé

le sexe en Amérique," ce musée du sexe a pour objectif d'informer tout en titillant sans excès les sens du public. Sa collection permanente revient sur les révolutions sexuelles traversées par les États-Unis, du strip-tease aux droits des homosexuels. La boutique vend des jouets érotiques haut de gamme.

◉ NATIONAL ARTS CLUB

☎ 212-475-3424 ; 15 Gramercy Park South ; ◉ 23rd St (6)

Le bar en bois de ce club très sélect est surmonté d'une magnifique voûte en vitraux. Calvert Vaux, l'un des créateurs de Central Park, a conçu l'édifice, qui accueille des expositions d'art, de la sculpture à la photographie, parfois ouvertes au public de 13h à 17h.

◉ BIBLIOTHÈQUE PIERPONT MORGAN

☎ 212-685-0610 ; www.morganlibrary.org ; 29 E 36th St à la hauteur de Madison Ave ; 🕐 10h30-17h mar-jeu, 10h30-21h ven, 10h-18h sam, 11h-18h dim, fermé lun ; ◉ 33rd St (6)

Cette bibliothèque fait partie d'une demeure de quarante-cinq pièces ayant appartenu au magnat de l'acier JP Morgan. Elle a retrouvé sa splendeur et rouvert ses portes après une longue rénovation. Elle abrite une admirable collection de manuscrits, de tapisseries et de livres (dont trois bibles de Gutenberg), une étude remplie d'œuvres de la Renaissance italienne, une rotonde en marbre, ainsi que la bibliothèque principale sur trois niveaux, dans l'East Room. Les expositions d'art en alternance y sont d'excellente qualité.

◎ TIBET HOUSE
☎ 212-807-0563 ; www.tibethouse.org ; 22 W 15th St entre Fifth et Sixth Ave ; ⏰ 12h-17h mar-ven ; ◉ 14th St (F), Sixth Ave (L)

Avec le dalaï-lama à la tête de son conseil d'administration, cet espace culturel à but non lucratif informe sur les traditions anciennes du Tibet par le biais d'expositions d'art, d'une bibliothèque de recherche et de publications. Ateliers pédagogiques,

séances de méditation, week-ends de retraite et voyages organisés partout dans le monde.

◎ UNION SQUARE
17th St entre Broadway et Park Ave ;
◉ 14th St-Union Sq (L, N, Q, R, W, 4, 5, 6)

Ouvert en 1831, ce parc fut rapidement entouré de magnifiques résidences et de prestigieuses salles de concerts. Plus tard, le succès des boutiques de luxe valut au quartier le surnom de "Ladies' Mile" (kilomètre des dames). Du début de la guerre de Sécession jusqu'au XXe siècle, il attirait les manifestants de tout crin, syndicalistes ou militants politiques. Au moment de

Marché de Noël dans Union Square

VIRAGE MORTEL

À l'angle ouest du parc, le virage était si brusque que le *cable car* (tramway) électronique traversait jadis Union Square à plus de 15 km/h pour éviter de caler. Les chauffeurs heurtaient régulièrement des passants, ce qui valut à ce tournant le surnom de "Dead Man's Curve," (le virage de l'homme mort). Il semble que les femmes et les chevaux étaient ses principales victimes.

---

la Première Guerre mondiale, le lieu avait perdu tout prestige. Il a ensuite accueilli toute sorte d'organismes, dont l'American Civil Liberties Union, les partis socialiste et communiste, et le syndicat du textile Ladies' Garment Workers Union.

🏠 SHOPPING

🏠 ABC CARPET & HOME

☎ 212-473-3000 ; 888 Broadway ; 🕙 10h-20h lun-jeu, 10h-18h30 ven et sam, 12h-18h dim ; 🚇 14th St-Union Sq (L, N, Q, R, W, 4, 5, 6)

Ce magasin est un véritable musée pour les décorateurs et les architectes d'intérieur, qui trouvent l'inspiration dans les six étages où sont exposés des meubles de toute taille, des bibelots, des bijoux de créateurs, des tapis, ainsi que du mobilier antique (plus encombrant)…
À Noël, la décoration et les illuminations sont magnifiques.

🏠 FILENE'S BASEMENT

☎ 212-348-0169 ; 4 Union Sq ; 🕙 9h-22h lun-sam, 11h-20h dim ; 🚇 14th St-Union Sq (L, N, Q, R, W, 4, 5, 6)

Appartenant à la chaîne du même nom implantée à Boston, ce magasin offre une vue imprenable sur Union Square. Il propose des articles dégriffés jusqu'à 70%, principalement des vêtements, des chaussures, des bijoux, des accessoires du maquillage et quelques meubles (literie). Les amoureuses de la mode les plus déterminées dénicheront peut-être des trésors de chez Dolce & Gabbana, Michael Kors ou Versace, entre autres.

🏠 KENTSHIRE GALLERIES

☎ 212-673-6644 ; www.kentshire.com ; 37 E 12th St ; 🕙 9h-17h lun-ven, 10h-15h sam en oct, nov et janv ; 🚇 14th St-Union Sq (4, 5, 6, L, N, R, Q, W)

Trois étages sont consacrés à des pièces datant des XVIIIe et XIXe siècles (de style Régence, par exemple), mais la collection de bijoux est particulièrement remarquable, notamment les montres anciennes en or Van Cleef & Arpels et les délicats pendants d'oreille en perles Belle Époque.

🏠 STARDUST ANTIQUES

☎ 212-677-2590 ; www.stardust antiques.com ; 38 Gramercy Park ; 🕙 12h-19h lun-sam, 12h-18h dim ; 🚇 23rd St (N, R, 6)

Cette boutique éclectique est un labyrinthe de salles ravissantes et remplies de peintures, de meubles et d'accessoires. Elle est surtout renommée pour ses bagues de fiançailles et ses alliances du début du XIXᵉ siècle, Belle Époque et Art déco. Grands romantiques, si l'envie vous prend de faire votre demande au sommet de l'Empire State Building, une visite préalable chez Stardust s'impose.

☐ TRADER JOE'S
☎ 212-529-4612 ; 142 E 14 St ;
🕑 9h-22h tlj ; Ⓜ 14th St-Union Sq
(4, 5, 6, L, N, Q, R, W)

Amateurs de café provenant du commerce équitable, ainsi que de produits et de viande bio ? À la recherche d'un aliment exotique et introuvable ? Trader Joe a sans doute ce qu'il vous faut. Implantée à New York depuis 2005, cette marque fait vaillamment concurrence à la célèbre chaîne Whole Foods.

🍴 SE RESTAURER
🍴 ARTISANAL
Français $$$
☎ 212-725-8585 ; 2 Park Ave ;
🕑 déjeuner et dîner tlj ; Ⓜ 33rd St (6) ;
&♿ Ⓥ

Artisanal est le passage obligé des amateurs de fromage. Au menu : plus de 250 variétés de fromage, du plus coulant au plus doux, mais aussi des plats classiques français, comme

le steak au poivre, quatre types de fondue (dont une au chocolat) et des gougères à tous les goûts, du brie à l'Ossau-Iraty.

🍴 BLUE SMOKE
Américain/Grillades $$
☎ 212-447-7733 ; www.bluesmoke.
com ; 116 E 27th St ; 🕑 déjeuner
et dîner ; Ⓜ 28th St (6) ; ♿ ♿

N'en déplaise aux puristes, Blue Smoke concocte des grillades qui rivalisent avec les délices des États du Sud. Recommandons les côtelettes sel-et-poivre ou à la bière, les sandwichs au porc fumé et le succulent *mac'n cheese*.

🍴 CASA MONO
Tapas $$
☎ 212-253-2773 ; 52 Irving Pl ;
🕑 12h-minuit ; Ⓜ toutes les lignes
desservant Union Sq ; ♿ Ⓥ

Autre succès de Mario Batali et du chef Andy Nusser. Accoudé au beau et long bar du Casa Mono, vous saliverez devant les *pez espada a la plancha* et les *gambas al ajillo*. Vous pouvez aussi choisir une table en bois, picorer des tapas et déguster un verre de *jerez* (boisson à la cerise), provenant d'une des bouteilles alignées contre le mur. Pour le fromage, rendez-vous au Bar Jamon voisin, également tenu par Batali :il y a souvent foule, mais l'ambiance est conviviale et festive.

🍴 CHOCOLATE BY THE BALD MAN *Américain éclectique* $-$$

☎ 212-388-0030 ; www.maxbrenner.
com ; 841 Broadway ; 🕙 8h-minuit
lun-mer, 8h-2h jeu-sam, 9h-minuit dim ;
🚇 toutes les lignes desservant
14th St-Union Sq

Après l'Australie, la passion de
Max Brenner pour le chocolat a
gagné Union Square, et son café/bar
à chocolat aux allures de maison
en pain d'épices fait fureur. Outre
les sucreries, le menu comporte
aussi de vrais plats, un excellent
petit déjeuner et des recettes
à basses calories préparées
sur place. Irrésistible !

🍴 ELEVEN MADISON PARK
Français $$$$

☎ 212-889-0905 ; www.elevenmadison
park.com ; 11 Madison Ave ; 🕙 déjeuner
et dîner ; 🚇 23rd St (6, N, R) ; ♿ 👶
Les restaurants étoilés ne manquent
pas, mais il serait dommage de
manquer cette petite merveille
d'Art déco. Les gastronomes ne seront
pas déçus par le canard musqué à
la sauce au miel, le saumon sauvage
en croûte de raifort avec risotto
de fenouil, le flétan mi-cuit aux
carrottes, ou les autres plats de saison.
Les enfants sont les bienvenus.

🍴 FLEUR DE SEL *Français* $$$
☎ 212-460-9100 ; www.fleurdesel
restaurant.com ; 5 E 20th St ;
🕙 déjeuner et dîner ; 🚇 23rd St (R, W)

De sa Bretagne natale, le chef Cyril
Renaud a rapporté une brise marine
et d'authentiques délices. Le choix
de plats du jour à base d'ingrédients
de saison vient s'ajouter à un menu
déjà riche et original . Quelques
exemples : patte de lapin braisée,
flétan en croûte d'amandes, et
l'exquise ganache en dessert.
Vous ne serez pas déçus par
la longue carte des vins.

🍴 PURE FOOD & WINE
Aliments crus/Végétarien $$
☎ 212-477-1010 ; 54 Irving Pl entre E 17th
et E 18th Sts ; 🕙 dîner ; 🚇 14th St-
Union Sq (L, N, Q, R, W, 4, 5, 6) ; 🅅
Le chef réalise l'impossible :
concocter des plats succulents
et astucieux à base d'ingrédients
exclusivement bio et crus (les
fours sont bannis de la cuisine).
Lasagnes tomate-courgette (sans
fromage ni pâtes), roulés de sushi
aux champignons, à l'avocat et
au gingembre, et raviolis aux
chanterelles, aux olives et à
la ricotta, avec de l'huile de pistache
et une sauce macadamia…
Par temps chaud, installez-vous
dans la cour ombragée, véritable
oasis de verdure.

🍴 TABLA
Indien/Américain $$
☎ 212-889-0667 ; 11 Madison Ave ;
🕙 déjeuner lun-ven, dîner tlj ;
🚇 23rd St (R, W 6) ; 👶 🅅

Vous ne vous trompez pas : homards et haricots verts ont leur place sur la carte d'un restaurant indien… À condition d'être préparés par le chef Floyd Cardoz, né à Goa et élevé en France, qui accommode avec talent produits américains et indiens. Si vous ne trouvez pas de place au Tabla, à l'étage, ou si préférez une ambiance plus détendue, vous pouvez essayer le Bread Bar, où nous vous conseillons de commander un coktail *Tablatini* avec votre steak tandoori, tout en contemplant l'animation de la rue.

🍸 PRENDRE UN VERRE

🍸 FLATIRON LOUNGE
☎ 212-727-7741 ; 37 W 19th St entre Fifth et Sixth Ave ; 🕐 17h-2h dim-mer, 17h-4h jeu-sam ; Ⓜ 23rd St (F, N, R, V, W)
Une spectaculaire arcade à la lumière tamisée mène à un bar classique et élégant, arborant un comptoir en acajou de 1927. Les cocktails maison déclinent les produits de saison : grenade, pomme verte, menthe, litchis. Le décor rétro comprend des cabines en cuir rouge et des lampes en vitraux.

🍸 GALLERY AT THE GERSHWIN
☎ 212-447-5700 ; Gershwin Hotel, 7 E 27th St entre Fifth et Madison Ave ; 🕐 18h-minuit tlj ; Ⓜ 23rd St (F, N, R, V, W)

Particulièrement commode pour les clients du Gershwin Hotel, à la fois branché et bon marché, c'est également une bonne adresse pour rencontrer d'autres globe-trotters. Les banquettes rouges à hauts dossiers, les immenses peintures aux murs, l'ambiance langoureuse (les DJs affectionnent la musique lounge) donnent le ton, et les cocktails portent des noms d'artistes, de Pablo Neruda à Jean-Michel Basquiat.

🍸 PETE'S TAVERN
☎ 212-473-7676 ; 129 E 18th St à la hauteur d'Irving Pl ; 🕐 12h-2h ; Ⓜ 14th St-Union Sq (L, N, Q, R, W, 4, 5, 6)

Pete's Tavern

LES QUARTIERS

UNION SQUARE, LE FLATIRON DISTRICT ET GRAMERCY PARK

Dans une belle ambiance tamisée, ce troquet est un classique new-yorkais, tout décoré de fer repoussé et de bois sculpté . Optez pour un hamburger, arrosé de l'une des quinze bières pression. La clientèle hétéroclite réunit des spectateurs sortant du théâtre, des expatriés irlandais et des étudiants de l'université de New York.

Y SAPA

☎ 212-929-1800 ; 43 W 24th St entre Fifth et Sixth Ave ; 🕑 11h30-14h30 et 17h30-23h30 lun-ven, 18h-minuit sam, 17h30-23h30 dim ; 🚇 23rd St (N, R, W, 6)
Cette cafétéria franco-vietnamienne au cadre inspiré et moderne est désormais un classique du quartier, fréquenté à l'occasion par quelques célébrités. L'éclairage artistique met en valeur le bar en noyer et les voiles d'une légèreté arachnéenne. Le barman concocte d'habiles cocktails à base de menthe, sirop de mûre, infusions maison et autres mélanges, à moins que vous n'optiez pour une bonne bouteille de bière ou un verre de vin.

SORTIR

☆ BOWLMOR LANES

☎ 212-255-8188 ; www.bowlmor.com ; 110 University Pl ; 7,95/8,95 $ par pers par jeu avant 17h/après 17h ; 🕑 11h-18h tous âges, après 18h réservé aux plus de 21 ans ; 🚇 toutes les lignes desservant Union Sq ; 🚻
Les enfants adoreront les boules poids plume adaptées aux petites mains et l'ascenseur qui accède aux pistes à l'étage, et vous serez séduits par les néons, la musique et par les fréquentes apparitions de stars. Un peu cher, mais idéal par un jour de pluie.

☆ HAPPY VALLEY

☎ 212-481-2628 ; 14 E 27th St ; entrée 20 $; 🕑 22h30-4h mar, ven et sam ; 🚇 23rd St (N, R, W)
Le mardi soir, Happy Valley est votre meilleur choix, à défaut de pouvoir entrer chez Cain (p. 144). Avec trois étages à plein volume, le risque est moins grand de se faire refouler. Pour la tenue, sortez le grand jeu. Les miroirs au plafond, les boules à facettes, les go-go dancers et l'électro-pop feront le reste.

⭐ IRVING PLAZA

☎ 212-777-6800 ; 17 Irving Pl
à la hauteur de 15th St ; entrée 12-35 $;
🕐 19h-minuit mar-sam ; Ⓜ 14th St-
Union Sq (4, 5, 6, L, N, Q, R, W)

Les soirées hétéroclites de l'Irving Plaza vont du hard-rock classique à l'emo en passant par le punk, parfois dans la même soirée selon celui ou celle qui assure la première partie. Cette salle a vu défiler U2, Prince, Rufus Wainwright et bien d'autres. Une assocation à but non lucratif distribue des préservatifs à la porte, et les bénéfices de la vente des billets sont reversés à des projets de lutte contre le sida dans les pays en voie de développement.

LES QUARTIERS

MIDTOWN EAST

>MIDTOWN EAST

Recoupant plusieurs quartiers différents, Midtown East rassemble des lieux emblématiques comme la triomphale Trump Tower, la luxueuse Cinquième Avenue (Fifth Ave), la magnifique Park Avenue et le légendaire hôtel Waldorf Astoria. Souvent envahi par les foules – ce qui peut devenir un peu étouffant –, ce secteur est palpitant, et l'énergie proprement new-yorkaise qui s'en dégage est contagieuse.

Outre la Cinquième Avenue et le Rockefeller Center avec sa terrasse Top of the Rock, Midtown East comprend deux quartiers à visiter : Little Korea, où les bars à karaoké côtoient les restaurants coréens, et, plus chic, les environs de Sutton Place, entre 54th St et 59th St. Enfin, le pont de Queensboro et l'East River offrent une vue fabuleuse.

Le Theater District s'étend vers l'est un peu au-delà de Sixth Avenue, et les rues autour de 40th St comprennent plusieurs salles de spectacles.

MIDTOWN EAST

⊙ VOIR
Bridgemarket **1** D1
Chrysler Building **2** C4
Empire State Building . **3** A6
Grand Central Terminal . **4** B4
MoMA **5** A2
New York
Public Library **6** A5
Rockefeller Center **7** A3
Cathédrale
Saint-Patrick **8** B3
Nations unies **9** D4

🛍 SHOPPING
Barneys **10** B1
Bergdorf Goodman **11** A1

Bloomingdale's **12** C1
Conran Shop **13** D1
FAO Schwarz **14** A1
Ghurka **15** B1
Henri Bendel **16** A2
Jimmy Choo **17** A3
Joon New York **18** B1
Takashimaya **19** A2

🍴 SE RESTAURER
Al Bustan **20** C3
Alcala **21** C4
BLT Steak **22** B2
Dawat **23** C1
L'Atelier **24** B2

🍸 PRENDRE UN VERRE
Campbell Apartment .. **25** B4
Ginger Man **26** A5
Manchester Pub **27** C3

⭐ SORTIR
Bryant Park 28 A5
Little Korea 29 A6

◉ VOIR

◉ BRIDGEMARKET

☎ 212-980-2455 ; 409 E 59th St
à la hauteur de First Ave ; 🕙 9h-20h ;
Ⓜ 59th St-Lexington Ave (E, F, 6)
Au début du XXᵉ siècle, cet espace
voûté et carrelé accueillait un marché
agricole. Après des décennies de
restauration, Terence Conran,
grand prêtre du design, l'a ramené à la
vie en 1999. Ce prospère complexe de
boutiques et de restaurants s'articule
aujourd'hui autour du Conran Shop
(p. 162), plein d'ingénieux accessoires
contemporains, et de l'ancien
restaurant Guastavino's : à présent
réservé aux événements privés,
il mérite néanmoins un coup d'œil.

◉ CHRYSLER BUILDING

405 Lexington Ave à la hauteur de 42nd St ;
🕙 hall 9h-19h ; Ⓜ toutes les lignes
desservant 42nd St-Grand Central Terminal
La somptueuse flèche en acier est
souvent citée par les New-Yorkais
comme leur symbole préféré de
la ville. Il n'y a pas de plate-forme
d'observation, mais le célèbre hall
Art déco et les élégants ascenseurs
en bois sont une réussite esthétique.

◉ EMPIRE STATE BUILDING

☎ 212-736-3100 ; www.esbnyc.com ;
350 Fifth Ave à la hauteur de 34th St ;
plus de 18 ans/moins de 18 ans 18/16 $
🕙 9h30-minuit ; Ⓜ 34th St-Herald Sq
(B, D, F, N, Q, R, V, W)

Depuis 1976, les trente étages
supérieurs de l'édifice sont illuminés
dans des teintes de saison (vert
pour la Saint-Patrick en mars, noir
le 1ᵉʳ décembre pour la Journée
mondiale contre le sida, rouge
et vert à Noël, couleur lavande
le week-end de la Gay Pride en juin,
par exemple – le site Internet précise
les couleurs et leurs significations).
Pour profiter au mieux de la vue
du 102ᵉ étage, il faut venir au
moment du coucher du soleil.

◉ GRAND CENTRAL TERMINAL

☎ 212-340-2210 ; www.grandcentral
terminal.com ; Park Ave à la hauteur
de 42nd St ; 🕙 5h30-1h30 ;
Ⓜ toutes les lignes desservant
42nd St-Grand Central Terminal
La plus grande gare du monde
(30 ha, 500 000 usagers par jour)
est aussi une prouesse d'ingénierie
et d'architecture. Vous admirerez
ainsi la façade flamboyante depuis
E 42nd St, superbement éclairée la
nuit, les arches de marbre aux veines
dorées et le dôme bleu vif, constellé
d'étoiles scintillantes en fibre
optique, que vous pourrez comparer
au coin non restauré du plafond
d'origine : il témoigne de l'ampleur
de la tâche. Repérez l'angle
nord-ouest du plafond de 8 000 m²,
à l'extrémité de la ligne méridienne :
les concepteurs ont laissé un petit
carré noir pour l'effet de contraste.

☉ MOMA

☎ 212-708-9400 ; www.moma.org ;
11 W 53rd St entre Fifth et Sixth Ave ;
adulte/étudiant 20/16 $, 16h-20h ven
gratuit ; ☉ 10h30-17h30 sam-lun et
mer-jeu, 10h30-20h ven

Rouvert en grande pompe en 2004
après la plus importante rénovation
de ses soixante-quinze ans
d'existence, le musée rassemble
désormais plus de 100 000 œuvres
– il faudrait lui consacrer plusieurs
jours, voire davantage. La plupart
des artistes les plus célèbres
(Matisse, Picasso, Cézanne,
Rothko, Pollock) sont exposés
sur cinq niveaux ; les galeries,
claires, spacieuses et paisibles,
présentent les œuvres des
différents départements : Peinture
et Sculpture, Architecture et Design,
Dessins, Gravures et Illustrations,
Film et Media. Vous pourrez faire
une agréable pause dans le Jardin
des sculptures (Sculpture Garden),
qui a retrouvé sa disposition
d'origine, celle qu'avait conçue Philip
Johnson au début des années 1950.

☉ NEW YORK
PUBLIC LIBRARY

☎ 212-930-0800 ; www.nypl.org ;
Fifth Ave à la hauteur de 42nd St ;
☉ 11h-19h30 mar-mer, 10h-18h jeu-sam ;
☉ toutes les lignes desservant Grand
Central Station ou 42nd St-Times Sq ; ♿
Patience et *Fortitude* vont de pair :
ces deux grands lions vous

Le Museum of Modern Art (MoMA)

Bâtiment principal de la New York Public Library

accueillent sur les marches de l'édifice de marbre blanc de la bibliothèque. Outre les livres, elle recèle aussi quelques merveilles architecturales : fenêtres en saillie arrondies, moulures, escaliers d'époque, etc. Ses expositions d'ouvrages rares ou épuisés attirent les bibliophiles du monde entier.

 ROCKEFELLER CENTER

☎ 212-632-3975 ; www.rockefeller center.com ; entre Fifth et Sixth Ave, et 48th et 51st St ; ☽ 24h/24, horaires variables selon les magasins ; Ⓜ 47th-50th Sts-Rockefeller Center (B, D, F, V) Construit dans les années 1930 au plus sombre de la Grande Dépression et s'étendant sur

9 hectares, ce complexe donna du travail à 70 000 ouvriers durant neuf ans. Le Rockefeller Center fut le premier à rassembler magasins, loisirs et bureaux dans un espace unique, méritant ainsi le surnom de "ville dans la ville". Fin 2005, la plate-forme d'observation Top of the Rock (p. 12) a enfin rouvert et offre une vue splendide sur la ville.

⦿ CATHÉDRALE SAINT-PATRICK

☎ 212-753-2261 ; www.ny-archdiocese. org/pastoral/cathedral_about.html ; Fifth Ave entre 50th et 51st St ; ☽ 7h-20h45 ; Ⓜ Fifth Ave-53rd St (V), 53rd St-Lexington Ave (4, 6) ; ♿

Du haut de leur 100 m, les deux flèches dominent tout Midtown autour de Saint-Patrick : même le Rockefeller Center voisin ne semble plus si grand. Cette gracieuse cathédrale de style néogothique, inaugurée en 1879, est le siège de l'archidiocèse catholique romain de New York et accueille toutes les grandes cérémonies de la ville (elle contient 2 400 places assises). Vous pouvez admirer la sereine Lady Chapel, consacrée à la Vierge Marie, et le beau vitrail en forme de rosace, au-dessus de l'orgue aux 7 000 tuyaux.

Nations unies

◉ NATIONS UNIES

☎ 212-963-8687 ; www.un.org ; angle 46th St et First Ave ; ⊙ visites gratuites en anglais toutes les 20 mn de 9h45 à 16h45, pour les visites dans une autre langue, appelez au numéro ci-dessus ; ⊕ toutes les lignes desservant 42nd St-Grand Central Station ; ♿

En empruntant la promenade d'East River, on imagine les questions internationales qui sont en jeu derrière les vitres vertes de ces édifices conçus par Le Corbusier en 1953. L'intérieur, où bourdonnent des milliers de langues, mérite une visite.

⌂ SHOPPING

⌂ BARNEYS

☎ 212-826-8900 ; www.barneys.com ; 660 Madison Ave ; ⊙ 10h-20h lun-ven, 10h-19h sam, 11h-18h dim ; ⊕ Fifth Ave-59th St (N, R, W)

Véritable institution, le premier grand magasin de la ville rassemble le meilleur des créateurs contemporains : Marc Jacobs, Miu Miu, Prada et d'autres. Les bonnes affaires (tout est relatif) se trouvent aux 7e et 8e niveaux et dans les Co-Op Barneys à Soho, à Chelsea et dans l'Upper West Side, .

⌂ BERGDORF GOODMAN

☎ 212-753-7300 ; www.bergdorfgood man.com ; 754 Fifth Ave ; ⊙ 10h-19h lun-mer et ven, 10h-20h jeu, 12h-20h dim ; ⊕ Fifth Ave (N, R, W), 57th St (F)

Vous apprécierez sans doute l'ambiance singulière de Bergdorf, où l'on flâne entre les sublimes collections féminines (Pucci, Moschino, Dolce & Gabbana…) et les étages consacrés aux bijoux, aux parfums, aux sacs à main, aux vêtements pour hommes et aux chaussures.

BLOOMINGDALE'S
☎ 212-705-2000 ; www.bloomingdales. com ; 1000 Third Ave à la hauteur de 59th St ; 🕙 10h-20h30 lun-jeu, 9h-22h ven-sam, 11h-19h dim ; 🚇 59th St (4, 5, 6), Lexington Ave-59th St (N, R, W)
Grand et exubérant, "Bloomie" est le chouchou des New-Yorkais. Outre les grands noms de la mode, le magasin est un découvreur de créateurs et expose des collections à prix corrects tout droit sorties des défilés.

CONRAN SHOP
☎ 212-755-9079 ; 407 E 59th St à la hauteur de First Ave ; 🕙 11h-20h lun-ven, 10h-19h sam, 12h-18h dim ; 🚇 59th St (4, 5, 6)
Sous la houlette de Terence Conran, grand manitou du design britannique, équipement de cuisine, couverts, meubles et accessoires de maison font peau neuve dans cet élégant magasin niché dans un magnifique espace sous le pont de Queensboro : canapés aux lignes épurées, porcelaine de Missoni, stylos Ducati, réveils rétro

Jacob Jensen, gobelets Rob Brandt, bagages Mandarina Duck, cadres photo Lucite, etc.

FAO SCHWARZ
☎ 212-644-9400 ; 767 Fifth Ave ; 🕙 12h-19h lun-mer, 12h-20h jeu-sam, 11h-18h dim ; 🚇 59th St (4, 5, 6), Fifth Ave-59th St (N, R, W)
Le magasin de jouets géant, où Tom Hanks jouait du piano dans le film *Big*, est le paradis des enfants (et un temple du consumérisme débridé) : entre les poupées proposées "à l'adoption", les peluches grandeur nature, les décapotables miniatures fonctionnant à l'essence et les équipements de hockey, difficile de résister !

GHURKA
☎ 212-826-8300 ; www.ghurka.com ; 683 Madison Ave ; 🕙 10h-18h lun-mer, ven et sam, 10h-19h jeu, 12h-17h dim ; 🚇 59th St (4, 5, 6)
Vous cherchez une valise ? Cette boutique spécialisée confectionne des bagages à main en cuir ou autres matériaux de grande qualité. La plupart des sacs arborent aussi des roulettes qui semblent sortir de partout et différents détails astucieux.

HENRI BENDEL
☎ 212-247-1100 ; www.henribendel. com ; 712 Fifth Ave ; 🕙 10h-19h lun-mer et ven-dim, 10h-20h jeu ; 🚇 Fifth Ave-53rd St (E, V), Fifth Ave-59th St (N, R, W)

La ravissante vitrine Lalique d'Henri Bendel encadre parfaitement son adorable petit salon de thé. Déambuler dans ce bel immeuble de la Ciquième Avenue, où se côtoient des collections européennes d'avant-garde et des classiques comme Chanel, est un plaisir.

🔲 JIMMY CHOO
☎ 212-593-0800 ; www.jimmychoo.com ; 645 Fifth Ave ; 🕑 10h-18h lun-sam, 12h-17h dim ; 🔵 Fifth Ave-53rd St (E, V), 51st St (6)
Pour comprendre le succès de Jimmy Choo, il faut aimer les chaussures vertigineuses (même les sandales ont des talons aiguilles). Vous avez le choix dans cette boutique : épaisses bottes de cuir, escarpins ou chaussures plus coquines, à talon ouvert, en satin ou en cuir.

🔲 JOON NEW YORK
☎ 212-935-1007 ; www.joon.com ; 795 Lexington Ave ; 🕑 9h30-18h30 lun-ven, 10h-18h sam ; 🔵 59th St (4, 5, 6)
Cette chaîne locale vend depuis bien longtemps des stylos Cartier, Mont Blanc, Namiki et Carter. Boutiques dans la Trump Tower et Grand Central Station.

🔲 TAKASHIMAYA
☎ 212-350-0100 ; www.nytakashimaya.com ; 693 Fifth Ave ; 🕑 10h-19h lun-sam, 12h-17h dim ; 🔵 Fifth Ave-53rd St (E, V)

UN *MALL* À MANHATTAN
Le **Time Warner Center** (p172 ; ☎ 212-823-6300 ; www.shopsatcolumbuscircle.com), sur Columbus Circle, est ce que Manhattan possède de plus proche du *mall* (centre commercial) à l'américaine. Les premiers niveaux de cet imposant édifice comptent surtout des marques prestigieuses, comme Williams-Sonoma, Coach, Hugo Boss, Sephora, Armani Exchange et Thomas Pink, tandis que l'épicerie Whole Foods, au sous-sol, vend des produits alimentaires. Entre deux séances de shopping, vous pouvez reprendre votre souffle au café.

Pas moins de quarante-deux thés différents sont proposés dans le sympathique Tea Box café au sous-sol de ce superbe magasin. Chacun des sept étages est dédié à un domaine particulier : produits de beauté et centre de soins (dernier niveau), vêtements, accessoires, design d'intérieur et arrangements floraux (en bas).

🍴 SE RESTAURER
🍴 AL BUSTAN
Libanais/Moyen-oriental $$
☎ 212-759-5933 ; 827 Third Ave ; 🕑 déjeuner et dîner ; 🔵 51st St (6), Lexington Av-53rd St (E, V) ; ♿ Ⓥ ♿
Le succulent houmous et le *baba ganoush* font le succès d'Al Bustan, qui prépare également

du *moudardarah* (lentilles vertes et riz pilaf), des côtelettes d'agneau, des boulettes de bœuf haché fourrées au blé concassé et frites, et d'autres recettes classiques du Moyen-Orient.En groupe, optez pour les *meze* : ils comptent parmi les meilleurs de la ville.

ALCALA
Espagnol $$$
☎ 212-370-1866 ; 342 E 46th St ; ⊙ déjeuner et dîner lun-ven, dîner sam-dim ; ⓜ 42nd St-Grand Central (S, 4, 5, 6, 7) ; ♿ ♨
Dissimulée près des Nations unies, cette adresse est un secret bien gardé. Paisiblement installé dans la cour, vous dégusterez une salade de morue salée aux olives noires, des cannellonis à la viande, aux truffes et à la sauce Béchamel, ou l'incontournable paella aux fruits de mer, en sirotant de bons vins basques.

BLT STEAK
Grill/Américain $$$
☎ 212-752-7470 ; www.bltsteak.com ; 106 E 57th St ; ⊙ déjeuner et dîner lun-sam ; ⓜ 59th St (4, 5, 6), Fifth Ave-59th St (N, R, W) ; ♿
Un restaurant-grill qui consacre une partie de sa carte aux champignons mérite qu'on s'y attarde : ici, tout ne tourne pas autour de la viande, et BLT soigne les garnitures des plats. Le calme qui règne dans le restaurant aux couleurs chaudes

est parfait pour digérer un pavé de bœuf ou un énorme steak de Kobe. Sinon, installez-vous au bar qui bourdonne de gaieté.

DAWAT *Indien* $$
☎ 212-355-7555 ; 210 E 58th St entre Second Ave et Third Ave ; ⊙ dîner tlj, déjeuner lun-sam ; ⓜ Lexington Ave-59th St (N, R, W) ; ♿ Ⓥ ♨
Madhur Jaffrey, chef renommé, auteure de livres de cuisine et actrice, dirige ce petit coin de nirvana, transformant des plats classiques indiens comme le *bhajia* (beignet) d'épinards et le curry de poisson en chefs-d'œuvre de saveur et de présentation. Bar et agneau sont marinés au yaourt, aux graines de moutarde, au safran et au gingembre, et les charmants desserts parsemés de cardamome rafraîchiront vos papilles. Dans la salle à manger, l'ambiance est tamisée et un peu guindée (à l'image de la clientèle, ce qui est prévisible dans ce quartier), mais vous oublierez tout dès la première bouchée.

L'ATELIER
DE JOEL ROBUCHON
Japonais/Français $$$
☎ 212-350-6658 ; 57 E 57th St près de Park Ave ; ⊙ 11h30-14h et 18-23h ; ⓜ 59th St (4, 5, 6) ; Ⓥ
Si vous avez déjà dîné chez Robuchon à Paris, Tokyo, Londres ou Las Vegas, vous savez ce qui

Reuven Blau,
étudiant en journalisme à l'université de Columbia

Pouvez-vous citer une expérience typiquement new-yorkaise ? Je consultais le site d'un excellent groupe indépendant quand j'ai découvert qu'ils jouaient à Manhattan le soir même. J'ai acheté des billets et assisté à un concert génial dans une salle du Village. **Qu'est-ce qui a changé à New York depuis cinq ans ?** Il est de plus en plus difficile pour la classe moyenne de trouver un logement à des prix abordables. **Votre petit plaisir typiquement new-yorkais ?** J'adore contempler les foules dans les restaurants et les lieux très fréquentés. **Un piège à touriste qui vaut tout de même le voyage ?** Le View Restaurant and Lounge au New York Marriott Marquis, à Times Square. **Où mangez-vous pour pas cher entre les cours ?** Ce n'est pas facile : je mange exclusivement casher. Quand j'ai le temps, je cours jusque chez H&H Bagels dans 81st St. Ce sont les meilleurs de la ville, ils sont bon marché et casher !

vous attend : tout un choix de saveurs en minuscules portions. Élevant les petites assiettes et l'*omakase* (choix du chef) au rang d'art, les croquettes de cuisses de grenouille, l'onglet, les cailles caramélisées fourrées au foie gras, et les desserts à base de litchis de l'Atelier sont divins. Si possible, installez-vous au comptoir.

▼ PRENDRE UN VERRE

▼ CAMPBELL APARTMENT
☎ 212-953-0409 ; 15 Vanderbilt Ave à la hauteur de 43rd St ; ☽ 15h-1h lun-sam, 15h-23h dim ; ⊖ Grand Central (S, 4, 5, 6, 7)
Empruntez l'ascenseur près de l'Oyster Bar et franchissez les portes à gauche : ce sublime bar à cocktails occupe l'ancien appartement d'un magnat des chemins de fer, comme en témoignent le velours, l'acajou et les peintures murales. Les fumeurs de cigares sont les bienvenus, mais pas les baskets ni les jeans. L'Apartment est le lieu idéal pour apprécier la splendeur de la gare en sirotant un Martini.

▼ GINGER MAN
☎ 212-532-3740 ; 11 E 36th St ; ☽ 11h30-2h lun-mer, 11h30-4h jeu et ven, 12h30-4h sam, 15h-minuit dim ; ⊖ 33rd St (6)
Le troquet le plus séduisant de Midtown depuis longtemps. Ce joli pub haut de plafond séduira tous

ceux qui prennent la bière au sérieux. Fondé au Texas (on compte trois bars dans cet État, et un seul ici), Ginger Man propose aux connaisseurs un vaste choix de bouteilles et de pressions venues du monde entier, ainsi qu'une sélection de whiskies, de vins et de cigares. Le ragoût de bœuf à la Guinness ne vous décevra pas.

▼ MANCHESTER PUB
☎ 212-935-8901 ; 920 Second Ave à la hauteur de 49th St ; ☽ 11h-4h ; ⊖ Lexington Ave-53rd St (E, V, 6)
Une envie d'Angleterre ? Une solide cuisine de pub arrosée de pintes glacées et un étonnant juke-box relié à Internet, qui vous permet de télécharger vos morceaux préférés, vous attendent dans ce confortable établissement. Mieux vaut arriver tôt : dès 21h, la salle est prise d'assaut par les habitués.

★ SORTIR

★ BRYANT PARK
☎ 212-768-4242 ; www.bryantpark.org ; Sixth Ave entre E 40th et 42nd St ; ☽ 7h-23h lun-ven, 7h-20h sam et dim en été, 7h-19h jan-avr et sep-déc ; ⊖ 42nd St-Bryant Park (F, V, B, D), Fifth Ave (7) ; ♿
Fashion Week, films gratuits, danses d'Amérique latine, concerts et spectacles de Broadway (plus du patin à glace en hiver) : il se passe toujours quelque chose dans ce paradis verdoyant situé derrière

Little Korea

la Public Library. On vient même y travailler en profitant du Wi-Fi gratuit et du charmant café. L'été, il faut arriver tôt pour les films gratuits, et prévoir une couverture.

⚡ LITTLE KOREA
Entre Broadway et Fifth Ave, de 31st à 36th Sts ; ⓜ 34th St-Herald Sq (B, D, F, N, Q, R, V, W)
Herald Square manque un peu d'intérêt en matière culinaire, mais vous pouvez heureusement recharger vos batteries à Little Korea, petite enclave de restaurants, de magasins, et de salons de beauté et de soins coréens. Ces dernières années, le quartier a vu exploser le nombre de cafétérias spécialisées dans la cuisine coréenne, notamment d'authentiques barbecues ouverts jour et nuit dans 32nd St. La cerise sur le gâteau : certains proposent un karaoké.

> MIDTOWN WEST

Réunissant tout un éventail de styles et de possibilités, Midtown West désigne un ensemble de quartiers s'étendant de Hell's Kitchen à l'ouest, jusqu'à Columbus Circle et Sixth Avenue, le long desquels fourmillent les cadres en costume et les vendeurs ambulants.

Little Brazil, pleine d'effluves de grillades brésiliennes, résonne de conversations en portugais et des cadences de la samba, tandis que les jeunes fiancés en quête d'alliances et les professionnels de la bijouterie se bousculent dans le Diamond District. Enfin, le Garment District ("quartier du vêtement") regroupe les bureaux des créateurs, et des boutiques de vente en gros et au détail. Le kiosque d'information du Fashion Center dispense cartes et renseignements. À l'extrémité nord de ce quartier se trouve Columbus Circle, une place ronde, depuis laquelle on peut rejoindre l'Upper West Side et Central Park, et où se dresse le rutilant Time Warner Center.

MIDTOWN WEST

◉ VOIR

🏠 SHOPPING

🍴 SE RESTAURER

🍸 PRENDRE UN VERRE

⭐ SORTIR

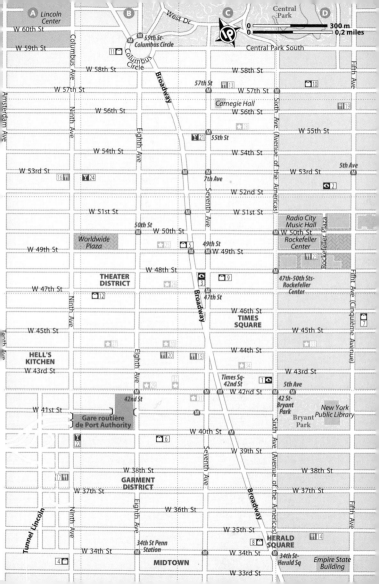

VOIR

HERALD SQUARE

34th St- Herald Sq (B, D, F, N, Q, R, V, W)

Située au carrefour entre Broadway, Sixth Ave et 34th St, souvent pleine de monde, cette place est surtout connue pour le grand magasin Macy's (p. 172) où les ascenseurs en bois sont d'origine. Herald Square doit son nom au journal *Herald*, depuis longtemps disparu. Une rénovation a heureusement rendu au petit parc verdoyant tout son attrait – et ramené les foules pendant la journée. Inutile de vous aventurer dans les deux grandes galeries marchandes sur Sixth Ave, au sud de Macy's : à l'exception de Daffy's, qui dégriffe de grandes marques, ils ne contiennent que des magasins de chaîne sans intérêt.

INTERNATIONAL CENTER OF PHOTOGRAPHY

☎ 212-857-0000 ; www.icp.org ; 1133 Sixth Ave à la hauteur de 43rd St ; entrée 10 $, sauf 17h-20h ven où l'on donne ce que l'on veut ; ⏱ 10h-18h mar-jeu, sam et dim, 10h-20h ven ; 42nd St-Bryant Park (B, D, F, V)

Par le passé, ce centre de la photographie a présenté des œuvres d'Henri Cartier-Bresson, Man Ray, Matthew Brady, Weegee et Robert Capa, et exploré divers thèmes, comme *Che ! Révolution*

Moment de détente à Herald Square

et commerce ou *Le corps en danger : photographier la maladie et la guérison*. L'institution comprend aussi une école de photographie qui propose des cours et une série de conférences en public. La boutique vend une sélection de beaux livres de photo et de cadeaux bizarres pour amateurs.

MUSEUM OF TELEVISION & RADIO

☎ 212-621-6800 ; www.mtr.org ; 25 W 52nd St ; adulte/moins de 14 ans/ senior et étudiant 10 \$/gratuit/8 \$; 12h-18h mar-dim ; Fifth Ave (E, V), 49 St et Seventh Ave (N, R, W), 50 St et Broadway (1), 47th-50th Sts-Rockefeller Center (B, D, F, V) ;

Les fans de *Star Trek* ont enfin leur rétrospective ! Consacré au monde du petit écran et aux grands moments de l'histoire de la radio, ce musée ravira les amateurs de vieilles séries américaines, et les nostalgiques de Spock et du capitaine Kirk.

RADIO CITY MUSIC HALL

☎ 212-247-4777 ; www.radiocity.com ; 51st St à la hauteur de Sixth Ave ; spectacles 15-40 \$; 47th-50th St-Rockefeller Center (B, D, F, V)

Magnifiquement rénové, ce cinéma Art déco de 6 000 places a retrouvé ses fauteuils en velours et son ameublement d'origine (il fut construit en 1932). Les concerts sont vite complets, et les billets du spectacle de Noël, interprété par la troupe de danseuses les Rockette, coûtent jusqu'à 70 \$. Pour découvrir l'intérieur, une visite guidée est proposée toutes les demi-heures entre 11h et 15h du lundi au dimanche. Pour acheter un billet, une seule règle : le premier arrivé est le premier servi.

SHOPPING
B & H PHOTO-VIDEO

☎ 212-502-6200 ; www.bhphotovideo. com ; 420 Ninth Ave ; 9h-19h lun-jeu, 9h-13h ven, 10h-17h dim ; 34th St-Penn Station (A, C, E)

La visite du magasin est une expérience en soi : l'espace vaste et bourdonnant est empli de tous les appareils photo, les caméras et les équipements DVD que vous puissiez imaginer.

COLONY

☎ 212-265-2050 ; www.colonymusic.com ; 1619 Broadway ; 9h30-minuit lun-sam, 10h-minuit dim ; 49th St (R, W)

Vous rêvez de voir Frank Sinatra sur scène ? À défaut de vous offrir un concert live, pourquoi ne pas acheter un billet pour l'un des spectacles d'Old Blue Eyes ? Les souvenirs et les posters de rock sont omniprésents aux côtés de ce qui est sans doute la plus importante collection de partitions au monde. Charlie Parker, Miles Davis et les Beatles faisaient leurs emplettes ici.

☐ DRAMA BOOKSHOP

☎ 212-944-0595 ; www.dramabook shop.com ; 250 W 40th St ; ⏲ 10h-20h lun-sam, 12h-18h dim ; ⓜ 42nd St-Port Authority Bus Terminal (A, C, E)

Cette vaste librairie consacrée au théâtre et à la comédie musicale ravit les fans de Broadway depuis 1917. Le personnel compétent peut vous conseiller. Des événements et des débats avec des dramaturges sont régulièrement organisés : consultez le site Internet.

☐ GOTHAM BOOK MART

☎ 212-719-4448 ; 16 E 46th St entre Fifth Ave et Madison Ave ; ⏲ 9h30-18h30 lun-ven, 9h30-18h sam ; ⓜ 47th-50th St-Rockefeller Center (B, D, F, V)

Débordant d'ouvrages littéraires depuis 1920, le Gotham Book Mart est un paradis pour les passionnés. C'est aussi une institution historique (bien qu'elle ait déménagé à un pâté de maisons de son emplacement d'origine). C'est ici que Frances Stelof (décédé en 1989) fonda la James Joyce Society en 1947, et diffusait ses œuvres ainsi que celles d'autres écrivains, comme *Tropique du Cancer* d'Henry Miller, à la barbe des censeurs américains.

☐ MACY'S

☎ 212-695-4400 ; www.macys.com ; 151 W 34th St à la hauteur de Broadway ; ⏲ 10h-20h30 lun-sam, 11h-19h dim ; ⓜ 34th St-Herald Sq (B, D, F, N, Q, R, V, W)

Attention à vos doigts dans les vieux ascenseurs en bois qui font la célébrité de l'établissement ! Le magasin vend essentiellement du linge, des vêtements, des meubles, des accessoires de cuisine, des chaussures et d'autres produits simples et abordables. C'est le plus grand magasin du monde, et l'on peut s'y promener pendant des heures.

☐ MANNY'S MUSIC

☎ 212-819-0576 ; www.mannysmusic. com ; 156 W 48th St ; ⏲ 10h-19h lun-sam, 12h-18h dim ; ⓜ 49th St (N, R, W)

Spécialisé dans les instruments de musique, Manny's ne vend pas de disques, mais il attire aussi les fans : c'est là que Jimi Hendrix faisait raccorder ses Stratocaster (de droitier). De Dizzy Gillespie aux Beatles, tout le monde est passé par ce magasin, comme en témoignent les photos.

☐ RIZZOLI'S

☎ 212-759-2424 ; 31 W 57th St ; ⏲ 10h-19h30 lun-ven, 10h30-19h sam, 11h-19h dim ; ⓜ 57th St (F)

Dans cette adorable boutique du libraire et éditeur italien, on vend de beaux livres d'art, d'architecture et de design (et des ouvrages grand public). Vous y trouverez également une bonne sélection de journaux et de magazines étrangers.

TIME WARNER CENTER

☎ 212-484-8000 ; www.timewarner.
com ; 1 Time Warner Center ; ⊖ 59th St-
Columbus Circle (A, B, C, D, 1) ; ♿
Faites chauffer votre carte
bancaire dans ce centre
commercial très glamour, censé
figurer une montagne couverte
de verre et contenant plus de
quarante magasins, un marché bio,
des boîtes et des théâtres, mais aussi
des appartements haut de gamme
et des restaurants où l'on dîne
pour 500 $ (voir p. 204).

WEAR ME OUT

☎ 212-333-3047 ; 358 W 47th St
entre Eighth Ave et Ninth Ave ;
⏱ 11h30-20h ; ⊖ 50th St (C, E)

Petite boutique sympathique
et accueillante où les gays de
Hellsea dénichent les tenues
qu'ils arboreront chez Roxy (p. 145).
Que vous cherchiez un tee-shirt qui
mette en valeur vos abdos, un jean,
des sous-vêtements sexy ou des
bijoux, vous pouvez compter sur
le chaleureux soutien du personnel.

⫴ SE RESTAURER

⫴ BURGER JOINT *Hamburgers*$

☎ 212-708-7414 ; Le Parker Meridien,
118 W 57th St ; ⏱ déjeuner et dîner ;
⊖ 57th St (F, N, Q, R, W) ; ♿ 👶
Comme son nom l'indique, ce
restaurant sert un seul et unique
plat : le hamburger (vous pouvez

tout de même l'accompagner de frites et d'un milk-shake). Ils sont tendres, juteux et de taille parfaite. L'adresse n'est pas facile à trouver : renseignez-vous dans l'hôtel Le Parker Meridien. La transition entre l'élégance du hall et la salle vieillotte, et quelque peu poisseuse, ajoute encore à son charme authentique.

🍴 CHO DANG GOI *Coréen* $$
☎ 212-695-8222 ; 55 W 35th St ; 🕑 déjeuner et dîner ; 🚇 34th St-Herald Sq (B, D, F, N, Q, R, V, W) ; Ⓥ 🚻
Les *bibimbops* (légumes au riz et à la sauce piquante) traditionnels, les plats de riz gluant et les ragoûts de porc font le succès de Cho Dang Goi, situé dans Little Korea. Votre repas commence par de toutes petites assiettes de surprises au *kimchi* (avec de minuscules poissons séchés).

🍴 DB BISTRO MODERNE
Français $$$
☎ 212-391-2400 ; 55 W 44th St ; 🕑 déjeuner et dîner lun-sam, fermé sam pour le déjeuner en été ; 🚇 toutes les lignes desservant 42nd St ; 🚻
Tranchant avec les néons de Times Square par son ambiance sophistiquée, ce restaurant au décor moderne se distingue aussi par son menu : velouté glacé au fenouil, saumon en voile de bacon, fricassée d'escargots, coq au vin et, bien entendu, le DB Burger aux truffes, foie gras et côtelettes braisées.

🍴 EATERY *Américain* $
☎ 212-765-7080 ; www.eaterynyc.com ; 798 Ninth Ave à la hauteur de 53rd St ; 🕑 déjeuner et dîner ; 🚇 50th St (C, E), 59th St-Columbus Circle (1, A, B, C, D) ; 🚻 Ⓥ 🚻
Même si vous n'avez pas faim, accoudez-vous au bar : vous ne mettrez pas longtemps à succomber au défilé de calamars au gingembre, de moules au curry et d'énormes hamburgers juteux. Même les rythmes distillés par le DJ ne parviendront pas à détourner votre attention…

🍴 MARKET CAFÉ
Américain/Français $-$$
☎ 212-564-7350 ; 496 Ninth Ave ; 🕑 déjeuner et dîner lun-sam ; 🚇 34th St (A, C, E) ; 🚻
Respectable institution, Market Café séduit toujours autant. Ne vous arrêtez pas aux tables en Formica et aux alcôves en plastique : le service chaleureux, la bonne musique et le gravlax (saumon) grillé, le cabillaud, le steak-frites et les pizzas expliquent la fidélité des habitants branchés du quartier.

🍴 TABOON
Moyen-oriental/Méditerranée $$
☎ 212-713-0271 ; 773 Tenh Ave ; 🕑 dîner ; 🚇 C, E à 50th St ; 🚻 Ⓥ 🚻
Impossible d'ignorer le dôme du four blanc en entrant dans ce vaste

restaurant, au sol en pierre et aux murs en brique : vous verrez des miches croustillantes de pain à la sauge en sortir avant d'arriver à votre table. La cuisine emprunte aux deux rives de la Méditerranée : crevettes en cheveux d'ange, salade à l'*haloumi*, brochettes d'agneau, poissons grillés et plusieurs variantes de l'houmous. Le lundi, c'est la soirée flamenco, avec des musiciens.

🍴 TOWN

Américain/Français $$$$

☎ 212-582-4445 ; **www.town restaurant.com ; 15 W 56th St ;** 🕙 **petit déj, déjeuner et dîner ;** ◉ **57th St (F), Fifth Ave-53rd St (E, V), Fifth Ave-59th St (N, R, W) ;** ♿

Au petit déjeuner, œufs Bénédicte crémeux, en équilibre sur une purée de homard. Au déjeuner, coquilles Saint-Jacques accompagnées de saucisses et de laitue au gingembre. Quant au dîner, il vous réserve d'agréables surprises : des cailles avec de la roquette et des beignets de foie gras, du canard aux endives et pilaf de *soba*, un choix de généreux risottos, et de merveilleux beignets au chocolat en dessert. Il vous reste maintenant à choisir quel repas vous allez déguster au Town…

🍴 VIRGIL'S REAL BARBECUE

Barbecue américain $$

☎ **212-921-9494 ; 152 W 44th St entre Broadway et Eighth Ave ;** 🕙 **déjeuner et dîner ;** ◉ **Times Sq-42nd St (N, R, S, W, 1, 2, 3, 7)**

Plutôt que de se spécialiser dans un style particulier de barbecue (les sauces et la viande varient selon les régions), Virgil's les propose tous. Vous pourrez ainsi faire un tour d'Amérique du barbecue : *corndog* au maïs d'Oklahoma, porc fumé de Caroline, sandwich au jambon fumé du Maryland, assiette de poitrine de bœuf texan et steak de poulet frit de Géorgie. Par souci d'authenticité, les viandes sont fumées avec un mélange de chicorée, de chêne et de bois fruitiers.

SWING 46

Ancien bar clandestin de Hell's Kitchen, **Swing 46** (☎ 212-262-9554 ; www.swing46. com ; 349 W 46th St ; entrée 10 $; 🕙 12h-minuit tlj ; ◉ toutes les lignes desservant 42nd St-Times Sq ; ♿ 🚻) occupe une place à part dans le cœur de bien des danseurs de Broadway. Tous les soirs, ses salles vieillottes sont ouvertes à des cours de danse gratuits (swing, danses latines, claquettes et autres), sur fond de musique interprétée par des groupes locaux ; et parfois un grand danseur fait une apparition surprise. Le dimanche de 13h à 17h, les familles affluent de toutes parts pour un après-midi consacré aux claquettes, sous la houlette d'anciennes célébrités, comme Jimmy Slyde, avec l'aide du divin Savion Glover.

☒ PRENDRE UN VERRE

☒ AVA LOUNGE

☎ 212-956-7020 ; Majestic Hotel, 210 W 55th St entre Seventh Ave et Broadway ; ☷ 18h-2h dim, 17h-2h lun-mar, 17h-3h mer, 17h-4h jeu-ven, 18h-4h sam ; ⊕ 57th St (N, Q, R, W)

Ce superbe bar contemporain, parsemé de palmiers, est installé sur le toit du Majestic Hotel. Par une douce soirée, la contemplation des lumières de la ville est un enchantement. À l'intérieur du bar, coulez-vous dans une des somptueuses ottomanes, et vous pourrez profiter du décor qui oscille entre rétro et moderne, et où dominent les tons miel, tout en observant la clientèle raffinée.

☒ BELLEVUE BAR

538 Ninth Ave ; ☷ 11h-4h ; ⊕ 42nd St-Port Authority Bus Terminal (A, C, E), Times Sq-42nd St (1, 2, 3, 7, N, Q, R, S, W), 42nd St-Bryant Park (B, D, F, V) ; ♿

À défaut d'être beau, le Bellevue Bar déborde d'énergie ! Malgré son absence de sophistication, c'est l'une des adresses les plus fréquentées de ce quartier qui s'embourgeoise rapidement. Pourquoi un tel succès ? Nous avons plusieurs réponses : le blues du lundi, le sandwich à 1 $, l'happy hour "deux pour un," tous les jours de 11h à 19h, la margarita à 3 $,

ou le séduisant mélange des jeunes qui découvrent le bar et le quartier, et des clients plus "mûrs", et déjà bien ancrés, tous venus des quatre coins de Hell's Kitchen. À vous de juger !

☒ MORRELL WINE BAR & CAFÉ

☎ 212-262-7700 ; 1 Rockefeller Plaza, W 47th St entre Fifth Ave et Sixth Ave ; ☷ 11h30-23h lun-sam, 12h-18h dim ; ⊕ 49th-50th St- Rockefeller Center (B, D, F, V)

Cet repaire paradisiaque pour les amoureux du vin a été l'une des premières caves à ouvrir avant que la fièvre des bars à vins ne s'empare de New York. À la carte : quelque 2 000 bouteilles et 150 verres. La vaste salle à mezzanine, en face de la célèbre patinoire du Rockefeller Center, est ravissante.

☒ SINGLE ROOM OCCUPANCY

☎ 212-765-6299 ; 360 W 53rd St entre Eighth et Ninth Ave ; ☷ 19h30-4h lun-sam, fermé dim ; ⊕ 50th St (C, E)

La dernière mode à New York : vous faire travailler un peu avant d'entrer. Ici, vous devrez sonner à la porte, mais SRO vaut bien l'effort. L'atmosphère rappelle les bars clandestins et la carte rassemble un bon choix de vins et de bières. L'ambiance est chaleureuse, mais la salle est minuscule et le plafond voûté : les claustrophobes passeront leur chemin.

⭐ SORTIR

⭐ AMBASSADOR THEATER

☎ renseignements 800-927-2770, poste 4148 ; www.ambassadortheater.com ; 219 W 49th St ; ⊕ 50th St (1, C, E) ; ♿ 🚻

En forme de fer à cheval, l'Ambassador est à la fois l'une des salles les plus intimistes et les plus vastes de Broadway. Si *Chicago* se joue encore, vous ne manquerez aucune note de Roxie Hart, même installé dans les sièges bon marché du fond.

⭐ BILTMORE THEATER

☎ 212-399-3000 ; biltmoretheaternet ; 261 W 47th St ; ⊕ 50th St (1,C, E) ; ♿ 🚻

Le feu et les vandales l'avaient conduit à la ruine dans les années 1980, et le Biltmore n'attendait plus que les démolisseurs. Dans les années 1990, une rénovation et des investissements ont cependant permis à cette salle magnifique de retrouver son prestige d'antan. Présentant un répertoire américain et européen, c'est aujourd'hui l'un des principaux théâtres de Broadway et la demeure du Manhattan Theater Club.

⭐ BIRDLAND

☎ 212-581-3080 ; www.birdlandjazz.com ; 315 W 44th St ; entrée 10-40 $; ⊕ 42nd St-Port Authority (A, C, E)

Baptisé d'après Charlie Parker, surnommé "Bird" (l'oiseau'), ce club de jazz accueille des grands noms depuis 1949, lorsque Thelonious Monk, Miles Davis, Stan Getz et d'autres jouaient et enregistraient en public. Vous y verrez aujourd'hui des artistes renommés qui se produisent souvent dans des festivals européens, comme Montreux ou North Sea Jazz, ainsi que de jeunes talents new-yorkais. Quelques fidèles : Chico O'Farrill et son Afro-Cuban Jazz Big Band, Barry Harris, et les Sultans of Swing de David Berger.

⭐ CITY CENTER

☎ 212-581-1212 ; www.citycenter.org ; 131 W 55th St ; ⊕ 57th St (N, Q, R, W) ; ♿ 🚻

Vouée à la démolition en 1943, cette merveille au dôme rouge fut sauvée par des amateurs militants, pour être de nouveau menacée de fermeture lorsque les compagnies de danse partirent s'installer au Lincoln Center. Aujourd'hui, le City Center accueille la Paul Taylor Dance Company, Alvin Ailey et l'American Ballet Theater, ainsi que le New York Flamenco Festival en février et d'autres spectacles de danse.

⭐ LOEWS 42ND ST-E WALK THEATER

☎ 212-505-6397 ; 42nd St entre Seventh et Eighth Ave ; places 9-13 $; ⊕ toutes les lignes desservant 42nd St ; ♿ 🚻

Comme si Times Square ne comptait pas assez de distractions, ce gigantesque cinéma de treize salles donne désormais l'occasion de voir les dernières sorties hollywoodiennes dans un cadre luxueux.

⭐ MAJESTIC THEATER
☎ 212-239-6200 ; www.majestic-theater.net ; 247 W 44th St ; Ⓜ toutes les lignes desservant 42nd St

Chaque soir, le légendaire Majestic, qui a vu défiler sur son plateau Angela Lansbury, Julie Andrews et plusieurs membres de la famille Barrymore, joue encore (et oui !) *Le Fantôme de l'opéra* à guichet fermé, vingt ans après sa création par Andrew Lloyd Webber.

⭐ NEW AMSTERDAM THEATER
☎ 212-282-2900 ; www.newamsterdam theater.net ; 214 W 42nd St ; Ⓜ toutes les lignes desservant 42nd St ; ♿ 🚻

Si vos enfants aiment le théâtre, offrez-leur ce plaisir : après avoir traversé l'entrée Art déco, ils découvriront l'intérieur Art nouveau, décoré de sculptures et de peintures, construit avec différents matériaux (pierre, bois), et évoquant le monde du théâtre du début du XXe siècle ; et ils seront enchantés par *Mary Poppins*, version comédie musicale.

⭐ NEW VICTORY THEATER
☎ 646-223-3020 ; www.newvictory. org ; 209 W 42nd St ; Ⓜ toutes les lignes desservant 42nd St-Times Sq ; ♿ 🚻

Les acteurs et danseurs en herbe se bousculent dans ce théâtre orienté vers un public de juniors. Le mélange de comédie, de danse, de musique, de marionnettes et de théâtre proposé au New Victory s'adresse aux moins de 12 ans, tandis qu'un choix de spectacles contentera les adolescents. Entre les "légendes du hip-hop" et "Speedmouse", sans oublier *The Bluest Eye,* adapté d'un roman de Toni Morrison, lauréate du prix Pulitzer, les adultes ne sont pas en reste.

⭐ THE OAK ROOM
☎ 212-840-6800 ; www.algonquinhotel. com ; 59 W 44th St ; Ⓜ 42nd St-Bryant Park (D, F, V) ; ♿

Laissez les excellents Martini vous délier la langue, et le fantôme de Dorothy Parker, dont la méchanceté proverbiale hante encore l'Oak Room, prendre possession de vous. Au piano, des pointures telles que Barbara Carroll, Andrea Marcovicci (qui donne une série de concerts pendant les vacances de fin d'année), et Harry Connick Jr couperont cependant sans doute court à vos pointes et vos bon mots.

⭐ TOWN HALL

☎ 212-840-2824 ; www.the-townhall-nyc.org ; 123 W 43rd St ; 🕑 fermé août ; Ⓜ toutes les lignes desservant 42nd St-Times Sq ; ♿ 🚻

Lors de sa conception au début des années 1900, Town Hall répondait à des impératifs démocratiques : les box et les places sans visibilité furent éliminés (aucun siège n'est mauvais), et l'acoustique surprit tout le monde par sa qualité. Pour découvrir son histoire et ses spectacles mémorables, une excellente visite guidée a lieu tous les jours. Les spectacles varient du jazz au blues en passant par les chanteurs classiques, entre autres.

>CENTRAL PARK

De nombreux animaux ont élu domicile dans les collines de Central Park, et parfois de manière très étonnante, comme Pale Male et Lola, un couple de buses à queue rousse qui s'est installé, il y a plus de dix ans, sur une butte de la Cinquième Avenue. Malgré l'activité humaine qui y règne, Central Park a su préserver une part de vie sauvage.

De vastes pans du parc, en particulier au nord, sont encore presque vierges, et révèlent toute une diversité de paysages. Le sud du parc, plus domestiqué, est davantage tourné vers le public. Installée à proximité du manège, la ferme produisait encore du lait à la fin des années 1800 : les architectes Olmsted et Vaux l'avaient placée là pour que les enfants pauvres, fatigués après une longue marche, se désaltèrent d'un verre de lait.

Les terrains de boules et de tennis ouvrent en été, et les nombreuses statues, fontaines et petites places sont un délice pour les yeux. Il est pratiquement impossible de se perdre, mais on se promène parfois sans croiser un passant – un plaisir rare à New York…

CENTRAL PARK

👁 VOIR

Arsenal **1** C6
Central Park
Wildlife Center **2** C6
Great Lawn **3** B4
Réservoir Jacqueline
Kennedy Onassis **4** C3

Strawberry Fields...........**5** B5
Wollman Skating Rink ...**6** C6

🍴 SE RESTAURER

Central Park
Boathouse **7** C5

Conservatory
Water Kiosk **8** C5
Harlem Meer Kiosk.........**9** C1
Tavern on the Green.....**10** B5

VOIR

ARSENAL

Édifié entre 1847 et 1851, avant l'apparition du parc actuel, pour stocker les munitions de la garde nationale de l'État de New York, ce célèbre monument en brique (dans E 64th St) revêt l'apparence d'un château médiéval. Il abrite aujourd'hui le City New York Parks & Recreation (l'administration des parcs de la ville) et le Central Park Wildlife Center. Les visiteurs s'y rendent toutefois moins pour son intérêt architectural que pour admirer le plan originel du parc réalisé par Olmsted, conservé sous verre dans la salle de conférences au 3e étage.

CENTRAL PARK WILDLIFE CENTER

☎ 212-861-6030 ; www.centralparknyc. org ; 64th St à la hauteur de Fifth Ave ; ⏱ 10h-17h

Les stars de ce zoo moderne sont les pingouins, mais une vingtaine d'autres espèces y sont représentées, dont l'ours blanc, et des animaux menacés de dispariton, comme le singe tamarin et le panda roux. Les repas constituent des moment particulièrement attractifs : les otaries sont nourries à 11h30, 14h et 16h, et les pingouins à 10h30 et 14h30. Le Tisch Children's Zoo, entre 65th et 66th Sts, ravira les petits.

GREAT LAWN

Déployée entre 72nd St et 86th St, cette immense pelouse couleur émeraude a été aménagée en 1931, comblant un ancien réservoir. Elle accueille des concerts en plein air (Paul Simon l'a choisie pour son célèbre concert qui marqua son retour à la scène, et le New York Philharmonic Orchestra y joue chaque été). Les sportifs profitent de ses huit terrains de softball et de basket-ball, pendant que les promeneurs déambulent à l'ombre des platanes. À proximité de la pelouse se trouvent plusieurs sites importants : le Delacorte Theater, qui organise le festival annuel Shakespeare in the Park, et son jardin luxuriant, le Shakespeare

La Great Lawn

LES STATUES DU PARC

Un grand nombre de superbes œuvres d'art sont dispersées entre les arbres. Le **Monument Maine** (au niveau de la porte Merchant's Gate, à Columbus Circle) rend ainsi hommage aux marins morts dans la mystérieuse explosion du *Maine* dans le port de La Havane en 1898, qui déclencha la guerre hispano-américaine. Plus à l'est, près de l'entrée de Seventh Ave, se dressent des statues des grands libérateurs de l'Amérique latine, comme **José Martí**, "l'apôtre de l'indépendance cubaine". Plus loin vers l'est, près de la porte Scholar's Gate (Fifth Ave à la hauteur de 60th St), une petite place est dédiée à **Doris Chanin Freedman**, fondatrice du Public Art Fund ; tous les six mois, une nouvelle sculpture y est exposée.

Le célèbre **Ange des eaux** domine la fontaine Bethesda, et le sentier appelé Literary Walk ("promenade littéraire"), entre la fontaine et 65th St Transverse, est bordé de statues, dont celle, incontournable, de **Christophe Colomb**, et celles de grands écrivains comme **Robert Burns** et **Shakespeare**. Près du Conservatory Water (bassin du conservatoire), où flottent paisiblement des bateaux miniatures, les gamins grimpent sur les champignons géants d'**Alice au pays des merveilles**. Les effigies d'Alice, vêtue d'une robe bouffante, du Chapelier Fou et du malicieux Chat du Cheshire ravissent les enfants de tout âge. **Hans Christian Andersen** a aussi sa statue à proximité et c'est là qu'un conteur officie le samedi (11h juin-sept).

Au nord-est du parc se dresse **Duke Ellington** à son piano. Excentrée (à hauteur de 110th St) et souvent ignorée des visiteurs, l'étonnante statue en bronze de ce maître du jazz, haute de 7,5 m, fut dessinée par feu Bobby Short et a été inaugurée en 1997.

Garden ; le château du Belvédère (Belvedere Castle) ; le verdoyant Ramble, lieu de prédilection des oiseaux et où les gays aiment venir draguer ; et la Loeb Boathouse, où l'on peut louer des barques pour une promenade romantique au cœur de ce paradis urbain.

RÉSERVOIR JACQUELINE KENNEDY ONASSIS

Par beau temps, des hordes de coureurs empruntent le sentier de 2,5 km qui borde ce plan d'eau. Le réservoir de 43 hectares n'approvisionne plus les habitants en eau potable, mais a désormais une vocation plus esthétique : la vue des gratte-ciel et des arbres en fleurs s'y reflétant est magnifique, surtout au coucher du soleil, lorsque l'horizon rose et orange laisse place au bleu cobalt à mesure que la ville s'illumine.

STRAWBERRY FIELDS

En face du célèbre immeuble Dakota – où fut tourné le film *Rosemary's Baby* en 1967, et où John Lennon fut assassiné en 1980 –, cet émouvant jardin en forme de larme rend hommage à ce chanteur disparu trop tôt. C'est la partie de Central Park la plus visitée ;

Concert improvisé à Strawberry Fields

elle est entretenue grâce à un don d'un million de dollars de Yoko Ono, la veuve de Lennon, qui vit toujours au Dakota. Ce paisible jardin contient un bosquet d'ormes majestueux, et une mosaïque que les visiteurs parsèment de pétales de roses et qui affiche un sobre "*Imagine*".

○ WOLLMAN SKATING RINK
☎ 212-439-6900 ; entre 62nd et 63rd St ;
🕙 nov-mars

Sur le flanc est du parc, cette patinoire romantique est très fréquentée, en particulier pendant les vacances, lorsqu'elle est illuminée aux couleurs de Noël.

🍴 SE RESTAURER

🍴 CENTRAL PARK BOATHOUSE
Fruits de mer/ Américain traditionnel $$$
☎ 212-517-2233, E 72nd St à la hauteur de Park Dr N ; 🕙 12h-16h lun-ven, 9h30-16h sam et dim 4 nov-14 avr, 12h-16h et 17h30-21h30 lun-ven, 9h30-16h et 18h-21h30 sam et dim 15 avr-3 nov ; V
Grâce à une rénovation et à de nouveaux investissements, Central Park Boathouse a tourné le dos à sa réputation (celle d'un restaurant ne prenant soin que de son cadre, et non du contenu des assiettes…) pour embrasser la cuisine gastronomique. Vous

Christian Larsen,
Assistant conservateur, étage Architecture et Design, MoMA

En quoi consiste votre travail ? Je participe à l'organisation des expositions ; je recherche et j'achète de nouvelles œuvres pour la collection et j'explore nos archives (notre stock est considérable). **Un piège à touriste qui vaut tout de même le voyage ?** L'autre jour, je suis monté en haut de Top of the Rock avec mon frère et je dois dire que c'était spectaculaire. Le regard porte à 360 degrés, au-delà des limites de Manhattan. **Votre endroit préféré du MoMA ?** Depuis le Jardin des sculptures, j'adore regarder la galerie le vendredi après-midi ; le public entre gratuitement et, quand les gens empruntent les passerelles et circulent dans les étages, on a l'impression de regarder des fourmis derrière une vitre. **Au MoMA, quelque chose de génial que tout le monde n'a pas la chance de voir ?** La Ferrari suspendue au mur dans l'aile éducative.

y dégusterez un succulent canard rôti ou un délicat tartare de saumon en profitant de la vue sur le lac.

🍴 KIOSQUES
Sandwiches/En-cas $

76th St près de Conservatory Pond et 108th St près de Harlem Meer ; 🕐 **11h-20h juin-sept ;** Ⓥ
Le parc ne manque pas d'échoppes en été, mais ces deux adresses sont particulièrement appréciées. Installées au bord de petits étangs, elles vendent des bretzels à déguster en regardant nager les canards – gare à votre sandwich : ces volatiles sont gourmands !

🍴 TAVERN ON THE GREEN
Américain traditionnel $$$

☎ **212-873-3200 ; Central Park West à la hauteur de 67th St ;** 🕐 **déjeuner et dîner ;** Ⓜ **66th St-Lincoln Center (1), 72nd St (B, C)**
Chez Tavern on the Green, tout invite au romantisme : l'emplacement, l'atmosphère paisible, les jardins joliment entretenus et le panorama. On s'y rend surtout pour le lieu, et moins pour la cuisine. La carte semble immuable, le chef manque singulièrement d'inspiration, mais tout cela est compensé par la vue.

⭐ SORTIR
Plusieurs des meilleures manifestations artistiques de Central Park se produisent en été. Les deux principaux événements sont Shakespeare in the Park (p. 106) et Summerstage. Mais nombreuses sont les activités dont vous pouvez profiter tout au long de l'année.

⭐ TERRAINS DE BOULES
Deux terrains de 1 400 m², au nord de Sheep Meadow à la hauteur de 69th St, sont à la disposition des joueurs de croquet et de boules. Les membres du New York Lawn Bowling Club, institué il y a quatre-vingts ans, organisent des tournois de mai à octobre.

⭐ CAMPING
☎ **866 NYC-HAWK ; www.nycgovpark. org/sub_about/parks_divisions (programme : dans la section "Urban Park Ranger programs", voir "schedule of upcoming events")**
La plupart des New-Yorkais l'ignorent, mais les Urban Park Rangers, dépendants du NYC Parks Departement, proposent pendant l'été des excursions camping de deux jours dans différents parcs, y compris celui-ci.

⭐ ÉQUITATION

☎ 212-724-5100 ; 58 $ pour 30 mn

Établie dans le parc, la Claremont
Riding Academy prodigue
des leçons particulières d'équitation
et propose des visites de groupe
dans le parc. Rien de tel pour
prendre un peu de hauteur !

⭐ ESCALADE

Les habitants férus d'escalade
se retrouvent au Worthless Boulder
(rocher de 3 m de haut à l'extrémité
nord du parc), près de Harlem
Meer. Les débutants préféreront
s'exercer sous surveillance au mur
d'escalade (Climbing Wall, dans
le North Meadow Recreation Area,
immédiatement au nord de 97th St).

⭐ SAFARI PLAYGROUND

W 91st St

Dans un décor de jungle, cette aire
de jeux comprend treize sculptures
d'hippopotames, une maison dans
les arbres et un sentier de jogging
pour les enfants.

⭐ SENECA VILLAGE

Entre 81st et 89th Sts

Signalé par une simple plaque,
Seneca Village constituait la
première importante communauté
de propriétaires noirs dans
Manhattan (vers 1840).

UPPER EAST SIDE

Surnommés la ''Gold Coast'' (côte d'or) de New York, ces pâtés de maisons cossus s'étendent des limites de Central Park à 96th St. Les boutiques et les résidences de la Cinquième Avenue, de Madison Avenue et de Park Avenue comptent parmi les plus chères au monde.

Mais le reste du quartier n'a rien à leur envier. Même si des traces de son passé demeurent sur les façades de certains édifices qui s'effritent, plus à l'est, l'époque où il était un célèbre repaire de dealers est révolue depuis longtemps. Le quartier est désormais aux mains des étudiants, des jeunes couples et des familles, ainsi que d'un grand nombre de trentenaires célibataires.

La vie nocturne est surtout concentrée autour des manifestations estivales gratuites à Central Park, des succulents restaurants, de quelques pubs à l'ancienne et de bars à vins. Pour danser et trouver des boîtes, descendez dans le centre, mais pour passer la soirée à boire, dîner et discuter entre amis, l'Upper East Side fait parfaitement l'affaire.

UPPER EAST SIDE

◉ VOIR

◉ FRICK COLLECTION

☎ 212-288-0700 ; www.frick.org ;
1 E 70th St à la hauteur de Fifth Ave ;
entrée 12 $; 🕒 10h-18h mar-jeu et sam,
10h-21h ven, 13h-18h dim ;
Ⓜ 68th St-Hunter College (6)

Cette collection spectaculaire
est réunie dans un hôtel particulier.
Édifié en 1914 par l'homme d'affaires
Henry Clay Frick, il faisait partie
des nombreuses résidences qui
constituent "l'allée des millionnaires."
La plupart se révélèrent trop
coûteuses pour les générations
suivantes et furent détruites,
mais Frick, richissime magnat
de l'acier, créa un fonds pour ouvrir
au public sa propre collection d'art.
Vous pourrez admirer la superbe
Diane chasseresse de Jean-Antoine
Houdon, des œuvres du Titien et de
Vermeer, et les portraits réalisés par
Gilbert Stuart, le Greco, Goya et John
Constable. Le prix d'entrée comprend
un audioguide. Un des charmes de ce
musée : on n'y croise jamais les foules.

◉ METROPOLITAN MUSEUM OF ART

☎ 212-535-7710 ; www.metmuseum.
org ; Fifth Ave à hauteur de 82nd St ;
contribution conseillée ;

Édifice abritant la Frick Collection

Metropolitan Museum of Art

🕐 9h30-17h30 mar-jeu et dim, 9h30-21h ven et sam ; Ⓜ 86th St (4, 5, 6)
Les mots manquent pour décrire cet admirable colosse : on demeure béat devant sa taille et la richesse de ses collections. Plus de cinq millions de visiteurs se pressent chaque année aux expositions temporaires ou simplement pour admirer l'immense entrée (Great Hall), le temple de Dendur, les vitraux Tiffany dans l'aile américaine, la collection d'art africain et océanien, ou la célèbre collection de peintures européennes au 2ᵉ étage. Il est plus facile de se perdre dans ce labyrinthe que dans Central Park. Si vous n'aimez pas la foule, les dimanches pluvieux en été sont à éviter. L'hiver, en revanche, les soirs de mauvais temps, vous aurez les sept hectares du musée pour vous : une expérience inoubliable. Le jardin perché sur le toit est très agréable, en particulier les soirées de week-ends en été, lorsqu'il se transforme en bar à vins.

◉ NEUE GALERIE
☎ 212-628-6200 ; www.neuegalerie.org ; 1048 Fifth Ave à la hauteur de 86th St ; entrée 15 $, interdit aux moins de 12 ans ; 🕐 11h-18h sam-lun et jeu, 11h-21h ven ; Ⓜ 86th St (4, 5, 6)
Récemment ouvert (en 2000), ce musée consacré à l'art allemand et autrichien a immédiatement connu

LES QUARTIERS

UPPER EAST SIDE

un succès fou. La collection, choisie et exposée avec soin dans une ancienne résidence de Rockefeller, comprend de très belles œuvres de Gustav Klimt, Paul Klee et Egon Schiele. Son adorable restaurant, le Cafe Sabarsky (p. 194), situé au niveau de la rue, sert des plats, des pâtisseries et des boissons autrichiennes. Les enfants ne sont pas admis.

☺ SOLOMON R GUGGENHEIM MUSEUM

☎ 212-423-3500 ; www.guggenheim. org ; 1071 Fifth Ave à la hauteur de 89th St ; adulte/moins de 12 ans/senior et étudiant, 18 $/gratuit/15 $; ☽ 10h-17h45 sam-mer, 10h-19h45 ven ; ⊕ 86th St (4, 5, 6) ; ♿

UN KILOMÈTRE DE MUSÉES

Prenez la Cinquième Avenue, détournez la circulation et installez-y des milliers de toiles : vous obtenez le **Museum Mile** ("kilomètre des musées" ☎ 212-606-2296 ; www.museummilefestival. org ; Fifth Ave entre 82nd et 104th Sts ; entrée gratuite ; ☽ 18h-21h ; ⊕ 86th St (4, 5, 6), 103rd St (6) ; ♿), qui a lieu chaque année en juin. La Cinquième Avenue est fermée aux véhicules de 82nd à 105th Sts, et les musées sont gratuits. Des milliers de personnes s'y pressent pour admirer les artistes de rue, profiter de la musique et de l'incroyable richesse culturelle de Manhattan.

Le Guggenheim est l'un des musées les plus importants de Manhattan, autant pour son architecture en spirale que pour ses somptueuses collections. Les murs arrondis de cette institution consacrée à l'art d'avant-garde arborent des tableaux de Mondrian, Kandinsky, Pollock, etc.

☺ TEMPLE EMANU-EL

☎ 212-744-1400 ; www.emanuelnyc. org ; 1 E 65th St ; ☽ 9h-19h ; ⊕ 68th St-Hunter College (6) ; ♿
Temple Emanu-El est la plus grande synagogue du monde. Vous pourrez contempler sa belle façade et son arche portant les symboles des douze tribus d'Israël. L'intérieur, avec ses ornements, ses sols en marbre et ses vitraux éclatants, est majestueux.

☺ WHITNEY MUSEUM OF AMERICAN ART

☎ 212-570-3676 ; www.whitney.org ; 945 Madison Ave à la hauteur de 75th St ; adulte/moins de 12 ans/senior et étudiant, 15 $/gratuit/10 $, 18h-21h ven contribution recommandée ; ☽ 11h-18h mer-jeu, sam et dim, 13h-21h ven ; ⊕ 77th St (6) ; ♿
L'élégant édifice du Whitney est aussi admirable que sa riche collection d'art, rassemblant essentiellement des œuvres américaines du XXe siècle, d'artistes reconnus tels Rothko et Hopper, mais aussi des nouveaux venus comme Kiki Smith. Incontournable pour les amoureux d'art moderne américain.

Solomon R Guggenheim Museum

🛍 SHOPPING
🛍 LUCA LUCA
☎ 212-753-2444 ; www.lucaluca.com ;
690 Madison Ave ; 🕙 11h-18h30
lun-mer et sam, 11h-20h jeu ;
Ⓜ Fifth Ave-59th St (N, R, W),
59th St (4, 5, 6)
Le designer italien Orlandi Luca a
réussi là où beaucoup ont échoué :
créer des vêtements sensuels
et sexy pour les femmes de tout
âge. Renommé pour ses robes
du soir vaporeuses et chatoyantes,
qui mettent la silhouette en valeur,
Luca Luca propose également
une collection de vêtements
à porter le jour.

🛍 NELLIE M BOUTIQUE
☎ 212-996-4410 ; 1309 Lexington Ave ;
🕙 10h-20h lun-ven, 11h-20h sam,
11h-19h dim ; Ⓜ 86th St (4, 5, 6)
En retrait de Madison Ave,
cette charmante boutique présente
des vêtements haut de gamme
et branchés, provenant de marques
moins connues (comme Rebecca
Taylor) que la plupart de celles que
l'on retrouve chez les géants de
l'Upper East Side. Vous y trouverez
aussi de nombreux accessoires,
des tenues de soirée, ainsi que
des vêtements plus décontractés,
pour tous les jours.

▣ RALPH LAUREN
☎ 212-606-2100 ; 867 Madison Ave ;
🕑 10h-18h lun-mer et ven,
10h-19h jeu, 12h-17h dim ;
🚇 68th St-Hunter College (6)

Occupant une superbe demeure
des années 1890 (l'une des rares
survivantes de cette époque dans
Manhattan), la boutique phare de
Ralph Lauren vaut le coup d'œil.
Le magasin offre un large choix,
mais se spécialise surtout dans
les tenues assez classiques
pour hommes.

🍴 SE RESTAURER

🍴 ANDRE'S PATISSERIE
Boulangerie hongroise $-$$
☎ 212-327-1105 ; 1631 2nd Ave ;
🕑 10h-21h ; 🚇 86th St (4, 5, 6) ; Ⓥ 🚼

Secret bien gardé de l'Upper
East Side, ce fabuleux restaurant-
boulangerie hongrois concocte
certains des meilleurs desserts
de la ville, ainsi que des ragoûts,
du goulasch, des crêpes et d'autres
plats faits maison. La salle étroite
est garnie d'un beau bois clair,
et les sympathiques serveuses
viennent toutes d'Europe.

🍴 BEYOGLU
Turc/Moyen-oriental $$
☎ 212-650-0850 ; 1431 Third Ave ;
🕑 déjeuner et dîner ; 🚇 86th St
(4, 5, 6) ; 🚼 Ⓥ

Le carrelage bleu et les jolies
assiettes aidant, une atmosphère
festive règne au Beyoglu,
notamment l'été, lorsque la clientèle
glamour s'installe en terrasse.
Succulents *meze*, nombreux plats
végétariens, fruits de mer frais
et vins turcs à découvrir.

🍴 CAFE SABARSKY
Autrichien $$
☎ 212-288-0665 ; www.wallse.com ;
1048 Fifth Ave ; 🕑 petit déj, déjeuner
et dîner ; 🚇 86th St (4, 5, 6) ; Ⓥ 🚼

Le week-end, difficile de trouver
une table, mais la cuisine et
l'ambiance du café de la Neue
Galerie valent bien l'effort. La cuisine
est authentiquement autrichienne :
crêpes à la truite, goulasch, saucisses
et strudel sont servis dans des plats
volumineux et des coupes en argent
venues tout droit de Vienne.

🍴 CANDLE CAFÉ
Végétarien $$
☎ 212-472-0970 ; 1307 Third Ave ;
🕑 déjeuner et dîner tlj ; 🚇 77th St (6) ;
♿ 🚼

Aux fidèles séduits par les plats
savoureux et sains s'ajoutent les
couples, attirés par le romantisme
décadent que dégage ce restaurant.
Les plats, simples et copieux,
sont à base de légumes verts,
tubercules et graines, parfois
accommodés en casserole.
Les gâteaux végétariens sont

étonnamment tendres, et les vins intéressants. Le Candle Café séduira vos cinq sens.

🍴 DANIEL *Français* $$$$
☎ 212-288-0033 ; www.danielnyc.com ; 60 E 65th St ; 🕑 dîner lun-sam ; ◉ 86th St (6) ; ♿

Il est rare qu'un établissement continue, année après année, à surpasser son excellente réputation. Dans son vaste restaurant éponyme, Daniel Boulud élabore des plats à la fois copieux et raffinés, et, cerise sur le gâteau, la gentillesse des serveurs ajoute la note finale. Si vous ne pouvez pas réserver une table, le **Cafe Boulud** (20 E 76th St), juste au coin de la rue, et le DB Bistro Moderne servent des versions différentes, mais non moins exceptionnelles, des recettes de Daniel Boulud.

🍴 DAVID BURKE & DONATELLA *Nouvelle cuisine américaine* $$$$
☎ 212-813-2121 ; www.dbrestaurant.com ; 133 E 61 St ; 🕑 déjeuner et dîner tlj, brunch sam-dim ; ◉ Lexington Ave-63rd St (F), Lexington Ave-59th St (N, R, W)

On pourrait penser que ce luxueux espace où domine le rouge a été décoré par un membre de la famille Versace, mais la Donatella en question n'a aucun lien avec le monde de la mode. Avec son partenaire David Burke, elle vous

délectera de saumon servi avec des *knish* aux pommes de terre, de gâteaux de crabe en croûte de bretzel, de thon et croûte de sel, et d'un cocktail de homard croustillant.

🍴 JO JO *Français* $$$$
☎ 212-223-5656 ; www.jean-georges.com ; 160 E 64th St ; 🕑 déjeuner et dîner ; ◉ 59th St (4, 5, 6), Lexington Ave-59th St (N, R, W)

Si Jean-Georges Vongerichten a exploré les voies les plus étranges de la cuisine fusion, son premier et meilleur restaurant n'a rien perdu de son cachet. Dans un décor sombre et sensuel, vous apprécierez sans doute les cubes de gibier aux graines de grenade ou le poulet rôti aux olives vertes… Recommandons surtout la spécialité : le gâteau Valrhona est une véritable débauche de chocolat.

🍴 MAYA *Mexicain* $$
☎ 212-585-1818 ; www.modern mexican.com ; 1191 First Ave ; 🕑 dîner ; ◉ 59th St (4, 5, 6) ; ♿ 🚼

Récemment rénové, Maya affiche à présent un décor d'hacienda mexicaine du XVIIIᵉ siècle, cadre idéal pour déguster les plats relevés au *mole*. Le chef Richard Sandoval propose, entre autres, des galettes *masa* de maïs au fromage et aux *chile poblano rajas* (piments en lamelles), un *ceviche* de flétan, un filet mignon mariné, accompagné d'un généreux guacamole.

▶ PRENDRE UN VERRE

▶ BAR EAST

☎ 212-876-0203 ; 1733 First Ave entre 89th et 90th St ; ⊖ 86th St (6)
Loin des sentiers battus (une petite trotte vous sépare du métro), ce sympathique bar de quartier compte une table de billard, des DJs diffusant du bon son pop-rock, des fléchettes et un joli bar orné d'un miroir. Idéal pour rencontrer des habitants du cru et discuter sans chichi autour d'un verre.

▶ BEMELMANS BAR

☎ 212-744-1600 ; www.thecarlyle.com ; Carlyle Hotel, 35 E 76th St ; après 21h30 20 $, après 21h30 sam 25 $; ⌚ 12h-2h lun-sam, 12h-minuit et demi dim ; ⊖ 77th St (6)
La peinture murale, encore visible au public, est la seule survivante des commandes réalisées par Ludwig Bemelmans, et l'esprit de l'artiste n'a pas quitté le café du même nom. Le décor rouge et l'atmosphère sensuelle semblent parfaits pour les douces attentions que se prodiguent les amoureux et les couples soucieux de discrétion, tandis que le pianiste joue des airs de jazz voluptueux et sophistiqués.

▶ SUBWAY INN

☎ 212-223-8929 ; 143 E 60th St entre Lexington et Third Ave ; ⊖ 59th St (4, 5, 6)

Les authentiques barmans en tee-shirt blanc et fine cravate noire de ce troquet traditionnel abreuvent les habitués en boissons bon marché. L'endroit devrait être classé monument historique : tout – l'enseigne en néon à l'ancienne, les box rouges usés par le temps et la clientèle – semble surgi tout droit du passé. Après une séance de shopping intensif chez Bloomingdale (p. 162), à l'angle de la rue, une des boissons de la longue liste proposée dans ce bar vous requinquera pour quelques dollars.

⭐ SORTIR

⭐ 92ND ST Y

☎ 212-415-5500 ; www.92y.org ; 1395 Lexington Ave à la hauteur de 92nd St ; ⌚ horaires selon événements ; ⊖ 96th St (6)
Le Y, institution à la gloire de la littérature (mais qui accueille également de la musique et de la danse), organise régulièrement des lectures sous l'égide de l'Unterburg Poetry Center, ainsi qu'un cycle de conférences "Biographers and Brunch" le dimanche, consacré à de grands noms du monde littéraire : on a pu y voir Paul Auster, Margaret Atwood, Joan Didion et Michael Chabon. Les billets pour les lectures des écrivains les plus connus partent vite : si vous souhaitez entendre un auteur en particulier, il faut réserver longtemps à l'avance.

� CAFÉ CARLYLE

☎ 212-744-1600 ; www.thecarlyle.com ; 35 E 76th St à la hauteur de Madison Ave ; 🕑 18h30-22h lun-mer, 18h30-minuit jeu-sam, fermé dim ; 🚇 77th St (6)

Le lundi soir, Woody Allen sort sa clarinette avec son ensemble de jazz, et lorsque Ute Lemper n'est pas libre, Eartha Kitt fait son apparition (à moins qu'elle ne soit déjà occupée à Broadway). Pour résumer, les artistes de premier plan sont monnaie courante au Café Carlyle.

UPPER WEST SIDE

Comment tirer le meilleur parti d'Upper West Side ? On y trouve les meilleurs bagels de la ville, de magnifiques brownstones et surtout des livres : dans les librairies, sur les trottoirs et jusque dans les bars chic autour de l'American Museum of Natural History (également très apprécié).

Moins chic que son jumeau à l'est, l'UWS a longtemps été le bastion des cercles intellectuels new-yorkais. L'un de ses plus célèbres édifices, le Dakota, où vivait John Lennon, ne doit pas éclipser les autres façades anciennes du quartier.

Côté arts, l'UWS comprend le Lincoln Center et son Metropolitan Opera House, Jazz at Lincoln Center, la Juilliard School of Music, mondialement célèbre et, en été, vous pourrez assister à des spectacles en plein air et participer à des nuits dédiées à la danse (surtout salsa, tango et swing, avec quelques leçons).

L'université de Columbia confère au nord du quartier une ambiance estudiantine : le coin regorge de bars bon marché. Et tout ceci n'est pas exclusivement réservé aux jeunes : les familles et les adultes apprécient aussi ce climat de bohème, et New York y gagne en décontraction.

UPPER WEST SIDE

A

B

W 99th St
W 98th St

W 96th St

W 96th St Ⓜ

28 ★

29 ★ 6

5 ●

W 89th St

8 ⌂

W 87th St

Ⓜ 86th St

Amsterdam Ave
Broadway
Riverside Dr

15 Ⓦ 2 ●
7 ⌂
19 Y 9 ●
11 ⌂ 17
10 ⌂
79th St
W 78th St
W 77th St

13 Y
18 Y
14 Ⓦ 12

Ⓜ 72nd St

21 Y

W 70th St

W 66th St

UPPER
WEST
SIDE

W 64th St

3 ●
27

W 61st St

W 59th St

W 58th St

W 57th St
W 56th St
W 55th St

Dewitt
Clinton
Park

MIDTOWN W 52nd St
W 51st St
W 50th St

Tenth Ave
Eleventh Ave
Freedom Pl
W End Ave (Eleventh Avenue)
Twelfth Ave (West Side Hwy)
Twelfth Ave (West Side Hwy)

Hudson

NEW YORK

C

W 97th St

W 95th St

W 94th St
W 93rd St
W 92nd St
W 91st St
W 90th St
W 88th St

W 85th St
W 84th St

81st St-Museum
of Natural
History

W 80th St
W 79th St Ⓜ
20 ●

4 ●

W 76th St

W 75th St

W 74th St
W 73rd St

26 ⌂
72nd St

W 71st St
22 Y

W 69th St
W 68th St
W 67th St-Lincoln
Center
66th St-Lincoln
Center

W 65th St

W 63rd St
W 62nd St

W 60th St

59th St-
Columbus
Circle

TIMES
SQUARE

Columbus Ave
Central Park West
Ninth Ave
Eighth Ave
Broadway

D

0   600 m
0   0,3 miles

Réservoir
Jacqueline Kennedy
Onassis

86th   St
Transverse Rd

Central
Park

Lac du Belvédère

79th   St
Transverse Rd

Conservatory
Pond

The Lake

72nd St Transverse Rd

65th St
Transverse
Rd

West Dr
East Dr
Center Dr

The Pond

Central Park South

★ 25 ★
57th St Ⓜ
Ⓜ 55th St
Ⓜ 7th Ave

Seventh Ave
Sixth Ave (Avenue
of the Americas)

◉ VOIR

◉ AMERICAN MUSEUM OF NATURAL HISTORY

☎ 212-769-5000 ; www.amnh.org ; Central Park West à la hauteur de 79th St ; contribution conseillée adulte/enfant/senior et étudiant, 14/8/10,50 $, gratuit la dernière heure ; 🕙 10h-17h45, Rose Center 10h-20h45 ven ; 🚇 81st St-Museum of Natural History (B, C), 79th St (1)

Impossible de ne pas aimer ce musée d'histoire naturelle.

American Museum of Natural History

Les enfants sont fous des objets à tripoter, et les parents adorent les expositions interactives, les trois immenses salles, et le Rose Center for Earth and Space, où les spectacles sur l'espace côtoient le planétarium (sans parler du jazz, des boissons et des tapas le vendredi soir). Même les spécialistes trouveront sûrement leur bonheur parmi les 30 millions de pièces exposées dans ce gigantesque musée. On peut y passer la journée sans en faire le tour.

◉ CHILDREN'S MUSEUM OF MANHATTAN

☎ 212-721-1234 ; www.cmom.org ; 212 W 83rd St entre Amsterdam Ave et Broadway ; entrée 9 $, moins d'1 an gratuit ; 🕙 10h-17h mer-dim ; 🚇 86th St (1), 81st St-Museum of Natural History (B, C)

Ce musée pour scientifiques en culotte courte compte des centres éducatifs pour bébés et un centre multimédia où les amateurs de technologie en herbe peuvent travailler en studio de télé ; un Inventor Center dernier cri met même à leur portée l'imagerie numérique ou le scanner. La culture new-yorkaise n'est cependant jamais loin. Récemment au programme du musée : une exposition Andy Warhol et des initiatives artistiques interactives autour de William Wegman, Elizabeth Murray et Fred Wilson. En été, les petits adoreront

les roues à eau en plein air,
et des bateaux leur feront découvrir
les phénomènes de la flottabilité
et des courants. Le musée propose
aussi des ateliers le week-end et
parraine des expositions spéciales.

◉ LINCOLN CENTER
☎ 212-875-5900 ; www.newyork
philharmonic.org ; Lincoln Center Plaza,
Broadway à la hauteur de W 64th St ;
◉ 66th St (1) ; ♿ ♨

L'immense Lincoln Center est
une véritable ville miniature :
l'Avery Fisher Hall, où réside le New
York Philharmonic, actuellement
en travaux, jouxte l'Alice Tully Hall,
où officie la Chamber Music Society.
Le New York State Theater accueille
le New York City Ballet (www.nyc
ballet.com) et le New York City Opera
(www.nycopera.com). Le Walter
Reade Theater projette de bons films,
mais ouvre aussi ses portes pour le
New York Film Festival. Mentionnons
aussi les théâtres Newhouse
et Beaumont, la Juilliard School et
le prestigieux Metropolitan Opera
House, avec ses escaliers géants
couverts de tapis rouges.

◉ NEW-YORK HISTORICAL SOCIETY
☎ 212-873-3400 ; www.nyhistory.org ;
2 W 77th St à la hauteur de Central Park
West ; ◷ 10h-18h mar-dim ;
◉ 79th St (1), 81st St-Museum
of Natural History (B, C)

Comme l'illustre l'orthographe
démodée de son nom (le tiret a
disparu), la New-York Historical
Society, fondée en 1804 pour
conserver les objets historiques et
culturels de la ville, est le plus vieux
musée de New York. Il fut également
le seul musée d'art jusqu'à
l'ouverture du Metropolitan à la fin
du XIXe siècle. Souvent ignorées des
touristes qui se pressent à l'American
Museum of Natural History voisin,
ses collections sont cependant aussi
étranges et fascinantes que la ville
elle-même : où, ailleurs qu'ici, verrez-
vous des cloches de vaches du
XVIIe siècle, des hochets et la jambe
de bois du gouverneur Morris ?
L'Henry Luce III Center for the Study
of American Culture, ouvert en 2000,
expose sur près de 2 000 m^2
plus de 40 000 objets empruntés
aux collections permanentes ainsi
que de beaux portraits, des lampes
Tiffany et des maquettes de bateaux.
D'excellentes expositions y ont
également lieu, parmi lesquelles,
récemment : *L'esclavage à New York*
et *Nature et pensée américaine :
l'école de l'Hudson River à la New-York
Historical Society*.

◉ RIVERSIDE PARK
www.riversideparkfund.org ;
Riverside Dr de 68th à 155th Sts ;
◷ 6h-1h ; ◉ toutes les stations
entre 66th St et 157th St (1, 2, 3) ; ♿
Également conçu par Olmsted
et Vaux, ce superbe parc vit dans

l'ombre du célèbre Central Park. S'étalant au nord de l'Upper West Side en bordure de l'Hudson, ce parc boisé et tranquille est pourtant apprécié des familles à cause de ses nombreux sentiers pour vélos et de ses aires de jeux.

🛒 SHOPPING

🏠 CHILDREN'S GENERAL STORE

☎ 212-580-2723 ; 2473 Broadway ; 🕙 10h-18h lun-ven, 11h-18h sam et dim ; 🚇 96th St (1, 2, 3)

Ce magasin vend des animaux en peluche, des déguisements et des puzzles pour tous les budgets. Détail amusant : il se présente comme un supermarché, avec ses poupées et ses jouets disposés comme des boîtes de conserve. Les enfants l'adorent. Il existe aussi une boutique dans Grand Central Terminal, idéal pour faire ses emplettes en attendant le train.

🏠 HARRY'S SHOES

☎ 212-874-2035 ; www.harrys-shoes. com ; 2299 Broadway ; 🕙 10h-18h45 mar, ven et sam, 10h-19h45 lun, mer et jeu, 11h-18h dim ; 🚇 86th St (1)

Sans s'adresser exclusivement aux enfants, Harry's propose une impressionnante collection de belles marques européennes, de quoi chausser les plus petits petons. Les vendeurs utilisent encore une règle en métal

à l'ancienne pour mesurer les pointures. Du jamais vu pour les nouvelles générations !

🏠 LIBERTY HOUSE

☎ 212-799-7640 ; 2466 Broadway près de 92nd St ; 🕙 10h-18h45 lun-mer, 10h-19h45 jeu-ven, 12h-17h45 dim ; 🚇 96th St (1, 2, 3)

Créé à l'initiative d'une coopérative dans les années 1960 pour promouvoir le travail des artisans et des agriculteurs américains, Liberty House conserve encore aujourd'hui ce souci écologique, comme un défi à la mondialisation. Les femmes et les enfants y trouveront des vêtements bio en fibres naturelles (et qui, bien sûr, n'ont pas été fabriqués dans des ateliers clandestins !). Les articles d'importation proviennent directement de collectifs d'artistes et d'artisans qui recourent uniquement à des matériaux recyclés ou non protégés.

🏠 PENNY WHISTLE TOYS

☎ 212-873-9090 ; 448 Columbus Ave entre 81st et 82nd Sts ; 🕙 9h-18h lun-ven, 10h-18h sam, 11h-17h dim ; 🚇 81st St (B, C)

Cette petite boutique de jouets à l'ancienne vend quantité d'articles originaux et de qualité : magnifiques cerfs-volants, trains électriques Brio, marionnettes tchèques, puzzles, déguisements et poupées de collection.

☐ PLAZA, TOO
**☎ 212-362-6871 ; 2231 Broadway
à la hauteur de 79th St ; ⊕ 79th St (1)**
Si Harry's Shoes est trop sobre à
votre goût, vous trouverez sans doute
chaussure (haute couture) à votre
pied dans cette nouvelle boutique
flambant neuve. Inutile de chercher
ailleurs cette marque populaire :
c'est le seul magasin à New York.
Marc Jacobs, Chloé, Adrienne,
Cynthia Rowley, Sigerson Morrison
et bien d'autres y sont représentés,
et pendant les soldes, les réductions
sont souvent de près de 50%.

☐ ZABAR'S
**☎ 212-787-2000 ; www.zabars.com ;
2245 Broadway ; ⊕ 8h30-19h30 lun-ven,
8h-20h sam, 9h-18h dim ; ⊕ 79th St (1)**
Si vous faites des courses chez
Zabar's, institution officieuse de
l'Upper West Side, vous vous croirez
dans un film de Woody Allen. Avec
un surprenant sans-gêne, les clients
se bousculent autour des étals de
succulents produits en discutant
de leur vie, de politique et de
la fraîcheur du poisson comme
s'ils étaient seuls dans le magasin.

🍴 SE RESTAURER
🍴 'CESCA *Italien* $$-$$$
**☎ 212-787-6300 ; 164 W 75th St ;
⊕ dîner ; ⊕ 72nd St (1, 2, 3)**
'Cesca concocte des assiettes
copieuses et savoureuses de pâtes

et de viande, servies à des tables
rustiques dans un décor ocre.
Les escalopes de thon, grillées
à la perfection et baignant dans la
sauce tomate, ainsi que les tendres
morceaux d'agneau valent le détour.
Ceux qui ont un appétit d'oiseau
préféreront les paninis, servis au
bar. L'établissement prépare aussi
d'excellents cocktails.

🍴 CITRUS
*Sushis/Mexicain
/Latino-américain* $$
**☎ 212-595-0500 ; www.citrusnyc.com ;
320 Amsterdam Ave ; ⊕ dîner lun-ven,
déjeuner et dîner sam et dim ;
⊕ 72nd St (1, 2, 3) ; ⊕ Ⓥ**
Relevant le sushi d'une touche
d'exotisme torride à grands renforts
de piments *chipotle* et de poivre
habanero, Citrus aime explorer
les traditions culinaires pour
mieux les bousculer. Résultat :
des recettes surprenantes
et colorées, à l'image du décor.
Moitié bar, moitié restaurant,
les places sont très convoitées.

🍴 JOSIE'S RESTAURANT
Cuisine bio $$
**☎ 212-769-1212 ; 300 Amsterdam Ave ;
⊕ dîner lun-ven, déjeuner et dîner sam
et dim ; ⊕ 72nd St (1, 2, 3) ; ⊕ Ⓥ ⊕**
Les plats bio (dont la carte précise
l'origine) de Josie's lui valent
depuis plus de dix ans la fidélité
d'une clientèle qui réconcilie

les végétariens, les végétaliens et les carnivores. La simplicité du lieu se retrouve dans les assiettes : steaks, salades, excellente cuisine végétarienne. Tout est frais et naturel : un vrai plaisir.

🍴 OUEST
Américain/Français $$$
☎ 212-580-8700 ; www.ouestny.com ; 2315 Broadway ; 🕙 dîner lun-ven, déjeuner et dîner sam et dim ; 🚇 86th St (1) ; ♿

Le jazz en fond sonore a encore ajouté au raffinement de ce lieu aux box rouges tenu par Tom Valenti. Les New-Yorkais vouent à cet établissement une affection durable, notamment pour les assemblages délicats du chef : esturgeon fumé maison à la frisée

---

CIRCUIT GASTRONOMIQUE
Sept restaurants haut de gamme sont disséminés dans le Time Warner Center (p. 173). Quelques adresses : **Rare** (plat à partir de 30 $), vaste restaurant de steaks dirigé par Jean-Georges Vongerichten ; **Per Se** (☎ 212-823-9335 ; menu dégustation 210 $) et sa cuisine américaine créative ; **Café Grey** (☎ 212-823-6338 ; plats 50-75 $), où la France rencontre l'Asie, et le japonais **Masa** (☎ 212-823-9800 ; menu dégustation 325 $) – réservez très longtemps à l'avance.

---

et aux œufs pochés, huîtres rôties aux pommes de terre, et poulet grillé. Tout aussi savoureux, les plats servis au bar sont moins douloureux pour le portefeuille.

🍴 REGIONAL *Italien* $$
☎ 212-666-1915 ; www.eatregional. com ; 2607 Broadway ; 🕙 dîner tlj, déjeuner et dîner sam ; 🚇 96th St (1, 2, 3) ; ♿ Ⓥ 🚻

Les spécialités des vingt régions de l'Italie (comme l'indique son nom) sont servies dans une série de petites assiettes, à moins que vous ne préfériez une délicieuse pizza napolitaine, accompagnée d'entrées, de vin et d'un dessert de la même origine, ou encore les exquises pâtes fourrées au fromage, aux légumes et/ou aux viandes épicées.

🍴 ROPPONGI
Japonais/Sushis $$
☎ 212-362-8182 ; 434 Amsterdam Ave ; 🕙 déjeuner et dîner ; 🚇 79th St (1), 81st St-Museum of Natural History (B, C) ; ♿ Ⓥ 🚻

Quelques classiques de la carte : sashimis aux cinq saveurs d'une tendresse incroyable, nouilles de riz d'une rondeur parfaite et délicatement cuisinées, et rouleaux de sushi accompagnés d'une sauce à la mangue et d'une compote d'orange. Le service est d'une rare gentillesse.

▼ PRENDRE UN VERRE

▼ AMSTERDAM BILLIARDS & BAR

☎ 212-496-8180 ; 334 Amsterdam Ave entre 75th et 76th Sts ; Ⓜ 72nd St (1, 2, 3)

Dominant Amsterdam Ave, ce lieu sympathique et décoré de briques est plus qu'un simple bar, même si les boissons sont préparées avec soin et les tabourets confortables. Les clients viennent surtout pour la collection de tables de billard bien entretenues.

▼ DEAD POET

☎ 212-595-5670 ; 450 Amsterdam Ave ; ◷ 9h-4h lun-sam, 12h-4h dim ; Ⓜ 79th St (1), 81st St-Museum of Natural History (B, C)

Les bonnes pressions (Smithwicks, Blue Moon, Brooklyn Lager) et les hectolitres de whisky irlandais réunissent amateurs de littérature et passionnés de lecture dans ce bar étroit pour feuilleter quelques pages ou comparer leurs interprétations de Proust.

▼ EVELYN LOUNGE

☎ 212-724-2363 ; 380 Columbus Ave ; ◷ 18h-4h lun-ven, 17h-4h sam et dim ; Ⓜ 79th St (1), 81st St-Museum of Natural History (B, C)

Le décor est élégant : les banquettes, sous les lumières tremblotantes, sont longues et luxueuses et une série

de drapés théâtraux adoucit la pierre froide des murs. Ce repaire sexy n'a pas construit sa réputation sur la qualité de sa cuisine de bar, mais est connu pour son salon, au 1er étage, aussi tranquille et romantique en semaine que bondé le week-end.

▼ MARITIME CAFÉ AT PIER 1

☎ 917-612-4330 ; 70th St au niveau de l'Hudson ; Ⓜ 72nd St (1, 2, 3)

Quand le temps s'adoucit, l'esplanade du Riverside Park est astucieusement convertie en café en plein air. À condition de réserver suffisamment à l'avance, vous pourrez déguster vos grillades et vos cocktails de fruits, installé dans des chaises longues, les pieds dans l'herbe. L'endroit est vite pris d'assaut : il n'existe guère de meilleure vue sur le soleil couchant en ville, *a fortiori* avec un service d'une telle qualité. L'été, des concerts ont souvent lieu, et des films sont projetés sous les étoiles au bout du quai *(pier)* adjacent.

▼ SHALEL

☎ 212-799-9030 ; 65 W 70th St entre Central Park West et Columbus Ave ; Ⓜ 72nd St (B, C, 1, 2, 3)

Vous avez envie de faire une expérience mystique ? Rendez-vous au restaurant grec Metsovo : en bas de l'escalier éclairé aux bougies, vous vous retrouverez dans une cave décorée à la manière d'un salon marocain : vous n'aurez plus qu'à vous étendre sur une couchette basse entre les tas de coussins, admirer les lampes votives vacillantes et déguster l'un des nombreux vins épicés. Les plus romantiques opteront pour les petites salles à manger privées.

⭐ SORTIR

⭐ CARNEGIE HALL

☎ 212-903-9750 ; www.carnegiehall. org ; 881 Seventh Ave à hauteur de 57th St ; adulte/moins de 12 ans/senior et étudiant, 9 \$/gratuit/3 \$; 🕙 visites guidées à 11h30, 14h et 15h lun-ven, billets en vente au comptoir de 11h à 15h ; 🚇 Columbus Circle (A, B, C, D, 1), 57th St-Seventh Ave (N, Q, R, W), Seventh Ave (E) ; ♿

Après avoir franchi les arches sous les drapeaux, à l'entrée, on pénètre dans le monde de Toscanini, Tchaïkovski, Ravi Shankar et Frank Sinatra. Le Carnegie a vu passer certains des meilleurs musiciens au monde, et la salle à plusieurs niveaux accueille encore des concerts très appréciés du public.

⭐ CLEOPATRA'S NEEDLE

☎ 212-769-6969 ; www.cleopatras needleny.com ; 2485 Broadway entre W 92nd et 93rd Sts ; 🚇 96th St (1, 2, 3)

Réservé aux couche-tard et aux amateurs de sessions de jam, Cleopatra's Needle ferme rarement avant 4h. Installé au bar, vous embrasserez une vue imprenable sur la scène tout en sirotant une bière pression et en picorant des assiettes d'inspiration méditerranéenne étonnamment savoureuses. L'entrée est gratuite, mais un minimum de 10 \$ s'applique aux boissons et/ou plats. Sachez aussi que certains musiciens n'apprécient guère que l'on discute pendant qu'ils jouent.

Carnegie Hall

⭐ THE DAKOTA
1 W 72nd St au niveau de Central Park West ; Ⓜ 72nd St (B, C) ; ♿

Orné de tours et de pignons, cet immeuble couleur sable semblait aussi loin du centre-ville que le Dakota, selon les mauvaises langues qui le surnommèrent ainsi en 1884. Il fut néanmoins furieusement tendance : Boris Karloff, Rudolf Noureev et Lauren Bacall y logèrent, ainsi que John Lennon qui fut assassiné devant le porche.

⭐ IRIDIUM
☎ 212-582-2121 ; www.iridium jazzclub.com ; 1650 Broadway ; entrée 25-40 $; 🕒 18h30-fermeture ; Ⓜ 50th St (1, C, E)

La cuisine savoureuse, la vue et le jazz raffiné valent bien le prix élevé demandé à l'entrée. La place manque : réservez avant de venir, surtout le lundi et le jeudi, pour les soirées du trio Les Paul et du Mingus Big Band.

⭐ JAZZ AT LINCOLN CENTER
☎ 212-258-9595 ; www.jazzatlincoln center.org ; Time Warner Center, Broadway à la hauteur de 60th St ; Ⓜ 59th St-Columbus Circle (A, B, C, D, 1)

Des trois salles (avec le Rose Theater et l'Allen Room), c'est au Dizzy's Club Coca-Cola, qui propose des concerts en soirée, que vous finirez sans doute. Exception faite de son nom ridicule, cette boîte est un vrai bijou,

réunissant d'excellents artistes new-yorkais ou en tournée. Profitez-en pour admirer la vue magnifique sur Central Park.

⭐ LEONARD NIMOY THALIA
☎ 212-236-5849 ; www.symphony space.org ; 2537 Broadway ; places 7-10 $; 🕒 tlj ; Ⓜ 96th St (1, 2, 3) ; ♿ 🚻

Que diriez-vous d'une double séance de *Fenêtre sur cour* suivi de *Sur les quais* ? Ou de revoir *Règlement de comptes* et *Mean Streets* dans la foulée ? Vous pouvez compter sur le Leonard Nimoy Thalia Theater dans le Symphony Space pour projeter les sélections de films les plus éclectiques et les plus originales de la ville. Un paradis pour cinéphiles.

⭐ SYMPHONY SPACE
☎ 212-864-1414 ; www.symphony space.com ; 2537 Broadway ; Ⓜ 96th St (1, 2, 3) ; ♿ 🚻

Fondé et entretenu grâce à des dons, le Symphony Space est célèbre pour ses programmes de trois journées consacrées à un musicien. La série fut lancée avec Bach, mais Joni Mitchell, Stephen Sondheim, Burt Bacharach et d'autres noms ont été consacrés par la suite. La sélection explore souvent les musiques du monde : Gypsy Kings, Salif Keita, Cesaria Evora et bien d'autres.

HARLEM

Harlem est en train de changer. Il suffit de dresser l'oreille : vous entendez le bourdonnement incessant des travaux ? Il annonce la victoire des gratte-ciel sur les brownstones.

Ce quartier est en perpétuel mouvement. Inspirés par l'arrivée de résidents plus aisés, des boîtes, des restaurants, des espaces de spectacles et des magasins apparaissent régulièrement, pour le plus grand bonheur de la classe moyenne et des commerçants… mais pas nécessairement pour celui des plus modestes et des sans-abri.

Lenox Avenue, la rue principale, rassemble le restaurant Settepani's, le célèbre club de jazz Lenox Lounge, le marché Malcolm Shabazz et d'autres lieux phares de Harlem. À l'ouest, près de l'université de Columbia, se trouvent la Riverside Church, la Cathedral of St John the Divine, et le club de jazz Smoke. Le Harlem historique commence à 125th St et comprend l'Apollo, le Studio Museum et le Schomburg Center. Plus à l'est se dresse El Museo del Barrio, célébrant des artistes populaires portoricains, dominicains et caribéens.

HARLEM

👁 VOIR

Église baptiste
abyssinienne 1 B3
Apollo Theater 2 B4
Cathedral of St John
the Divine 3 A5
El Museo del Barrio 4 C6
General US Grant
National Memorial 5 A4
Hispanic Society
of America 6 A1
Museum of the City
of New York 7 C6
Riverside Church 8 A4
Schomburg Center
for Research
in Black Culture 9 B3
Studio Museum
in Harlem 10 B4

🛍 SHOPPING

125th St Shopping 11 B4
B Oyama Homme 12 B3
Bobby's Happy House .. 13 B4
Jumel Terrace Books 14 A1
Marché
Malcolm Shabazz 15 C5
Pieces of Harlem 16 B3
Scarf Lady 17 B3
Wearable Harlem Art .. 18 C5

🍴 SE RESTAURER

Africa Kine 19 B5
Amy Ruth's
Restaurant 20 B5
Ginger 21 C5
Le Baobab 22 B5
M&G Diner 23 B4

Native 24 B5
Rao's Restaurant 25 D5
River Room of Harlem . 26 A2
Settepani's 27 B4

🍸 PRENDRE UN VERRE

Den 28 C3
MoBay Uptown 29 C4
Revival 30 B4

⭐ SORTIR

Lenox Lounge 31 B4
Moca 32 B5
Perk's 33 B4
Smoke 34 A6
St Nick's Pub 35 A2

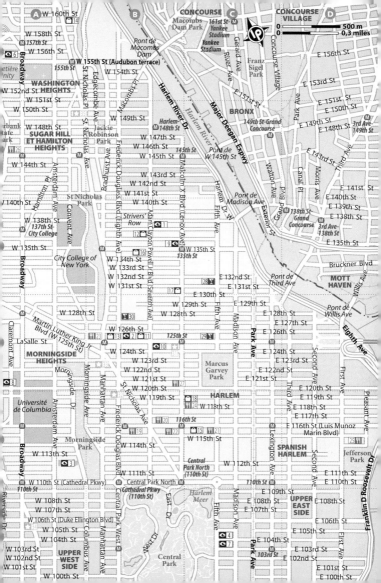

⊙ VOIR

⊙ ÉGLISE BAPTISTE ABYSSINIENNE

☎ 212-862-7474 ; www.abyssinian.org ; 132 Odell Pl (W 138th St) entre Adam Clayton Powell Jr et Malcolm X Blvds ; ⊙ offices 9h et 11h dim ; ⊕ 135th St (2, 3)

Fondée par un homme d'affaires éthiopien, l'église baptiste abyssinienne, installée à l'origine à Downtown, déménagea à Harlem en 1923, afin de suivre le mouvement de la population noire. Calvin O. Butts III, son pasteur charismatique et militant, est une figure majeure dont les politiciens de tout bord recherchent le soutien. L'église possède un chœur magnifique et l'édifice est superbe. Si vous souhaitez la visiter avec plus de dix personnes, la congrégation souhaite que vous appeliez auparavant pour vous assurer qu'il y a suffisamment de places.

⊙ APOLLO THEATER

☎ 212-531-5337 ; 5253 W 125th St à la hauteur de Frederick Douglass Blvd ; visites lun-ven/sam-dim 12/14 $; ⊙ visites 11h, 13h et 15h lun, mar et ven, 11h, 13h sam et dim ; ⊕ 125th St (A, B, C, D)

Depuis 1914, l'Apollo est le premier lieu de rassemblements politiques et de concerts de Harlem. Presque tous les grands artistes noirs de renom

des années 1930 et 1940 y ont joué, dont Duke Ellington et Charlie Parker. Abandonné et transformé en cinéma, puis oublié pendant quelques années, l'Apollo a été racheté en 1983. Après deux ans de rénovation (la première partie d'un projet à plus long terme), l'Apollo a retrouvé toute sa splendeur, avec sa façade restaurée, son fronton, sa devanture de verre et d'acier et son guichet flambant neuf. Sa célèbre "Amateur Night", où "naissent les stars et les légendes", a toujours lieu le mercredi, devant un public surexcité (on viendrait presque pour regarder les spectateurs). Les autres jours, l'Apollo accueille des artistes de la trempe de Stevie Wonder et des O'Jays.

⊙ CATHEDRAL OF ST JOHN THE DIVINE

☎ 212-316-7540 ; www.stjohndivine. org ; 1047 Amsterdam Ave à la hauteur de 112th St ; ⊙ 7h-18h lun-sam, 7h-19h dim ; ⊕ 110th St (1) ; ♿

Centre spirituel et artistique cher au cœur des habitants de Manhattan, la cathédrale possède une nef massive arborant un mélange harmonieux de styles néoroman et néogothique. Commencée en 1892, elle n'est toujours pas achevée. À en croire le planning, les tours de la cathédrale devraient recevoir la touche finale d'ici 2050.

◉ EL MUSEO DEL BARRIO

☎ 212-831-7272 ; www.elmuseo.org ;
**1230 Fifth Ave à la hauteur de 104th St ;
contribution conseillée adulte/senior et
étudiant, 6 $/4 $, moins de 12 ans gratuit,
senior gratuit jeu ;** ◷ **11h-17h mer-dim ;**
◉ **110th-Lenox Ave (2, 3) ;** ♿
À la confluence entre la culture
portoricaine new-yorkaise et le
mouvement pour les droits civiques
dans East Harlem (ou Spanish
Harlem), El Museo demeure
le seul musée de la ville consacré
aux œuvres d'origine portoricaine
et d'Amérique latine. Sa collection
permanente réunit, entre autres,
des objets précolombiens et
tainos, sans oublier les expositions
temporaires, souvent passionnantes.

◉ GENERAL US GRANT NATIONAL MEMORIAL

☎ 212-666-1640 ; www.nps.gov/gegr ;
Riverside Dr à la hauteur de W 122nd St ;
◷ **9h-17h ;** ◉ **125th St (1)**
Généralement appelé "la tombe
de Grant", ce monument renferme
les dépouilles d'Ulysses S. Grant,
président et héros de la guerre de
Sécession, et de sa femme Julia.
Achevée en 1897 (douze ans après
sa mort), la structure de granit
coûta 600 000 $; c'est le plus grand
mausolée du pays. Construit sur
le modèle du tombeau de Mausole
à Halicarnasse, il ne brille
cependant pas par son esthétique.
L'édifice, défiguré par les graffitis,

se détériora pendant des années
jusqu'à ce que la famille de Grant
contraigne l'administration des
parcs nationaux, honteuse, à le
nettoyer, en menaçant de déplacer
les cendres de leur ancêtre.

◉ HISPANIC SOCIETY OF AMERICA

☎ 212-926-2234 ; www.hispanicsociety.
org ; **Audubon Tce sur Broadway entre
155th et 156th Sts, Washington Heights ;
contribution conseillée ;** ◷ **10h-16h30
mar-sam, 13h-16h dim ;** ◉ **Broadway-
157th St (1) ;** ♿
En attendant de quitter les hauteurs
septentrionales de Manhattan pour
le centre-ville, l'Hispanic Society
souhaite attirer l'attention sur
sa remarquable collection de Goya,
de Velázquez, de Sorolla et du Greco.
D'ici là, vous admirerez les maîtres
espagnols dans une relative solitude.

◉ MUSEUM OF THE CITY OF NEW YORK

☎ 212-534-1672 ; www.mcny.org ;
**1220 Fifth Ave à la hauteur de 103rd St ;
contribution conseillée ;** ◷ **10h-17h mar-
dim ;** ◉ **110th St-Lenox Ave (2, 3) ;** ♿
La collection de lithographies, de
photographies, de bandes dessinées
et de vêtements explore l'histoire
des cinq boroughs. Les expositions
se penchent sur toutes les facettes
de la vie new-yorkaise, des skateurs
de Brooklyn aux célèbres architectes
de la ville.

◉ RIVERSIDE CHURCH

☎ 212-870-6700 ; www.theriverside churchny.org ; 490 Riverside Dr à la hauteur de 120th St ; ⏱ 7h-22h par l'entrée sur Claremont Ave, centre d'information 10h-19h mer ; Ⓜ 116th St (1) ; ♿

Renommée pour savoir concilier convictions religieuses et prises de position progressistes, la Riverside Church a vu passer Martin Luther King Jr, Fidel Castro et Nelson Mandela, qui ont pris la parole à la chaire de l'église.

◉ SCHOMBURG CENTER FOR RESEARCH IN BLACK CULTURE

☎ 212-491-2200 ; www.nypl.org/ research/sc/sc.html ; 515 Malcolm X Blvd ; ⏱ 12h-20h mar et mer, 12h-18h jeu et ven, 10h-18h sam ; Ⓜ 135th St (2, 3)

C'est la plus vaste collection de documents, livres rares, enregistrements et photographies relatives à l'histoire des Noirs de tout le pays. Arthur Schomburg, né à Porto Rico, commença à rassembler des œuvres sur ce sujet au début du XXe siècle, tout en militant pour les droits civiques et l'indépendance de son pays. Son impressionnante collection fut acquise par la Carnegie Foundation et s'élargit avant d'être confiée à cette annexe de la New York Public Library. Des conférences et des concerts ont lieu régulièrement dans le théâtre de ce centre, proche de W 135th.

◉ STUDIO MUSEUM IN HARLEM

☎ 212-864-4500 ; www.studiomuseum. org ; 144 W 125th St à la hauteur de Adam Clayton Powell Blvd ; contribution conseillée ; ⏱ 12h-18h mer-ven et dim, 10h-18h sam ; Ⓜ 125th St (3), 125th St-Lexington Ave (4, 5, 6) ; ♿

Mélange éclectique d'œuvres d'artistes noirs et caribéens, expositions sur l'expressionnisme abstrait ou la B.D. politique… Ce musée tord le cou à l'idée selon laquelle la première moitié du XXe siècle n'a vu émerger aucun grand artiste noir en Amérique.

🛍 SHOPPING

▣ BOBBY'S HAPPY HOUSE

☎ 212-663-5240 ; 2335 Frederick Douglass Blvd ; ⏱ 11h-20h ; Ⓜ 125th St-Nicholas Ave (A, B, C, D)

Cette boutique historique de Harlem est spécialisée dans les rythmes gospels. Le propriétaire, Bobby Robinson, a travaillé avec Elmore James, et produit et baptisé Gladys Knight & the Pips. Du rythm and blues, du blues et quelques albums funk complètent le rayon gospel.

▣ B OYAMA HOMME

☎ 212-234-5128 ; www.boyama homme.com ; 2330 Adam Clayton Powell Blvd à la hauteur de 136th St ; ⏱ 14h-20h lun, 11h-20h mar-ven, 10h30h-18h sam, fermé dim ; Ⓜ 135th St (C)

Surnommé le "Haberdasher de Harlem," Bernard Oyama arbore des costumes bicolores, d'élégants feutres et des chaussures à l'avenant. Dans sa boutique, les costumes de tailleurs côtoient un choix de chemises et mille accessoires : cravates, pochettes, gants, boutons de manchettes, bretelles…

🏠 JUMEL TERRACE BOOKS
☎ 646-472-5938 ; www.jumelterrace books.com ; 426 W 160th St ; ⏾ sur rendez-vous uniquement ; 🚇 163rd St-Amsterdam Ave (1)

Occupant une résidence historique, cette librairie est spécialisée dans la littérature africaine et afro-américaine, et l'histoire de Harlem. Vous devrez prendre préalablement rendez-vous, mais si vous aimez les livres rares, ne manquez pas cette occasion de faire vos achats dans une magnifique demeure.

🏠 MARCHÉ MALCOLM SHABAZZ
☎ 212-987-8131 ; 52 W 116th St ; ⏾ 10h-17h ; 🚇 116th St (2, 3)

Après avoir déniché des objets artisanaux africains, des huiles essentielles, de l'encens, des vêtements traditionnels, des CD et des vidéos dans ce marché en plein air, les habitants de Harlem aiment se rendre au marché au poisson voisin pour y déguster sur le pouce les poissons du jour avec des frites.

🏠 PIECES OF HARLEM
☎ 212-234-1725 ; 228 W 135th St ; ⏾ 12h-18h dim et lun, 11h-19h mar-jeu, 11h-20h ven et sam ; 🚇 135th St (2, 3)

Tenu par le couple qui ouvrit le premier magasin Pieces à Brooklyn, cette nouvelle boutique rassemble la même collection hétéroclite de vêtements et d'accessoires sélectionnés auprès de couturiers new-yorkais et américains : robes sexy à dos nu, chemisiers à froufrous et nombre d'accessoires branchés et uniques en leur genre.

🏠 SCARF LADY
☎ 212-862-7369 ; 408 Lenox Ave ; ⏾ 11h30h-19h mar-sam ; 🚇 125th St (2, 3)

Paulette Gay, alias "lady Foulard", tient une petite boutique débordant de centaines de foulards, chapeaux et autres accessoires multicolores et faits main.

🏠 WEARABLE HARLEM ART
☎ 212-987-2500 ; 174 Lenox Ave entre 118th et 119th Sts ; ⏾ 11h30-19h lun-ven, 11h-19h sam, 12h-18h dim ; 🚇 116th St (2, 3)

Dans une ambiance sereine, cette boutique vend, sur de superbes tables d'époque, des vêtements de couturier et des souvenirs. Vous y dénicherez un tee-shirt ou un sac fourre-tout imprimé arborant des profils féminins coiffés afro, ou des casquettes, des tasses et des napperons estampillés "Harlem".

🍴 SE RESTAURER

🍴 AFRICA KINE RESTAURANT

Sénégalais/Marocain $-$$

☎ 212-666-9400 ; www.africakine.com ; 256 W 116th St ; 🕑 déjeuner et dîner ; 🚇 116th St (B, C) ; 🚻

Parmi les premiers restaurants apparus sur ce segment de W 116th St connu aujourd'hui sous le nom de Little Senegal, Kine concocte les meilleurs *Thu Yap* et *Thiebu Djeun* de New York. Les plats d'agneau et de poisson, servis avec de grands bols de riz brun, des légumes à l'ail et parfois du couscous, sont un régal, comme en témoignent les foules de Sénégalais qui s'y pressent au déjeuner. Installé au 2ᵉ étage, Kine ne paie pas de mine, mais ne vous y fiez pas : c'est une adresse de choix pour les amateurs de cuisine africaine.

🍴 AMY RUTH'S RESTAURANT

Cuisine artisanale du Sud/Afro-américain du Sud $-$$

☎ 212-280-8779 ; www.amyruthsrestaurant.com ; 113 W 116th St ; 🕑 petit déj, déjeuner et dîner dim-jeu, 24h/24 ven et sam ; 🚇 116th St (2, 3) ; 🚻 🚻

La réputation des gaufres d'Amy Ruth est telle que les clients affluent – et le choix ne manque pas : chocolat, fraise, myrtille ou poulet frit. Mais en semaine, quand le restaurant est plus calme, essayez aussi les ignames confites, le poisson frit au gombo ou le gâteau au chou frisé.

🍴 GINGER *Chinois* $$

☎ 212-423-1111 ; www.gingerexpress.com ; 1400 Fifth Ave ; 🕑 dîner ; 🚇 116th St (2, 3, 6) ; 🚻 Ⓥ 🚻

Avec ses plats sains, Ginger a réconcilié les habitants d'Harlem avec la cuisine chinoise – et Dieu sait que le quartier revenait de loin ! La jolie façade en brique laisse place à un décor de couleur pourpre où la cuisine ouverte permet d'observer la préparation des côtelettes, du riz frit aux crevettes ou au poulet et aux brocolis.

🍴 LE BAOBAB

Sénégalais $

☎ 212-864-4700 ; 120 W 116th St ; 🕑 déjeuner et dîner ; 🚇 116th St (2, 3) ; Ⓥ

Faufilez-vous parmi les chauffeurs de taxi, les conducteurs de bus, les ouvriers des chantiers et les marchands qui font la clientèle habituelle de cette adresse accueillante. De l'avis général, Le Baobab est l'un des meilleurs (voire le meilleur) restaurants d'Harlem.

🍴 M & G DINER

Afro-américain $

☎ 212-864-7326 ; 383 W 125th St ; 🕑 8h-minuit ; 🚇 125th St (2, 3) ; 🚻

Se spécialise dans la cuisine afro-américaine, plus facile à dire qu'à faire. Les vrais gourmets le savent bien : chez M & G Diner, les chefs sont des champions du poulet frit, et leurs viandes braisées sont d'une incroyable tendreté.

🍴 NATIVE
Marocain/Caribéen $-$$

☎ 212-665-2525 ; 161 Lenox Ave ; 🕑 dîner ; ⓜ 116th St (2, 3) ; ♿ 👶
La grillade prend ici le pas sur la friture. Voilà pourquoi le poulet sauté au cumin, les beignets de banane plantain, les crevettes au curry de coco et le poisson-chat poêlé si légers et croustillants. La terrasse est agréable, mais les tables à l'intérieur, éclairées aux chandelles, sont plus romantiques.

Native

🍴 RAO'S RESTAURANT
Italien $$$

☎ 12-722-6709 ; www.raos.com ; 455 E 114th St ; 🕑 dîner lun-ven, réservation indispensable ; ⓜ 116th St (6) ; ♿
Dîner chez Rao's n'est pas une mince affaire. Pour réserver, vous ne pouvez compter que sur votre bonne étoile. Préparant des clams, des *ziti* et des lasagnes depuis 1896, Rao's est une institution, un monument national, le vestige d'un New York disparu. Faute d'y obtenir une table, prenez un verre au bar : vous ne le regretterez pas.

🍴 RIVER ROOM OF HARLEM
Américain $$-$$$

☎ 212-491-1500 ; www.riverroomof harlem.com ; Riverside Dr à la hauteur de 145th St ; 🕑 déjeuner jeu-sam, dîner mar-sam, brunch jazz dim ; ⓜ 145th St (1) ; ♿
D'abord la vue : au nord, le pont George Washington et au sud, toute l'étendue de l'Hudson. Puis la cuisine, succulente : steak grillé au paprika, crevettes géantes en sauce, maïs et gombo au poisson du marché. Il ne vous reste plus qu'à vous laissez aller au rythme de la fusion, de l'acid ou du jazz, et vous ne tarderez pas à adopter cette adresse sympathique et détendue.

🍴 SETTEPANI'S
Américain/Italien $-$$

☎ 917-492-4806 ; www.settepani.com ; 196 Lenox Ave ; 🕑 déjeuner et dîner ; ⓜ 116th St (2, 3) ; ♿ Ⓥ 👶

Les cafés de ce type fleurissent un peu partout à Harlem, mais le charmant Steppani's se démarque tout particulièrement par beau temps : son store couleur rouille flotte dans la brise qui parcourt la vaste Lenox Avenue, et des clients de tous les milieux viennent savourer ses salades, ses sandwichs, ses quiches et ses desserts. Le service est parfois un peu lent, mais les clients sont rarement pressés.

☓ PRENDRE UN VERRE

☓ DEN

☎ 212-234-3045 ; www.thedenharlem.com ; 2150 Fifth Ave près de 132nd St ; ⏰ 18h-2h lun-ven, 20h-4h sam,11h-5h dim ; ◉ 135th St (2, 3)

Cette séduisante adresse est peuplée de clients sexy venus pour rire, boire, manger et parfois s'emparer du micro (le mercredi). En partie galerie d'art (des peintres new-yorkais sont exposés sur le murs), moitié bar à gin (essayez l'Uncle Tom Collins) et moitié restaurant (la carte combine côtelettes et sushis), le Den, qui occupe le 1er étage d'un brownstone restauré, est également une réussite esthétique. Musique live le week-end ; et tous les mois "Black Film" le vendredi et "Kung Foo'd" le samedi.

☓ MOBAY UPTOWN

☎ 212-876-9300 ; www.mobayrestaurant.com/harlem/home.htm ; 17 W 125th St ; ⏰ 11h-23h lun-mer, 11h-minuit et demi jeu-sam, 11h-22h dim ; ◉ 125th St (A, C, E, 2, 3)

Rattaché au MoBay's de Brooklyn, ce restaurant caribéen relève ses plats jamaïcains, haïtiens et végétariens d'une pointe de jazz. Des concerts ont lieu tous les soirs, du mardi au dimanche, de 20h à minuit, dans la salle où vous pouvez aussi picorer des en-cas. Le dimanche est consacré au "gospel brunch" de 11h à 17h, après quoi un groupe s'empare de la scène dans la soirée.

☓ REVIVAL

☎ 212-222-8338 ; www.harlemrevival.com ; 2367 Frederick Douglass Blvd à la hauteur de 127th St ; ⏰ déjeuner mar-ven, dîner tlj, brunch sam et dim, happy hour tlj 17h-19h ; ◉ 125th St (A, C, E)

Profitez de l'happy hour (deux verres pour le prix d'un) pour commander la spécialité, le cocktail Harlem Hazelnut au Frangelico, et un Martini au chocolat baptisé d'après Frederick Douglass. Comparez : ils sont délicieux ! Revival est un restaurant distingué et haut de gamme, une bonne adresse pour s'offrir un verre à n'importe quelle heure de la soirée.

⭐ SORTIR

⭐ LENOX LOUNGE

☎ 212-427-0253 ; www.lenoxlounge.com ; 288 Malcolm X Blvd entre 124th et 125th Sts ; 🕙 12h-4h ; Ⓜ 125th St (2, 3)
La salle, arborant un style Art déco, accueille régulièrement des célébrités. Particulièrement cher au cœur des jazzophiles new-yorkais, son cadre magnifique et historique ravira aussi ceux qui veulent simplement boire un verre. Ne manquez pas la luxueuse Zebra Room à l'arrière.

⭐ MOCA

☎ 212-665-8081 ; 2210 Frederick Douglass Blvd à la hauteur de 119th St ; 🕙 17h-2h lun-jeu, 17h-4h ven et sam, 17h-minuit dim ; Ⓜ 116th St (2, 3), 116th St-Columbia University (1)
Économisez votre énergie : à Moca, vous en aurez besoin ! Les gigantesques amplis (pas de musique live) ne ménagent pas les danseurs, surtout le week-end où dominent reggae, salsa et hip-hop. Ne vous laissez pas refroidir par la sécurité à l'entrée : tout le monde y passe. Deux boissons minimum le week-end, mais une happy hour est aussi proposé le soir.

⭐ PERK'S

☎ 212-666-8500 ; 553 Manhattan Ave à la hauteur de 123rd St ; 🕙 16h-4h lun-sam ; Ⓜ 125th St (2, 3)

Le week-end, le déhanchement est de mise : la piste de danse est prise d'assaut tandis que le DJ balance de la musique fusion. En semaine, la tension retombe et les meilleurs artistes de jazz de New York prennent possession de la scène. L'adresse est à noter précieusement.

⭐ SMOKE

☎ 212-864-6662 ; 2751 Broadway près de 106th St ; 🕙 17h-4h ; Ⓜ 103rd St (1)
Installé au milieu de nulle part (au nord d'Upper East Side mais pas encore au cœur d'Harlem), Smoke a pourtant su séduire par son accueil chaleureux. Alangui dans les canapés duveteux encadrés par de longs drapés, on se sent comme à la maison. Les boissons bon marché lui valent aussi la fidélité des étudiants du coin.

⭐ ST NICK'S PUB

☎ 212-283-9728 ; www.stnicksjazzpub.com ; 773 St Nicholas Ave à la hauteur de 149th St ; 🕙 19h jusque tard ; Ⓜ 145th St (A, B, C, D)
Créé en 1940 par le pianiste de Duke Ellington, St Nick's a lancé la carrière de Billie Holiday, Sonny Rollins et d'autres grands noms. L'établissement perpétue la tradition : le lundi et le mercredi, le micro est ouvert (sous le contrôle attentif du gérant). Cette adresse sans chichi offre l'occasion d'entendre des bœufs remarquables, installé dans l'un des bars les plus confortables de la ville.

>BROOKLYN

Le borough le plus peuplé de New York, succession de brownstones, de gratte-ciel, de rue pavées et d'autoroutes étroites, héberge un mélange éclectique de yuppies branchés, de classes moyennes originaires d'Amérique latine, de familles caribéennes et de nouveaux venus d'Europe de l'Est. Étourdissant, et parfois étouffant, le quartier invite à l'exploration.
Pour découvrir le Brooklyn historique, commencez par traverser l'East River depuis Manhattan. Flânez dans le magnifique dédale d'usines reconverties et de demeures anciennes, puis choisissez l'un des fabuleux restaurants de Carroll Gardens, Red Hook ou Cobble Hill. Park Slope, chic et décontracté, apprécié des gays, rappelle Manhattan ; autre destination plus excentrique, Coney Island vous attend avec ses foires aux monstres et son grand 8 des années 1920.

BROOKLYN

◎ VOIR
111 Front Street Galleries	1	G4
Brooklyn Historical Society	2	F4
Coney Island Boardwalk	3	A6
DUMBO Arts Center	4	G4
New York Transit Museum	5	F5
Pierogi 2000	6	G2
Prospect Park	7	E3
Roebling Hall	8	G2
Schroeder Romero	9	G2

⬛ SHOPPING
3R Living	10	E6
Academy Records and CDs	11	G2
Amarcord	12	G2
Brooklyn Artisans Gallery	13	F5
Clothier Brooklyn	14	F6
Dear Fieldbinder	15	F5
Ghostown	16	G2

Jacques Torres Chocolate	17	G4
Loopy Mango	18	G4
Prague Kolektiv	19	G4
Sahadi's	20	F5
Spring Gallery Store	21	G4

🍴 SE RESTAURER
360	22	D4
Al di La	23	E6
Applewood	24	D3
Blue Ribbon Sushi Brooklyn	25	E6
Bubby's Brooklyn	26	G4
Chestnut	27	E5
Dumont	28	G2
Frankie's 457 Sputino	29	E5
Good Fork	30	D4
Grimaldi's	31	G4
Grocery	32	E5
Nathan's Famous Hot Dogs	33	A5
Pedro's Restaurant	34	G4
Peter Luger	35	F2
Pies-n-Thighs	36	G2
River Cafe	37	G4
Totonno's	38	A5

🍸 PRENDRE UN VERRE
68 Jay St	39	G4
Abilene	40	E5
Alligator Lounge	41	G3
Bar 4	42	D3
Bar Reis	43	E6
Cattyshack	44	E6
Ginger's	45	E6
Low-Bar	46	G4
O'Connors	47	F6
Spuyten Duyvil	48	G2
Superfine	49	G4
Waterfront Ale House	50	F4

⭐ SORTIR
Bar Below	51	F5
Barbes	52	D6
Brick Theater	53	G3
Galapagos Art Space	54	G2
St Ann's Warehouse	55	G4

Carte p. 220-221

⊙ VOIR

⊙ 111 FRONT STREET GALLERIES

www.frontstreetgalleries.com ; 111 Front St près de Washington St ; ⊕ High St (A, C)

Cet édifice est immédiatement reconnaissable à la bannière orange qui orne l'entrée. Il héberge plus de onze artistes et organisations artistiques indépendants, chacun disposant d'un bureau ou d'un atelier séparé. Les visiteurs y sont cordialement invités à se promener et à observer leurs réalisations, mais les heures d'ouverture sont variables.

⊙ BROOKLYN HISTORICAL SOCIETY

☎ 718-222-4111 ; www.brooklyn history.org ; 128 Pierrepont St ; ⏱ 10h-17h mer-dim ; ⊕ Court St (M, R), Borough Hall (2, 3, 4, 5)

Construit en 1881 dans le style Queen Anne (imitation du style anglais fin XVIIe), et rénové en 2002, ce bâtiment sur quatre niveaux est un bijou. Il abrite une bibliothèque (possédant 33 000 photos numérisées), un auditorium et un musée consacré à ce borough. La fondation propose plusieurs marches guidées dans Brooklyn (certaines gratuites) et organise parfois une excursion en bus jusqu'à Navy Yard, près du fleuve.

⊙ CONEY ISLAND BOARDWALK

www.coneyisland.com ; 1000 Surf Ave ; ⊕ Stillwell Ave (D, N, Q, F)

Les jours de Coney Island, au charme kitsch et un peu désuet, sont comptés : un promoteur l'a déjà privé de ses plus célèbres sites, dont le parc d'attractions Astroland. Cette métamorphose prévoit l'installation de manèges flambant neufs et de hauts immeubles d'habitation. Cependant, ni la communauté russe du quartier, ni les fabuleuses plages de l'Atlantique n'ont changé ; vous les découvrirez en flânant sur les planches ("boardwalk").

⊙ DUMBO ARTS CENTER

☎ 718-694-0831 ; www.dumboarts center.org ; 30 Washington St ; ⏱ 12h-18h jeu-lun ; ⊕ High St (A, C)

Une des meilleures galeries d'art de Washington St, également responsable du D.U.M.B.O. Arts Festival organisé chaque année. Il permet de découvrir en un coup d'œil les artistes du quartier et expose en permanence différentes œuvres.

⊙ NEW YORK TRANSIT MUSEUM

☎ 718-694-1600 ; www.mta.info/mta/ museum ; Boerum Pl à la hauteur de Schermerhorn St ; entrée 5 $, certaines visites 15 $; ⏱ 10h-16h mar-ven, 12h-17h sam et dim ; ⊕ Borough Hall (2, 3, 4, 5), Court St (M, R)

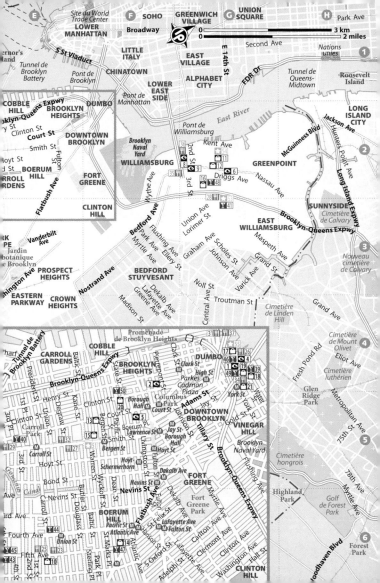

Occupant une ancienne station de métro construite en 1936 (et désaffectée depuis 1946), ce musée revient sur plus de cent ans d'histoire du métro new-yorkais. Les enfants adoreront les maquettes d'anciens métros, les sièges de conducteur et la présentation chronologique des tourniquets datant de la fin du XIXe siècle. Recommandons surtout la plate-forme, en bas, où chacun peut grimper dans les treize wagons d'origine remontant à 1904, époque à laquelle le Brooklyn Union Elevated Car arborait des sièges en osier vert et cramoisi.

⊙ PIEROGI 2000
☎ 718-599-2144 ; 177 N 9th St entre Bedford Ave et Driggs Ave ; ☽ 12h-18h jeu-lun ; ⊕ Bedford Ave (L)
Comptant parmi les pionniers de Williamsburg, Pierogi 2000 a très tôt bâti sa réputation en exposant par roulements quelque huit cents artistes, et en mettant à la disposition du public dessins et autres créations (ainsi que des gants blancs pour les manier). La salle du fond est un lieu de rencontre qui accueille des réunions culturelles.

⊙ PROSPECT PARK
www.prospectpark.org ; Grand Army Plaza ; ☽ 5h-13h ; ⊕ Grand Army Plaza (2, 3), 15th St-Prospect Park (F) ; ♿
Conçue par Olmsted et Vaux, mais moins célèbre que Central Park,

cette oasis verdoyante n'a pourtant rien à lui envier. Ses 300 hectares englobent le somptueux jardin botanique de Brooklyn, de nombreux lacs, des sentiers de vélo et de jogging, des prairies… L'arche à l'entrée, sur Grand Army Plaza, près du Brooklyn Museum et de la Brooklyn Public Library, est l'un des monuments distinctifs du borough.

⊙ ROEBLING HALL
☎ 718-599-5352 ; www.roeblinghall.com ; 390 Wythe Ave à la hauteur de S 4th St ; ☽ 12h-18h lun-ven, ou sur rendez-vous ; ⊕ Marcy Ave (J, M, Z), Bedford Ave (L)
En sept ans, Roebling a largement contribué à la promotion de l'art à Brooklyn en exposant photographies, peintures, installations vidéos et films, sans négliger les artistes étrangers ; au moment de la rédaction, il accueillait dix-neuf artistes originaires de dix pays.

⊙ SCHROEDER ROMERO
☎ 718-486-8992 ; 173A N 3rd St à la hauteur de Bedford Ave ; ☽ 12h-18h lun-ven, ou sur rendez-vous ; ⊕ Bedford Ave (L)
Explorant les œuvres à connotation sociopolitique d'artistes émergeants et en milieu de carrière, la directrice de la galerie, Lisa Schroeder, a présenté certaines des expositions les plus médiatiques de ces dernières années. On a ainsi pu

LE FERRY DE STATEN ISLAND

Les cheveux dans le vent, le pont désert, la vue embrassant tout Lower Manhattan, la statue de la Liberté et Ellis Island, et tout cela gratuitement ! Le **Staten Island Ferry** (☎ 718-815-BOAT ; www.nyc.gov/html/dot/html/masstran/ferries/statfery.html ; Whitehall Terminal, au niveau de Whitehall et South St ; gratuit ; ⏰ 24h/24 ; ♿) est sans conteste la meilleure affaire de New York.

de vos piles, crayons de maquillage, cartouches d'imprimante laser, CD et téléphones portables.

ACADEMY RECORDS AND CDS

☎ 718-218-8200 ; 96 N 6th St près de Wythe Ave ; ⏰ 12h-20h dim-jeu, 12h-22h ven et sam ; Ⓜ Bedford Ave (L)
Chaque recoin de cet établissement branché déborde de vinyles, CD, et même de vieux DVD. Entre les rayonnages se croisent des fans de musique à la recherche de la perle rare.

y observer des œuvres déroutantes, comme le passage d'homme à femme d'un artiste. Autre création étonnante : *Proof of Mary,* une œuvre réalisée avec des pierres tombales.

🛍 SHOPPING

🛍 3R LIVING

☎ 718-832-0951 ; 276L 5th Ave, près de Garfield Pl ; ⏰ 11h-19h dim-mer, 11h-20h jeu-sam ; Ⓜ Union St (M, R)
Enfin un magasin qui concilie design et respect de l'environnement sans sacrifier les trois R (Réduction, Réutilisation et Recyclage) ! Débordant d'idées astucieuses pour la maison, la boutique met l'accent sur les produits "verts" importés dans le respect du commerce équitable et comporte même un centre de recyclage où vous pourrez vous débarrasser

🛍 AMARCORD

☎ 718-963-4001 ; 223 Bedford Ave près de N 5th St ; ⏰ 12h-20h ; Ⓜ Bedford Ave (L)
De ses voyages sur le vieux continent, le propriétaire rapporte des robes, des sacs et des chaussures vintage européens d'occasion que s'arrachent les *fashion victims* de Manhattan.

🛍 BROOKLYN ARTISANS GALLERY

☎ 718-330-0343 ; 221A Court St ; ⏰ 11h-19h mer-sam, 11h-18h dim ; Ⓜ Bergen St (F, G)
Dirigé en coopérative, ce magasin vend les babioles fabriquées par les artisans des environs : foulards, cadres, bijoux, sacs à main, peintures et serre-livres en verre et en forme de chien ou de chat…

🏠 CLOTHIER BROOKLYN
☎ 718-623-2444 ; 44 5th Ave près de Dean St ; 🕐 11h-20h mar-sam, 12h-18h dim ; 🚇 Atlantic Ave (B, Q, 2, 3, 4, 5)
Du jean pour vous habiller de pied en cap, quelles que soient votre silhouette et votre taille.

🏠 DEAR FIELDBINDER
☎ 718-852-3620 ; www.dearfieldbinder.com ; 198 Smith St près de Baltic St ; 🕐 11h-19h ; 🚇 Bergen St (F, G)
Situé sur la célèbre Smith St, ce magasin aux murs blancs réunit des grands noms de la couture comme A Cheng, et aussi de jeunes talents (Wendy Hil, Para Gabia, Tom K Nguyen). Les collections sont hétéroclites mais classiques.

🏠 GHOSTOWN
☎ 718-387-0990 ; 335 Grand St près de Havemeyer St ; 🕐 12h-20h ; 🚇 Marcy Ave (J, M, Z), Metropolitan Ave-Lorimer St (G, L)
Dans un cadre un peu désuet, ce magasin de vêtements jeunes de marques locales, pour hommes et pour femmes, se transforme en club certains soirs de la semaine. Pour connaître le programme des réjouissances, mieux vaut se renseigner auprès des propriétaires.

🏠 JACQUES TORRES CHOCOLATE
☎ 718-875-9772 ; www.mrchocolate.com ; 66 Water St, Dumbo ; 🕐 9h-19h lun-sam ; 🚇 High St (A, C)

Gourmandises chez Jacques Torres Chocolate

Oyunchimeg Blease,
Propriétaire d'une bodega, Brooklyn

Ce que vous préférez dans votre quartier ? Les loyers sont encore abordables !
Ce qui a changé à New York depuis cinq ans ? La ville s'est diversifiée,
je trouve. Dans mon quartier, aux environs de Flatbush Ave, il y avait surtout
des Afro-Américains. Aujourd'hui, on rencontre beaucoup d'Asiatiques. **À quoi
ressemblera votre quartier dans cinq ans ?** Plus métissé. On verra des Africains
et des Asiatiques, mais peu d'Européens. **Un piège à touriste qui vaut tout de
même le voyage ?** Quand mes amis et ma famille viennent de Mongolie, je leur
dis d'aller voir la statue de la Liberté. **Votre saison préférée ?** L'été. Je peux aller
à Jones Beach et nager. **Ce que vous préférez à New York ?** Les gratte-ciel.
Avant d'arriver ici, je n'en avais jamais vu. Je passe encore mon temps le nez
en l'air à me demander comment ils les construisent.

JT, chocolatier professionnel, veille sur ce petit magasin à l'européenne et les trois tables de son café. Les chocolats sont les plus fondants et les plus originaux que l'on puisse imaginer. Dégustez-les dans l'Empire Fulton Ferry State Park, en admirant la vue qui s'étend du pont de Brooklyn à celui de Manhattan. Les chocolats sont également disponibles sur Internet, ainsi qu'au Chocolate Bar (p. 126) dans le Meatpacking District.

☐ LOOPY MANGO
☎ 718-222-0595 ; www.loopymango. com ; 68 Jay St (et 117 Front St) ; 🕙 12h-20h mar-sam, 12h-19h dim ; ⑭ High St (A, C)

Née de l'imagination de Waejong Kim, spécialiste du crochet, et de l'artiste Anna Pulvermakher, Loopy Mango vend les créations de Waejong (vêtements et accessoires uniques en crochet), et les bijoux et accessoires d'Anna, alliant bois et crochet. Les deux femmes ont ouvert un second magasin dans Front St ; d'autres designers, comme Cynthia Rowley et Vera Wang, sont aussi représentés.

☐ PRAGUE KOLEKTIV
☎ 718-260-8013 ; 143B Front St près de Jay St ; 🕙 12h-19h mar-ven, 11h-19h sam et dim, fermé lun ; ⑭ High St (A, C)

Chaises en laque rouge, tables ornées de chrome et articles

tchèques rétro vous attendent dans cette adresse spécialisée dans le mobilier d'Europe de l'Est des années 1920 et 1930.

☐ SAHADI'S
☎ 718-624-4550 ; 187 Atlantic Ave près de Clinton St ; 🕙 9h-19h lun-sam ; ⑭ Borough Hall (2, 3, 4, 5)

Olives Kalamáta, houmous frais, figues et dates sucrées, légumes marinés… Tenu par une famille du Moyen-Orient, ce magasin vend toutes sortes de douceurs.

☐ SPRING GALLERY STORE
☎ 718-222-1054 ; 126A Front St, à l'angle de Jay St ; 🕙 13h-19h jeu-dim, fermé lun-mer ; ⑭ High St (A, C)

Un esprit résolument non conformiste règne au Spring Gallery Store, dont la vitrine présente les articles de créateurs, comme les coussins Historically Inaccurate de Richard Saja, ainsi que les meubles européens les plus actuels.

🍴 SE RESTAURER

🍴 360 *Bistro français* $$
☎ 718-246-0360 ; www.360brooklyn. com ; 360 Van Brunt St près de Sullivan St, Red Hook ; 🕙 17h30-23h30 mer-sam, 17h30-22h dim ; ⑭ Jay St-BoroughHall (A, C, F); Ⓥ

Le menu à prix fixe (25 $ lors de la rédaction de ce guide) est une affaire. Le propriétaire vous recommandera avec passion un vin bio ou biodynamique avec votre confit de langue de veau aux radis et cornichons, vos moules vapeur au curry thaï, votre côtelette braisée au vin rouge accompagnée d'olives noires, votre saumon fumé et zeste d'orange, votre chou frisé sauté aux penne…

🍴 AL DI LA TRATTORIA
Italien $$

☎ 718-783-4565 ; www.aldilatrattoria.com ; 248 Fifth Ave à la hauteur de Carroll St ; 🕐 dîner mer-lun ; ④ 15th St-Prospect Park (F), Union St (M, R) ; Ⓥ
Pensez à réserver longtemps à l'avance si vous voulez avoir la chance de goûter les pâtes, les antipasti, le lapin braisé aux olives noires et polenta, le foie de veau ou la morue poêlée.

🍴 APPLEWOOD
Américain $$

☎ 718-768-2044 ; www.applewoodny.com ; 501 11th St entre Seventh Ave et Eighth Ave ; 🕐 dîner mar-sam, déjeuner dim ; ④ Seventh Ave (F) ; 🅴 Ⓥ 🅱
Les habitants du coin viennent pour sa cheminée, les cocktails et les nombreux vins servis à l'arrière, au bar, mais aussi pour la cuisine : gibier grillé et tranché avec poireaux et échalotes (26 \$), plats végétariens, comme le risotto aux épinards et basilic et au mascarpone, et poissons.

🍴 BLUE RIBBON SUSHI BROOKLYN *Sushis* $$

☎ 718-840-0408 ; 278 Fifth Ave entre 1st St et Garfield Pl ; 🕐 dîner ; ④ Union St (M, R) ; Ⓥ
Se distinguant du Blue Ribbon, son jumeau carnivore, cette salle aux bancs de bois propose une longue liste de sashimis, sushis et makis. Menu sushis et sashimis à 27,50 \$.

🍴 BUBBY'S BROOKLYN
Américain traditionnel $$

☎ 718-222-0666 ; 1 Main St à la hauteur de Water St ; 🕐 déjeuner et dîner jeu-mar ; ④ High St (A, C) ; 🅴 Ⓥ 🅱
Après une bonne marche en famille, les affamés trouveront leur bonheur chez Bubby, dont les tendres hamburgers, les *mac'n cheese* et les généreuses portions de poulet au barbecue sont irrésistibles.

🍴 CHESTNUT
Nouvelle cuisine américaine $$

☎ 718-243-0049 ; 271 Smith St près de Degraw St ; 🕐 17h30-23h mar-sam, 11h-15h et 17h30-22h dim ; ④ Carroll St (F, G) ; Ⓥ
Daniel Eardley concocte des plats succulents à base d'excellents produits fermiers bio. Brunch le dimanche, menus dégustation le soir (assortiment de vins en option), ou plats du jour à prix fixe : poulpe noir, côtelette de porc garnie ou flétan aux champignons sauvages.

🍴 DUMONT
Américain traditionnel $

☎ 718-486-7717 ; www.dumont
restaurant.com ; 432 Union Ave ;
🕑 déjeuner et dîner ; 🚇 Metropolitan
Ave-Lorimer St (G, L) ; ♿ Ⓥ
L'été, les clients s'installent dans
le jardin ou la cabane et dégustent
les salades de betterave, les énormes
hamburgers, les gâteaux de crabe,
le "Dumac'n cheese", et d'autres
plats moins fantaisistes comme la
raie aux olives rôties, le demi poulet
grillé et le steak à la bordelaise.

🍴 FRANKIE'S 457 SPUTINO
Italien $$

☎ 718-403-0033 ; www.frankies
sputino.com ; 🕑 déjeuner et dîner ;
🚇 Carroll St (F, G) ; ♿ Ⓥ
Choux-fleurs rôtis, artichauts,
betteraves, patates douces,
choux de Bruxelles, champignons
et bien d'autres (la liste est
interminable) accompagnent
votre choix de viandes en saumure,
les sandwiches aux savoureuses
boulettes de viande ou
aux légumes croquants.

🍴 GOOD FORK
Coréen/Américain $$

☎ 718-643-6636 ; www.goodfork.com ;
391 Van Brunt St près de Coffey St ;
🕑 17h30-22h30 mar-dim ;
🚇 Smith-9th St (F, G) ; ♿ Ⓥ
Vous avez le choix entre deux types
de cuisine : si le steak "à la coréenne",

le riz au *kimchi* et les œufs frits
ne vous inspirent pas, optez
pour les boulettes *(dumplings)*,
le gombo, les raviolis ou même
le porc lentement braisé. Tout est
bon, et l'ambiance sympathique.

🍴 GRIMALDI'S *Pizzas* $

☎ 718-858-4300 ; www.grimaldis
brooklyn.com ; 19 Old Fulton St ;
🕑 déjeuner et dîner ;
🚇 High St (A, C) ; ♿ Ⓥ 🚻
Pâte croustillante, sauces épicées,
fromages fondants… Les pizzas

Grimaldi's

sont ici légendaires, même si l'impossibilité de réserver engendre parfois de longues queues.

🍴 GROCERY
Américain $$$
☎ 718-596-3335 ; 288 Smith St ;
🕑 dîner lun-sam, déjeuner sam ;
Ⓜ Carroll St (F, G) ; ♿

Malgré l'ajout de tables, difficile de trouver une place : vous êtes dans le restaurant le plus couru de Smith St. Recommandons le flétan en croûte de semoule, le lotte poêlée, le poulpe, les herbes tendres, la truite fumée maison et les *Spätzle*.

🍴 NATHAN'S FAMOUS HOT DOGS
Hot dogs $
☎ 718-946-2202 ; 1310 Surf Ave ;
🕑 petit déj, déjeuner et dîner jusque tard ; Ⓜ Coney Island-Stillwell Ave (D, F)

Si vous aimez les hot dogs, vous adorerez cette version, pur bœuf, à la choucroute et moutarde. Évitez toutefois le 4 juillet, où a lieu un grand concours (record détenu par Takeru Kobayashi avec 50 hot dogs et demi), sous peine d'en être dégoûté.

🍴 PEDRO'S RESTAURANT
Latino-américain $
☎ 718-797-2851 ; 73 Jay St à la hauteur de Front St ; 🕑 déjeuner et dîner tlj ;
Ⓜ High St (A, C) ; ♿ Ⓥ 🚶

Derrière sa façade cabossée, Pedro's sert d'excellents tacos et burritos et de la bière glacée depuis des années, pour le plus grand bonheur des habitués. Les tabourets sont curieux, mais vous pouvez aussi vous installer dehors.

🍴 PETER LUGER *Steaks* $$
☎ 718-387-7400 ; www.peterluger. com ; 178 Broadway ; 🕑 déjeuner et dîner ; Ⓜ Marcy Ave (J, M, Z) ; ♿ 🚶

Quelques règles de base : avant toute chose, retirez des espèces, réservez et armez-vous de patience dans la queue. Et il vous faudra laisser votre timidité à la porte : les tables sont communes. Le service est rapide quoique un peu mécanique. Vous vous demandez ce que vous faites là ? Attendez de goûter le steak, tendre et cuit à la perfection.

🍴 PIES-N-THIGHS
Sud/Afro-américain $
☎ 347-282-6005 ; 351 Kent Ave près de S 5th St ; 🕑 11h-21h mar-dim ;
Ⓜ Marcy Ave (J, M, Z) ; Ⓥ

Si l'extérieur est quelque peu rustique, le Williamsburg Rock Star Bar dissimule un restaurant qui vous fera oublier les fils barbelés à l'entrée. Porc fumé, *mac'n cheese*, pain fait maison, tourtes aux baies bio… Ici, la cuisine du sud est prise très au sérieux.

🍴 RIVER CAFE

Américain $$$$

☎ 718-522-5200 ; www.rivercafe.com ; 1 Water St ; 🕓 déjeuner et dîner tlj, brunch sam et dim ; 🚇 High St (A,C) ; **V** ♿

N'en déplaise aux puristes qui préfèreraient mourir de faim que d'y être vus, le River Café n'a rien d'un "piège à touriste." Ce restaurant flottant, qui offre une vue inoubliable sur le pont de Manhattan, prépare une cuisine originale. Quelques exemples : *mahi-mahi* saisi en croûte d'amandes et *ceviche* de Saint-Jacques. Les brunchs sont également légendaires pour leur Bloody Mary et leurs œufs.

🍴 TOTONNO'S *Pizzas* $

☎ 718-372-8606 ; 1524 Neptune Ave près de 16th St ; 🕓 12h-20h mer-dim ; 🚇 Coney Island-Stillwell Ave (D, F, N, Q) ; ♿

Ouvert tous les jours, la pizzeria ferme lorsqu'il n'y a plus de pâte : c'est dire si la fraîcheur est une obsession de Totonno. La croûte n'en est que plus croustillante et la sauce exquise. Voilà des décennies que la clientèle en redemande : faites un détour par Coney Island, vous ne le regretterez pas !

🍸 PRENDRE UN VERRE

🍸 68 JAY ST

☎ 718-260-8207 ; 68 Jay St ; 🚇 High St (A, C)

Élégant malgré les éclaboussures de peinture, décoré d'arches arrondies et de d'imposantes colonnes, sur fond de musique feutrée, 68 Jay St se distingue des autres bars. Les clients réguliers, souvent issus du monde de l'art, s'échangent des adresses et se racontent les derniers potins en sirotant leurs verres.

🍸 ABILENE

☎ 718-522-6900 ; 442 Court St à la hauteur de 3rd Pl ; 🕓 18h-4h ; 🚇 Carroll St (F, G)

Les tables du fond de ce bar sont réservées aux joueurs d'échecs et de dominos. Les spécialités de la maison sont la bière (une bonne sélection de pressions) et le bourbon. Le choix est classique, mais c'est surtout son atmosphère qui lui vaut la fidélité de ses clients.

🍸 ALLIGATOR LOUNGE

☎ 718-599-4440 ; 600 Metropolitan Ave, Williamsburg ; 🚇 Lorimer St (L)

Les canapés en cuir et le coin "maison de thé japonaise" de l'Alligator, situé dans le nord de Williamsburg, réunissent une foule bigarrée : à la fois une clientèle branchée et les ouvriers du quartier. Les pizzas qui sortent fumantes du four sont gratuites, et un pichet de Yuengling ne coûte que 14 $. Karaoké le jeudi, jazz live le dimanche.

Y BAR 4
☎ 718-832-9800 ; 444 Seventh Ave
à la hauteur de 15th St ; 🕙 18h-4h ;
🚇 Seventh Ave (F), Prospect Ave (M, R)
Malgré son apparence un peu
crasseuse, Bar 4 sert de sacrés
Martini, agrémentés de jus de fruit,
dans une ambiance détendue. Les
DJs varient tous les jours, et le micro
est au public le mardi à partir de 21h.

Y BAR REIS
☎ 718-832-5716 ; 375 5th Ave ;
🕙 17h30-2h dim-mer, 17h30-4h jeu-
sam ; 🚇 Fourth Ave-9th St (F, M, R)
Le choix ne manque pas : l'étage,
accessible par l'escalier en spirale,
domine toute la scène, tandis que le
jardin envahi de glycine, à l'arrière, est
ponctué de lumières romantiques,
à moins que vous ne préfériez rester
au bar. Les boissons sont délicieuses,
les clients amicaux et l'ambiance
à la fois sophistiquée et détendue.

Y CATTYSHACK
☎ 718-230-5740 ; 249 4th Ave près
de President St ; 🕙 14h-4h lun-ven,
12h-4h sam et dim ; 🚇 Union St (M, R)
S'adressant principalement
aux femmes, cet établissement
comprend deux étages de rythmes
techno, à la déco industrielle,
et accueille aussi les gays,
les transsexuels et les hétéros.
Le week-end, la danse bat
son plein, mais les soirs de
semaine sont assez calmes.

Y GINGER'S
☎ 718-778-0924 ; 363 Fifth Ave ;
🚇 Fourth Ave-9th St (F, M, R)
Ce bar lesbien aux murs rubis
réunit gays et hétéros autour
de son long bar à l'avant, et dans
son grand jardin à l'arrière.
Comme souvent à Brooklyn,
l'atmosphère est plus détendue
que dans les bars lesbiens
de Manhattan.

Y LOW-BAR
☎ 718-222-1LOW ; 81 Washington St ;
🕙 19h-2h ven et sam ; 🚇 High St (A, C)
Low-Bar, branche du célèbre
restaurant Rice (p. 90) de Manhattan,
sert les mêmes succulents mélanges
de riz noir, vert, et long grain, mais il
dissimule aussi une salle au sous-sol
qui se transforme en boîte de nuit
le week-end. À partir de minuit,
les danseurs prennent possession
de la piste.

Y O'CONNORS
☎ 718-783-9721 ; 39 Fifth Ave,
entre Bergen et Dean St ; 🕙 12h-4h ;
🚇 Bergen St (2, 3)
Malgré son allure de bouge,
les lampes fluo, les panneaux en bois
et les matchs des Yankees diffusés
à la télé, même la jeunesse branchée
ne résiste pas à O'Connors :
les boissons sont bon marché
(gin tonic à 2,50 $!), l'adresse
existe depuis 1931 et l'ambiance
est tranquille.

LES QUARTIERS

BROOKLYN

☉ SPUYTEN DUYVIL

☎ 718-963-4140 ; spuytenduyvil
@verizon.net ; 359 Metropolitan Ave ;
☉ 17h-1/2h dim-jeu, 17h-3/4h ven
et sam ; ⊕ Bedford Ave (L)

Toit en tôle rouge, cartes anciennes,
parquet et fauteuils jouxtent
une bibliothèque poussiéreuse.
Par beau temps, la cour (pour le
moins rudimentaire) à l'arrière est
ouverte. Si vous voulez picorer,
commandez du fromage, des
cornichons et de la viande salée.

☉ SUPERFINE

☎ 718-243-9005 ; 126 Front St ;
⊕ High St (A, C) ; Ⓥ

Superfine n'est pas seulement
une bonne adresse où boire et
jouer au billard, c'est aussi un bar
agréable. Le week-end, il reste
ouvert bien après 2h.

☉ WATERFRONT ALE HOUSE

☎ 718-522-3794 ; 155 Atlantic Ave
près de Clinton St ; ☉ 11h30-2h lun-
jeu, 11h30-4h ven et sam ; ⊕ Court St
(M, R), Borough Hall (2, 3, 4, 5),
Bergen St (F, G) ; Ⓥ

La solide cuisine de pub
(hamburgers, frites, copieux paninis
à la viande fumée et belles salades)
associée à l'ambiance de quartier,
le vaste choix de bières et les
concerts de blues et de jazz font
de ce bar une adresse à retenir.

★ SORTIR

★ BAR BELOW

☎ 718-694-2277 ; 209 Smith St ;
☉ 19h30-4h jeu-sam ; ⊕ Bergen St
(F, G), Hoyt-Schermerhorn St (A, C, G)

Dissimulé sous le restaurant Faan
(qui sert des plats chinois corrects),
le Bar Below a toutes les allures
d'un club, mais on n'est pas censé
y danser (les tenues de sport sont
également refusées). En pratique,
dès que le DJ prend les commandes,
les masques tombent et les choses
commencent à bouger.

★ BARBES

☎ 718-965-9177 ; www.barbesbrooklyn.
com ; 376 9th St à la hauteur de
Sixth Ave ; ⊕ Seventh Ave (F)

Baptisé d'après le quartier de Paris,
ce bar/salle de spectacle est tenu
par deux musiciens français installés
de longue date à Brooklyn. L'arrière-
salle est consacrée à la musique,
aux lectures et aux projections.
Concerts de musiques diverses, de
la diva libanaise Asmahan aux *bandas*
mexicaines, des *joropos* vénézuéliens
aux fanfares roumaines.

★ BRICK THEATER

☎ 718-907-6189 ; www.bricktheater.
com ; 575 Metropolitan Ave entre Union
Ave et Lorimer St ; ☉ horaires variables
selon le concert ; ⊕ Metropolitan Ave-
Lorimer St (G, L)

Successivement carrossier, studio de yoga et hangar, ce garage en brique a été transformé en superbe complexe dédié à la danse et au théâtre, doté d'une vaste scène, d'illuminations haut de gamme et d'un système audio. Des spectacles acclamés par la critique y sont présentés, comme *Jenna is Nuts*, *Habitat*, *In a Strange Room* (inspiré de *Tandis que j'agonise* de Faulkner) ou des mises en scène des *Trois Sœurs* de Tchekhov et de *Beyond the Horizon* de O'Neill. Les bénéfices (tarif de 10 $ à 20 $) sont réinvestis.

⭐ GALAPAGOS ART SPACE
☎ 718-384-4586 ; www.galapago sartspace.com ; 70 N 6th St ; 🕒 18h-2h dim-jeu, 18h-4h ven-sam ; Ⓑ Bedford Ave (L)

Pompeusement qualifié d'"espace artistique", ce bel établissement accueille différentes expérimentations musicales, de la disco et des groupes d'ukulélé chantant un paradis homosexuel. L'entrée est une monumentale piscine (assez grande pour y installer un bar) avec une scène surélevée et un long comptoir à l'arrière (cocktails 6 $). Certaines soirées sont gratuites, d'autres coûtent de 6 $ à 8 $.

⭐ ST ANN'S WAREHOUSE
☎ 718-254-8779 ; 38 Water St entre Main et Dock St ; 🕒 13-19h mar-sam ; Ⓑ High St (A, C)

Cette troupe d'avant-garde a converti un ancien moulin à épices en scène artistique. À l'affiche de cet immense espace, certains grands noms du théâtre, comme Philip Seymour Hoffman et Meryl Streep, interprètent des pièces innovantes.

> ZOOM SUR...

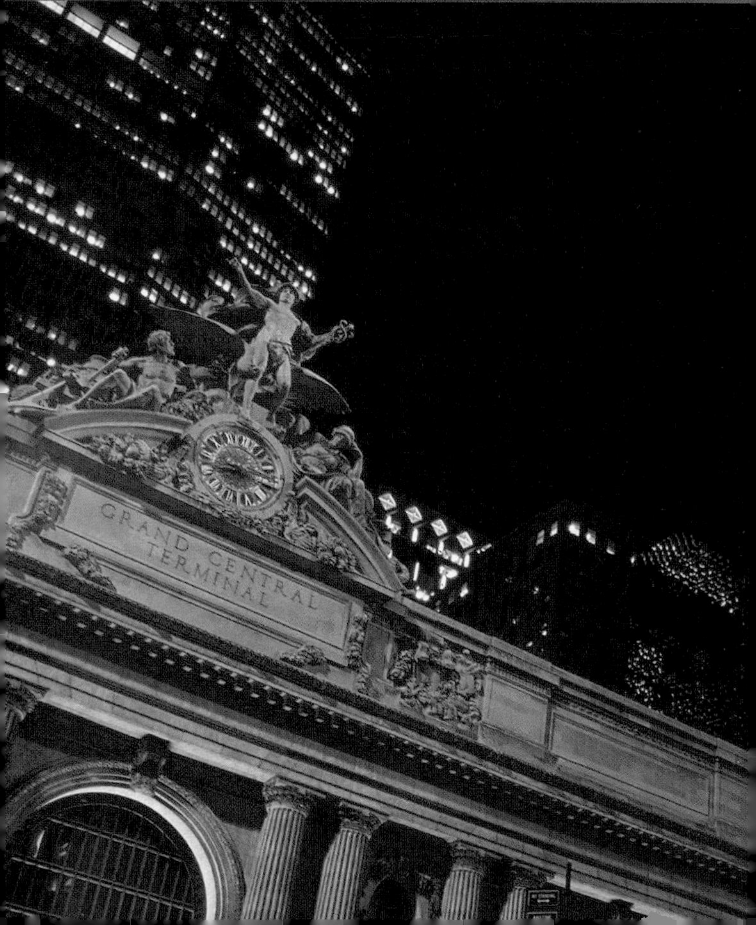

Comment découvrir le New York des New-Yorkais ? C'est simple, accompagnez-les dans leurs activités favorites. Visite de galeries d'art ou de séance rollers au Roxy, vous ne serez jamais seul. Les possibilités sont innombrables, le plus dur étant de trouver le temps et l'énergie de tout faire.

Grand Central Terminal et le Chrysler Building

ARCHITECTURE

Si Hong Kong possède davantage de gratte-ciel, ceux de New York sont plus hauts – la cité fut d'ailleurs l'initiatrice de ce type d'architecture. Depuis la disparition des tours du World Trade Center dans le Lower Manhattan, les constructions modernes les plus fascinantes s'élèvent à Midtown. Ce quartier abrite beaucoup d'édifices emblématiques, tels que l'Empire State Building, création Art déco de 102 étages achevée en 1931 et le Chrysler Building, célèbre monument datant de 1930. Dans le Rockefeller Center, découvrez le GE Building, autre construction Art déco appréciée pour sa frise représentant la *Sagesse* au-dessus de l'entrée principale.

Le Time Warner Center, immeuble de bureaux et d'appartements se dressant à Columbus Circle, a été le premier grand gratte-ciel construit après le 11 Septembre. Le superbe revêtement de verre et les façades inclinées sont le fruit de prouesses architecturales ; il s'agit par ailleurs d'une des adresses les plus huppées de la ville – un appartement occupant un des étages supérieurs s'est vendu 45 millions de dollars. Le tout nouveau Conde Nast Building (officiellement au 4 Times Square) est un gratte-ciel moderne intégrant des principes écologiques, une première à Manhattan. Le système d'ombrage et l'isolation efficace permettent de limiter au maximum l'utilisation du chauffage et de la climatisation.

Cependant, beaucoup de New-Yorkais demeurent très attachés aux alignements de maisons basses et compactes de style fédéral, datant de l'époque coloniale (du moins d'avant la Première Guerre mondiale). Les bâtiments d'origine encore debout sont forcément en pierre, puisque le grand incendie de 1831 détruisit tous les matériaux inflammables. Le long d'Astor Place, Colonnade Row (p. 95) est un parfait exemple de l'architecture d'avant 1900.

CINQ GRATTE-CIEL CÉLÈBRES

GALERIES D'ART

Officiellement, New York compte environ 500 galeries– ajoutez les adresses plus confidentielles ou les ateliers comprenant une partie exposition et vous verrez ce chiffre doubler. L'art est omniprésent et investit parfois les lieux les plus inattendus. Jadis au cœur de la créativité, Soho abrite toujours d'extraordinaires galeries, mais les artistes qui montent sont désormais exposés à Dumbo, où les prix sont plus accessibles. Chelsea – de 21st St à 26th St entre Tenth Ave et Eleventh Ave – renferme une impressionnante enfilade d'ateliers, de magasins, de marchands d'art et de galeries. Midtown Manhattan est devenu une succursale de l'art où migrent ceux qui n'ont pu s'installer à Chelsea.

   Pour y voir plus clair, les articles de *New York Magazine* consultables gratuitement (www.nymetro.com), les listes exhaustives de *Time Out New York* (www.timeoutny.com) et le *Gallery Guide* distribué dans les principales galeries sont des outils indispensables. Le supplément week-end du *New York Times* et l'éminent *Village Voice* (www.villagevoice.com) constituent des sources d'information précieuses, tandis que www.westchelseaarts.com fournit une base de données complète de toutes les galeries en activité. Le Department of Cultural Affairs (www.nyc.gov/html/dcla) tient un calendrier des manifestations culturelles de chaque quartier, et vous pourrez cibler vos recherches par genre artistique et par borough. Si vous êtes pressé par le temps, contactez **New York Gallery tours** (☎ 212-946-1548 ; www.nygallerytours.com) pour un circuit instructif à travers Chelsea et Soho.

**LES GALERIES D'ART
À NE PAS MANQUER**
> Chelsea Art Museum (p. 133)
> galery group (p. 21)
> Cheim & Read (p. 133)
> Matthew Marks (p. 137)
> Gagosian (p. 136)

> Louis Meisel Gallery (p. 92)
> Peter Blum Gallery (p. 93)
> Gallery Onetwentyeight (p. 67)
> Participant Inc (p. 70)
> Drawing Center (p. 81)

BARS

New York est la ville idéale pour faire des rencontres autour d'un verre. Les alcools classiques se déclinent en une infinité de cocktails – goûtez le Dirty Martini, l'Appletini, le Saketini, le Martini au litchi ou le Martini au gingembre –, d'autant que la porte est ouverte aux créations les plus folles.

Les amateurs de vin ont toujours apprécié New York et ses sommeliers talentueux, et les férus de bière se réjouissent désormais du boom de la brasserie.

Depuis que le maire Bloomberg a banni le tabac de tous les lieux publics, les fumeurs doivent s'exiler à l'extérieur des bars. Dans les bars à cigares, il est encore possible de fumer à l'intérieur.

On compte de nombreux pubs gastronomiques à Brooklyn, à Lower Manhattan et dans l'Upper West Side ; les anciens débits clandestins et les bars "cachés" prolifèrent dans le Lower East Side. East Village est particulièrement éclectique, un établissement chic côtoyant un bar punk, tandis que West Village renferme des cabarets au charme désuet ainsi que des établissements littéraires. L'animation bat son plein dans le Meatpacking District et à Chelsea, où un arsenal de discothèques est installé à l'ouest.

Beaucoup de bars, en particulier en centre-ville, pratiquent des happy hours en fin d'après-midi (consommations à moitié prix), et certaines discothèques font de même après minuit, afin de drainer la foule des noctambules.

LES MEILLEURS BARS DE QUARTIER
> Bridge Café (p. 50)
> Pete's Tavern (photo ci-dessus ; p. 153)
> Chumley's (p. 118)
> Ear Inn (p. 90)
> West Side Tavern (p. 144)

QUELQUES BARS À VINS ET À BIÈRES
> Morrell Wine Bar & Café (p. 176)
> Ginger Man (p. 166)
> Xicala (p. 91)
> Single Room Occupancy (p. 176)
> D.B.A. (p. 104)

CLUBS ET DISCOTHÈQUES

Si le légendaire Studio 54 a tiré sa révérence depuis longtemps, son esprit désinvolte continue de flotter de club en club dans les rues de Manhattan. Des discothèques ferment, d'autres apparaissent : cet incessant ballet est une conséquence de la pression de plus en plus sévère exercée par les autorités locales ces dernières années, visant à juguler le trafic de drogue et la consommation d'alcool chez les mineurs.

La vie nocturne demeure trépidante, surtout dans les quartiers non résidentiels à l'extrême ouest de Chelsea, où les gérants de discothèques se sont réfugiés pour échapper aux descentes de police.

Pour tout savoir sur les sorties, consultez les éditions du vendredi et du dimanche du *New York Times*, ainsi que les hebdomadaires *New York Magazine*, *Time Out New York* et *The New Yorker*. Le *Village Voice* est un précieux viatique, notamment pour les clubs ; sa chronique hebdomadaire ("Fly Life") répertorie les lieux où mixent les meilleurs DJs. Autre mine d'informations : **Clubfone** (☎ 212-777-2582 ; www.clubfone.com).

CINQ GRANDES DISCOTHÈQUES
> Cain (p144)
> Movida (photo ci-dessus ; p. 131)
> Lotus (p. 145)
> Happy Valley (p. 154)
> Level V (p. 131)

CINQ PISTES DE DANSE ENDIABLÉES
> Cielo (p. 130)
> Pyramid (p. 107)
> Happy Ending (p. 63)
> Subtonic Lounge (p. 76)
> Sapphire Lounge (p. 76)

CABARETS ET CAFÉS-THÉÂTRES

C'est étonnant, mais à New York la distinction est très nette entre discothèques et cabarets. Parmi le cortège de mesures anti-loisirs datant de la Prohibition, la *Cabaret Law* stipule que tout établissement dans lequel trois personnes se déhanchent simultanément doit posséder une licence spéciale. Pourquoi cette législation reste-t-elle en vigueur ? Mystère. Bloomberg prétend avoir d'autres chats à fouetter, mais la municipalité défend bec et ongles cette loi répressive.

Heureusement, les cabarets n'ont rien perdu de leur superbe. Des artistes de renommée internationale comme Eartha Kitt, Ute Lemper, Elaine Stritch et d'autres continuent de s'y produire régulièrement. Les deux clubs les plus kitsch et les plus attachants de la ville se trouvent tout naturellement à West Village et, avec un peu de chance, vous assisterez à une apparition d'Alan Cumming, star du spectacle *Cabaret* à Broadway.

D'excellents comiques sont programmés à New York ; beaucoup se font les dents lors de shows télévisés enregistrés au Comedy Central de Times Square. De nouveaux cafés-théâtres particulièrement en vogue ont surgi parmi les néons de Broadway, tandis que les plus anciens, qui ont vu naître Jon Lovitz, Eddie Murphy, Chevy Chase et Jerry Seinfeld, tiennent toujours le devant de la scène à West Village et dans l'Upper East Side.

LES MEILLEURS CABARETS ET CAFÉS-THÉÂTRES
> Café Carlyle (p. 197)
> Comedy Cellar (p. 119)
> Mo Pitkins (p. 103)
> The Oak Room (p. 178)

MODE

Classique, tendance ou avant-gardiste, avec toutes les nuances intermédiaires : il y en a pour tous les goûts. Le choix est tel qu'une séance shopping peut vite tourner au délire. Les trésors sont partout, encore faut-il savoir les dénicher.

Si l'argent n'est pas votre souci, filez tout droit à la "Gold Coast" (côte d'or) sur Madison Avenue. Cet ensemble de quarante bâtiments accueille des couturiers haut de gamme, entre autres Luca Luca, Herrera ou Bulgari. On y trouve ce qui se fait de mieux en termes de vêtements et d'accessoires pour hommes, pour femmes ou pour enfants – même le café et les petits gâteaux ont ici une saveur particulière.

Des boutiques tout aussi huppées bordent la Cinquième Avenue à proximité de Columbus Circle. En quelques pas, passez de Tiffany's à Balenciaga ou Prada ; découvrez également Ferragamo, Van Cleef & Arpels, Burberry et certains des plus célèbres centres commerciaux de Manhattan.

Si vous cherchez des vêtements à la pointe de la mode, des boutiques vous tendent les bras dans le Meatpacking District, à Nolita au-dessus de Little Italy et à East Village. N'oubliez pas de vous inscrire sur www.dailycandy.comandnymag.com/shopping pour vous enquérir des soldes du moment.

LES BOUTIQUES INCONTOURNABLES

> Carlos Miele (p. 123)
> Alexander McQueen (p. 123)
> Catherine Malandrino (p. 126)
> Buckler (p. 123)
> Mayle (p. 86)

LES CINQ MEILLEURS QUARTIERS COMMERÇANTS

> Madison Ave de 59th St à 96th St (p. 193)
> La Cinquième Avenue (p. 23)
> Mulberry St et Mott St (photo ci-dessus) en dessous de Houston St (p. 57)
> Orchard St et Grand St (p. 70)
> Grand Central Terminal (p. 158)

ZOOM SUR…

RESTAURANTS

Plus de 18 000 restaurants émaillent les cinq boroughs, et il y a fort à parier qu'à tout moment au moins la moitié d'entre eux servent des plats à tomber par terre. Choisir une table peut devenir un casse-tête, mais cela ne doit pas gâcher votre plaisir : en cas de doute, consultez l'avis des habitants sur www.chowhound.com. Vous y trouverez des commentaires pertinents et opiniâtres de la part des plus exigeants des clients : les New-Yorkais.

Un restaurant au sommet peut perdre ses lauriers du jour au lendemain, mais les meilleurs tiennent la distance longtemps après l'effervescence de l'ouverture, et il est toujours prudent de réserver. Comme tout New-Yorkais qui se respecte, consultez Open Table (www.opentable.com) pour lire des comptes rendus, suivre la tendance et réserver ou confirmer votre table en direct parmi des centaines de lieux. Dans certains établissements de catégories moyenne ou supérieure, les réservations sont closes des mois à l'avance ou ne sont pas acceptées du tout. Dans le premier cas, tentez votre chance tôt un jour de semaine, ou installez-vous au salon et optez pour le menu du bar – souvent d'égale qualité, à moitié prix. Dans le second cas, armez-vous de patience.

Chaque numéro de *Time Out New York* présente une sélection de cent restaurants, tandis que le guide *Zagat* est vendu dans tous les kiosques à journaux. Le *Village Voice* propose une liste d'établissements bon marché sur www.villagevoice.com. Avec un tel choix, tout le monde trouvera son bonheur.

LES TABLES
LES PLUS ROMANTIQUES
> Bridge Café (p. 50)
> Rise (p. 54)
> The Grocery (p. 229)
> Bao III (p. 101)
> Peasant (p. 89)

LES MEILLEURES TABLES
GASTRONOMIQUES
> Daniel (p. 195)
> Tenement (p. 75)
> Eleven Madison Park (p. 152)
> Spice Market (p. 129)
> Thalassa (p. 51)

LES MEILLEURS
BRUNCHS
> Public (p. 89)
> Town (p. 175)
> Prune (p. 103)
> Schillers Liquor Bar (p. 74)
> Alias (p. 73)

LES MEILLEURES ADRESSES
À BROOKLYN
> The Grocery (p. 229)
> 360 (p. 226)
> Applewood (p. 227)
> Superfine (p. 232)
> Al di la (p. 227)

En haut à gauche : Fin de service dans le Meatpacking District **Ci-dessus :** Dîner entre amis au Schiller's Liquor Bar.

LE NEW YORK GAY ET LESBIEN

Fief d'importants défenseurs des droits des gays, New York accueille la Gay Pride chaque année en juin. Pendant un mois, c'est la grande fête de la communauté homosexuelle, implantée de longue date dans toute sa diversité et s'exprimant en totale liberté. Pour plus d'informations sur la Gay Pride, consultez www.heritageofpride.org.

New York ne fait pas de différence entre hétéros et homosexuels dès lors qu'il s'agit de danser, manger ou boire. Chelsea, Greenwich Village, Jackson Heights et Park Slope sont très prisés de la communauté homosexuelle, mais, de façon générale, gays et lesbiennes sont bienvenus dans tous les établissements de la ville. Sachez qu'à New York, la majorité sexuelle est fixée dans tous les cas à 17 ans.

Les magazines *HX* et *Next* sont disponibles dans les bars et les restaurants. Vous trouverez *LGNY* et *NY Blade* dans les distributeurs installés dans la rue ; *Metrosource* est vendu en magasin et au Lesbian & Gay Community Services Center. *Time Out New York* consacre une bonne rubrique aux manifestations de la communauté. Conseils utiles, consultations ou renseignements sont accessibles auprès de **Gay & Lesbian Hotline** (☎ 212-989-0999 ; glnh@glnh.org) ou du **Lesbian & Gay Community Services Center** (☎ 212-620-7310 ; www.gaycenter.org ; 208 W 13th St angle Seventh Ave).

LES ÉVÉNEMENTS MAJEURS
> Gay Pride March
> Dyke March
> Mermaid Day Parade
> Dance on the Pier
> Rapture on the River

BARS GAYS ET LESBIENS
> Henrietta Hudson (p. 112)
> Splash (p. 143)
> Gym (p. 143)
> Starlight Lounge (p. 107)

LE NEW YORK LITTÉRAIRE

Ayant servi de cadre à des milliers de romans, d'articles, d'essais et de mémoires, publiés ou non, New York est empreint d'un caractère littéraire qui lui est propre.

Edna St Vincent Millay, E.E. Cummings, James Baldwin et bien d'autres auteurs célèbres ont vécu à West Village, qui demeure sans doute le quartier le plus littéraire de Manhattan. À East Village, les discours séditieux de l'anarchiste Emma Goldman et de la pionnière du contrôle des naissances, Margaret Sanger, flottent encore dans l'atmosphère.

Dans Oak Room, à l'Algonquin Hotel, vous êtes en terre sainte : Dorothy Parker et de nombreux écrivains new-yorkais ont fréquenté les lieux. Harlem vibre encore de la présence de Ralph Ellison, Zora Neale Hurston, Langston Hughes et d'autres.

Brooklyn est le territoire de Henry Miller, Paul Auster, Walt Whitman, Colson Whitehead, Nicole Krauss, Jonathan Lethem, Kathryn Harris, Darin Strauss et Jhumpa Lahiri, pour ne citer qu'eux.

Le *Village Voice* (villagevoice.com) publie des listes de lectures publiques et le *New York Magazine* fait un état des lieux quotidien des événements littéraires (www.nymag.com).

Au nord de 14th St, le 92nd St Y organise des manifestations intéressantes et détendues autour des auteurs. À la fois décadente et chic, la librairie Bluestockings est l'occasion rêvée de rencontrer un écrivain en chair et en os. Pour les infos de dernière minute, consultez www.clubfreetime.com.

LES BARS DES ÉCRIVAINS
> White Horse Tavern (Dylan Thomas)
> Oak Room (Dorothy Parker)
> Chumley's (Norman Mailer)
> Nuyorican Café (Pedro Pietri)
> Pete's Tavern (O. Henry)

QUELQUES BARS LITTÉRAIRES
> KGB Bar (p. 105)
> Half-King (p. 143)
> Mo Pitkins (p.103)
> Ear Inn (p. 90)
> Happy Ending (p. 63)

CONCERTS

Pour trouver un concert à New York, laissez-vous simplement guider par vos oreilles, d'autant qu'au printemps et en été les mélomanes s'expriment au grand air. Blues jazzy sur les pelouses de Battery Park, salsa et swing à South St Seaport et au Lincoln Center, groupes en tout genre au Central Park Summerstage, et concerts plus ou moins improvisés et gratuits (et très courus) au McCarren Park Pool à Williamsburg (www.freewilliamsburg.com).

Pour être parfaitement au fait de l'actualité musicale, connectez-vous sur www.whatsupnyc.com. C'est l'occasion d'assister à des manifestations confidentielles ne bénéficiant d'aucune publicité hormis le bouche à oreille (comme ce concert surprise de Prince, un matin à Prospect Park, Brooklyn).

Les repaires de jazzmen ne manquent pas à West Village et à Harlem, tandis que le punk et le grunge sont à l'honneur dans quelques bars décontractés de Lower East Side et de Hell's Kitchen. Depuis maintenant des décennies, le Lincoln Center accueille des artistes prestigieux et des spectacles variés, toujours de grande qualité. Dans l'Upper West Side, les musiques du monde résonnent au Symphony Space grâce à des talents souvent méconnus.

LES MEILLEURES SCÈNES ROCK ET INDIE
> Bowery Ballroom (p. 78)
> Arlene Grocery (p. 77)
> Joe's Pub
> The Living Room (p. 78)

LES MEILLEURES SCÈNES JAZZ, BLUES ET MUSIQUES DU MONDE
> 55 Bar (p. 119)
> Smoke (p. 127)
> St Nick's Pub (p. 217)
> Village Vanguard (p. 120)
> Lenox Lounge (p. 217)

MARCHÉS

Dénicher une bonne affaire met tout le monde de bonne humeur, et pour cela rien de tel que le marché du week-end. Les New-Yorkais adorent arpenter parcs et places en quête d'une fripe ou d'une babiole d'occasion.

Par ailleurs, grâce à un excellent réseau de marchés de fruits et légumes, les produits frais sont toujours à portée de main. Le marché principal se tient à Union Square, mais des succursales s'installent désormais à Upper et Lower Manhattan ; pendant les vacances, des vendeurs d'artisanat exposent aussi leur marchandise.

Si les marchés vous semblent trop rustiques, faites vos emplettes dans les grandes chaînes ou dans les épiceries familiales. Partout en ville, les nombreux magasins Whole Foods vendent d'excellents produits biologiques, prisés des New-Yorkais désormais soucieux de leur santé. Trader Joe's, autre spécialiste de la gastronomie biologique, a ouvert une enseigne à deux pas de Whole Foods à Union Square. Si vous cherchez l'authenticité, choisissez Zabar's dans l'Upper East Side, Balducci's à l'ouest ou le marché pittoresque de Grand Central Terminal.

DES MARCHÉS À SUCCÈS

> Les marchés de Grand Central Terminal
> Trader Joe's
> Balducci's

> Elizabeth & Vine
> Zabar's (photo ci-dessus)
> Le marché de Chelsea

MUSÉES

À Manhattan, chacun trouvera le musée qui lui convient ; si vous décidez d'en visiter plusieurs, attention à bien gérer votre temps. Le vendredi se prête parfaitement à un marathon de l'art car beaucoup de musées offrent des horaires élargis, des boissons, des concert de jazz et l'accès gratuit en soirée. Un système d'entrée sur donation est mis en place au moins un jour par semaine dans tous les établissements.

Outre les géants dans lesquels un seul étage nécessite parfois la journée, de nombreux musées plus petits mais d'excellente facture méritent le détour. Certains se situent dans le "Museum Mile",' prolongement de la Cinquième Avenue parallèle à Central Park dans l'Upper East Side, comportant plus de cent établissements culturels.

Lower Manhattan abrite certains des meilleurs musées historiques de la ville, et les boroughs périphériques renferment des joyaux consacrés aux artistes en devenir ou à l'histoire de l'art au sein des communautés d'immigrés.

LES GRANDS CLASSIQUES
> Metropolitan Museum (p. 190)
> Museum of Modern Art (p. 159)
> Guggenheim (p. 192)
> Whitney Museum (p. 192)

DES PERLES À DÉCOUVRIR
> Museo del Barrio (p. 211)
> Neue Galerie (p. 191)
> Lower East Side Tenement Museum (p. 67)
> National Museum of the American Indian (p. 47)
> Studio Museum in Harlem (p. 212)

POUR LES AMOUREUX

Paris n'a pas le monopole de l'amour et les romantiques auront mille occasion de s'épanouir à New York. Une balade en barque à Central Park, un baiser sur le toit de l'Empire State Building, un dîner au Top of the Rock et une flânerie le long de ''Museum Mile'' devraient suffire à vous convaincre : la cité des affaires sait se révéler sensuelle et mutine.

Par ailleurs, nul besoin de dissimuler vos sentiments : les New-Yorkais ont l'habitude de voir des couples – homos ou hétéros – se tenir par la main ou s'enlacer, voire s'embrasser fougueusement, par exemple lors d'un concert nocturne à Central Park. Soyez simplement attentif à ne pas bloquer le passage lorsque vous vous déplacez en tandem sur un trottoir.

Voici quelques grands classiques d'une romance à New York : une promenade en calèche dans Central Park, une embrassade dans les lumières éblouissantes de Times Square, un concert au Lincoln Center en costume d'apparat, un échange de regards langoureux dans un club de jazz sombre et calfeutré de Greenwich Village et un cocktail au légendaire Top of the Tower, un bar intimiste installé au sommet du Beekman Tower Hotel, en plein cœur de Manhattan.

LES SITES LES PLUS ROMANTIQUES
> Les Cloisters de Fort Tyron
> Le Rockefeller Center (p. 160)
> Le Lincoln Center (photo ci-dessus ; p. 201)
> Le ferry de Staten Island au coucher du soleil (p. 54)
> Le jardin botanique de Brooklyn (p. 222)

POUR UN TÊTE-À-TÊTE AMOUREUX
> Tavern on the Green (p. 186)
> Central Park Boathouse (p. 184)
> River Café (p. 230)
> Blue Hill (p. 116)
> Blaue Gans (p. 49)

POUR LES ENFANTS

Les enfants apprécieront la Grosse Pomme au même titre que les adultes, voire davantage puisqu'ils n'auront qu'à se laisser guider dans les méandres du métro et des bus. De plus, de nombreuses d'attractions leur sont tout spécialement dédiées. En revanche, à l'entrée et à la sortie du métro, les tourniquets étroits sont complètement inadaptés aux poussettes ; demandez à un employé de vous ouvrir une porte plus large sur le côté. Ne vous inquiétez pas si un inconnu saisit l'arrière de votre poussette à l'approche d'un escalier : à New York, il est de coutume d'aider les parents seuls et chargés. Quelques musées interdisent l'accès aux poussettes certains jours, mais en contrepartie ils prêtent des porte-bébés.

Beaucoup de restaurants, d'hôtels et de sites touristiques reçoivent volontiers les familles ; repérez le pictogramme 🚼 pour connaître les adresses où les enfants sont bienvenus.

Dans *Time Out New York Kids*, publié quatre fois par an et vendu dans les kiosques, vous trouverez une foule de renseignements pour voir New York comme une fabuleuse cour de récréation. *GoCity Kids* (www.gocitykids.com) et *New York Kids* (www.newyorkkids.net) sont de bonnes sources d'information.

LES ENFANTS ADORENT
> Le zoo du Bronx (p. 26)
> L'American Museum of Natural History (Discovery Room) (p. 200)
> Le Children's Museum of Manhattan (photo ci-dessus ; p. 200)
> Central Park (p. 180)

SE RESTAURER EN FAMILLE
> One Fish Two Fish
> Bubby's Pie Co (p. 50)
> Schillers (p. 74)
> Jaya Food (p. 62)
> Eleven Madison Park (p. 152)

ACTIVITÉS DE PLEIN AIR

Concernant les activités de plein air, New York s'apparente à un paradis, avec plus de 14 000 hectares d'espaces verts, sans compter les parcs nationaux et fédéraux et la statue de la Liberté. Au total, plus de 1 700 parcs publics, terrains de jeux, piscines et espaces de loisirs sont répartis dans les cinq boroughs. Découvrez les patinoires mais aussi les bois et les marécages, sans oublier la plage – 22,5 km de côte sablonneuse vous attendent.

Pour accéder aux installations sportives de la ville (614 terrains de base-ball, 550 courts de tennis, et de nombreux terrains de basket, parcours de golf, pistes d'athlétisme, piscines couvertes et découvertes), consultez adresses et renseignements sur www.nycgovparks.org.

Si vous voulez le grand air sans fournir d'efforts, il y a l'embarras du choix : films du lundi soir à Bryant Park, pièces de Shakespeare à Central Park, concerts du Central Park Summerstage, concerts de l'Hudson River Park, River to River Festivals et Lincoln Center Dance Nights (là, vous risquez de transpirer un peu). Le bonus : d'innombrables concerts improvisés, dans les parcs ou au bord de l'eau.

LES MEILLEURES ACTIVITÉS DE PLEIN AIR
> Un match de basket à l'angle de West 4th St et de Sixth Ave (p. 113)
> Un pas de danse au Lincoln Center sous les étoiles (p. 201)
> Une balade en vélo dans Hudson River Park (p. 109)
> Une course de roller dans Central Park (p. 180)

LES PLUS BEAUX PARCS
> Central Park à Manhattan (p. 180)
> Prospect Park à Brooklyn (photo ci-dessus ; p. 222)
> Flushing Meadows/Corona Park dans le Queens
> Jamaica Bay Gateway National Recreation Area
> Pelham Bay Park dans le Bronx

ZOOM SUR…

SHOPPING

Impossible de ne pas trouver l'objet de vos rêves à New York. Sur des kilomètres et des kilomètres, les rues sont truffées de centres commerciaux haut de gamme, d'ateliers d'artistes branchés, de boutiques excentriques ou kitsch, de librairies et de magasins de chaussures et de disques.

La Cinquième Avenue et l'Upper East Side sont spécialisés dans le glamour classique à prix vertigineux. Couturiers d'exception, nouveaux créateurs et joailliers de talent sont à débusquer à Soho, Tribeca et Nolita. Greenwich Village et East Village offrent un choix des plus éclectiques, et pour toutes les bourses, tandis que le Meatpacking District renferme ce qui se fait de plus chic et de plus moderne, avec de jeunes prodiges comme Alexander McQueen.

Chinatown et Times Square sont les hauts lieux du tee-shirt. Les magasins sont généralement ouverts tous les jours de 10h à 20h ; les commerçants de confession juive orthodoxe ferment le vendredi et le samedi.

Pour dénicher des soldes toute l'année, consultez www.dailycandy.com. Autres sources utiles : www.lazarshopping.com, www.nysale.com et les chroniques du *New York Magazine* sur http://nymag.com/shopping.

LES MEILLEURS CENTRES COMMERCIAUX

> Barney's (p. 139)
> Century 21 (p. 48)
> Macy's (p. 172)
> Pearl River Mart (p. 60)
> Saks Fifth Ave

CHAUSSURES ET ACCESSOIRES DE RÊVE

> Sigerson Morrison (p. 87)
> Me & Ro
> Bond 07 (p. 85)
> Bond 09 (p. 85)
> Otto Tootsi Plohound (p. 87)

SPAS

À New York, on peut s'accorder une cure de jouvence à tout moment du jour, mais aussi de la nuit : Juvenex, un institut de Little Korea s'adressant principalement aux artistes de Broadway, est ouvert 24h/24.

Dans les spas new-yorkais, chacun trouvera son compte : simple massage après le travail, *mani-pedi* (manucure et pédicure), épilation (maillot, brésilienne ou autre), soins du visage et de la peau, amélioration de la silhouette, gommages, soins des cheveux, etc. À vous de choisir entre un masque enrichi en oxygène, en fruits, en produits biologiques, en particules marines… la liste est loin d'être exhaustive ! Les femmes n'ont pas l'exclusivité du bien-être : plusieurs instituts se consacrent à la gent masculine et prodiguent soins virils pour le visage et pour les mains.

Beaucoup d'hôtels disposent de leur propre spa, mais il faut souvent prendre rendez-vous. Attention aux gommages trop agressifs – il n'y a pas de vrai danger, mais des mains maladroites peuvent provoquer un résultat inconfortable et disgracieux.

ZOOM SUR…

SPORTS

Le base-ball est le sport new-yorkais par excellence : les deux équipes professionnelles de la ville sont les extraordinaires Yankees (en American League), qui cumulent plus de victoires en World Series que toute autre équipe, et les Mets (en National League), éternels seconds. La saison s'étend d'avril à octobre.

Les matchs se jouent au Yankee Stadium dans le Bronx, au Shea Stadium dans le Queens, ou dans les stades des équipes de "réserve" à Coney Island (Brooklyn Cyclones) et Staten Island (Staten Island Yankees).

L'équipe de basket des New York Knicks dispute son championnat en hiver et au début du printemps au Madison Square Garden. L'équipe féminine professionnelle des New York Liberty évolue au même endroit. Les basketteurs des New Jersey Nets devraient bientôt déménager à Brooklyn, et un stade est en cours de construction pour les accueillir.

Les billets pour les matchs de football américain des NY Giants sont réservés des années à l'avance ; il est plus facile d'en obtenir pour voir les New York Jets. Les deux équipes jouent au Meadowlands Sports Complex, dans le New Jersey, de septembre à janvier.

Les rencontres de hockey sur glace des New York Rangers se disputent au Madison Square Garden d'octobre à avril.

L'US Open, tournoi de tennis du grand chelem, a lieu le week-end de Labor Day (la fête du Travail, début septembre) à Flushing Meadows. Les places pour l'Arthur Ashe Stadium sont réservées des mois à l'avance, mais pendant le tournoi, des billets sont vendus chaque matin (accès aux différents courts pour la journée) – en étant sur place avant 9h, vous avez des chances d'en obtenir.

Belmont Park abrite le plus grand hippodrome de la région. Les courses se déroulent de mai à juillet.

Pour les principales manifestations sportives, réservez vos places via **Ticketmaster** (☎ 212-307-7171).

THÉÂTRES

À New York, le spectacle vivant se taille la part du lion. En fait, il se passe toujours quelque chose : théâtre expérimental dans le Lower East Side, ballet de renommée internationale au Lincoln Center, comédie musicale décoiffante à Broadway ou mise en scène à petit budget d'une pièce de Tchekhov, Stoppard ou Miller dans les théâtres dynamiques de Downtown.

Pour ne pas en perdre une miette, consultez les éditions du vendredi et du dimanche du *New York Times*, ainsi que les hebdomadaires *New York Magazine*, *Time Out New York* et *The New Yorker*. Le *Village Voice* est intéressant pour les scènes alternatives et les productions du off-off Broadway. Le service téléphonique du **Department of Cultural Affairs** (☎ 212-643-7770) recense les manifestations organisées dans les institutions culturelles, et **NYC On Stage** (☎ 212-768-1818) fournit 24h/24 la liste des concerts, pièces de théâtre et spectacles de danse. Autres bonnes sources d'information : **All That Chat** (www.talkinbroadway.com/all thatchat/), **NYC Theater** (www.nyc.com/theater) et la **Broadway Line** (☎ 888-276-2392).

QUELQUES THÉÂTRES CÉLÈBRES

> Soho Playhouse
> Joseph Papp Public Theater (p. 106)
> Ambassador Theater (p. 177)
> New Amsterdam Theater (p. 178)
> Repertorio Español,
  un théâtre bilingue

DES SUCCÈS QUI TIENNENT L'AFFICHE

> *Avenue Q* (www.avenueq.com)
> *Chicago* (www.chicagothemusical.com)
> *The Lion King* (photo ci-dessus ; www
  .thelionking.org/musical)
> *Mamma Mia !* (www.mamma-mia.com)
> *The Phantom of the Opera* (www.the
  phantomoftheopera.com)

PANORAMAS

Gardez votre appareil à portée de main car tout va très vite à New York. Heureusement, il y a mille façons de regarder la ville et autant de points d'observation. Depuis la réouverture du Top of the Rock au sommet du Rockefeller Center, deux opportunités s'offrent à vous pour braver le vertige et dominer la ville depuis une hauteur ahurissante, l'alternative étant évidemment l'Empire State Building.

Les points de vue en hauteur semblent les plus prisés, pourtant les beautés de Manhattan sont fascinantes sous tous les angles. Les circuits du NY Transit Museum empruntent des tronçons du métro aujourd'hui abandonnés, ce qui vous permet de jouir d'une superbe "vue d'en bas".

Central Park offre quelques panoramas pittoresques, notamment depuis la superbe fontaine centrale de Bethesda Terrace, à côté du Ramble. Juste à côté, le Bow Bridge a été le témoin de plus d'une demande en mariage. Une balade dans le Hudson River Park permet d'admirer les berges spectaculaires, et pour découvrir en direct le portrait de Manhattan qui orne tant de cartes postales, il faut emprunter le ferry de Staten Island juste avant le coucher du soleil. La vue est magnifique lorsque vous vous dirigez vers Staten Island, et au retour, le coucher du soleil incandescent derrière les gratte-ciel de Manhattan constitue un moment inoubliable.

POUR UN POINT DE VUE IMPRENABLE
> Traversez le pont de Brooklyn jusqu'à Dumbo (p. 219)
> Faites une escapade à bord du ferry de Staten Island (p. 54)
> Prenez le bateau-taxi pour Long Island City
> Arpentez la ville dans un bus à deux étages
> Visitez l'Empire State Building (p. 158)

Une rue devant Grand Central Terminal

HIER ET AUJOURD'HUI

HISTOIRE

Le territoire de l'actuel Manhattan était déjà occupé par un grand nombre d'Indiens algonquins bien avant que Giovanni da Verrazano ne découvre Staten Island en 1524 et qu'Henry Hudson ne réquisitionne des terres pour le compte de la Compagnie hollandaise des Indes orientales en 1609.

Les Amérindiens Lenape, qui pêchaient les huîtres et le bar dans la baie de New York, ont établi des routes marchandes fréquentées à travers l'île vallonnée (Manhattan signifie "île de collines" en amérindien). Ces mêmes itinéraires ont plus tard donné naissance à Broadway, Amsterdam Avenue et d'autres grandes artères new-yorkaises. La légende veut que le marchand hollandais Peter Minuit ait acheté l'île aux Lenape pour quelques babioles d'une valeur de 24 $, mais les historiens en doutent, dans la mesure où cette ethnie n'adhérait absolument pas au principe de propriété privée. Toujours est-il que les Hollandais prirent le contrôle de l'île et fondèrent une colonie qui, en 1630, comptait 270 membres parmi lesquels quelques Wallons, des huguenots français et des Anglais.

En 1647, Peter Stuyvesant vint remettre de l'ordre dans la colonie indisciplinée de la Nouvelle-Amsterdam, mais son intolérance religieuse provoqua des troubles. Les Anglais rencontrèrent peu d'opposition lorsqu'ils s'emparèrent pacifiquement de la colonie, en 1664. Rebaptisée New York, elle devint un bastion britannique et resta profondément fidèle à George III durant presque toute la guerre d'Indépendance des années 1770. L'armée de garçons de ferme dirigée par George Washington faillit être anéantie par les troupes du général britannique Cornwallis à l'emplacement de l'actuel Brooklyn Heights. Seul un audacieux mouvement de troupes vers le nord, effectué en une nuit, les sortit de ce mauvais pas.

La période qui suivit la guerre fut profitable à la plupart des New-Yorkais, même si les pères fondateurs n'appréciaient guère ce port animé. Ils déplacèrent donc la capitale plus au sud, à Washington, mais ne furent pas vraiment suivis par la population. En 1830, New York comptait 250 000 habitants, dont beaucoup d'immigrants qui travaillaient dans des conditions difficiles et vivaient dans des *tenements* (immeubles précaires) du Lower East Side. Dans le même temps, des politiciens corrompus profitaient de travaux publics pour détourner des millions de dollars et des magnats de l'industrie amassaient des fortunes sans payer le moindre impôt. Rapidement, le manque d'espace obligea les promoteurs à construire dans le sens de

AFRICAN BURIAL GROUND

Les Africains sont présents à New York depuis le XVIIᵉ siècle. Introduits dans la colonie hollandaise comme esclaves, ils ont construit nombre des grands édifices coloniaux de Lower Manhattan. Une fois l'esclavage aboli dans le nord du pays, leurs réalisations ont été en grande partie reléguées aux oubliettes. Aujourd'hui, l'African Burial Ground – où sont enterrés quelque 400 esclaves, pour la plupart originaires du Ghana, découverte par hasard en 1991 – nous rappelle leur douloureux passé. Le cimetière, qui a été classé site historique national, se trouve à l'angle de Duane St et d'Elk St, au niveau de 290 Broadway. Une exposition permanente est par ailleurs consacrée à ces esclaves au Schomburg Center, à Harlem (p. 212).

la hauteur. Les gratte-ciel commencèrent à se dessiner sur l'horizon de la ville, tandis que les lignes de métro souterraines et aériennes continuaient leur progression. En 1898, les quartiers indépendants de Staten Island, du Queens, du Bronx et de Brooklyn fusionnèrent avec Manhattan pour former les cinq boroughs (circonscriptions administratives) de New York. Les vagues successives d'immigrants firent grimper la population new-yorkaise à trois millions d'habitants en 1900.

Bars clandestins, prostitution et crime organisé d'un côté, mais aussi obtention du droit de vote pour les femmes (19ᵉ Amendement) et renaissance de Harlem : le New York d'avant la Première Guerre mondiale était d'une incroyable vitalité. Margaret Sanger prêchait en faveur de la contraception dans le Washington Square Park, Wall Street transformait des rustres en *golden boys* et F. Scott Fitzgerald faisait la chronique des événements mondains dans *The Great Gatsby* (*Gatsby le Magnifique*). Pourtant, l'effondrement de la Bourse le Jeudi noir (29 octobre 1929) balaya d'un revers de main l'avenir brillant promis à la ville. S'ensuivirent des années difficiles, et même si New York était la première agglomération du pays après la Seconde Guerre mondiale, l'économie continuait de stagner. Dans les années 1970, il fallut un important programme de prêts fédéraux pour sauver la ville de la banqueroute.

CULTURE ET SOCIÉTÉ

New York est le meilleur exemple du *melting pot* américain, une expression employée au début du XXᵉ siècle par les dirigeants du pays pour encourager le brassage des colons et des nouveaux arrivants, afin d'aboutir à une population uniforme, sans ségrégation sociale ni divisions ethniques. Mais au lieu d'être assimilée par la culture dominante (alors essentiellement anglo-saxonne), chaque communauté a continué à parler sa langue

LE TANGO PORTEÑO

Si vous êtes passionné par cette danse argentine sensuelle, filez tout droit au Pier 16 à South St Seaport : tous les dimanches soir de mai à fin octobre, rejoignez la foule des danseurs évoluant langoureusement le long des quais. Cette manifestation hebdomadaire gratuite (www.tangoporteno.org) est ouverte à tous, débutants ou expérimentés. À vous la musique et les romances au clair de lune !

et à pratiquer fièrement ses traditions, et chacune a investi un secteur de la ville : Greenwich Village pour les Irlandais, le Lower East Side pour les Juifs d'Europe de l'Est, Little Italy pour les Italiens. Dans les années 1950 et 1960, les Dominicains se sont installés dans le quartier qui allait devenir Spanish Harlem, tandis que les Portoricains occupent encore la majorité du Bronx. Des immigrants de diverses nationalités sont arrivés entre-temps, se côtoyant sans heurts. Une culture colorée issue d'influences multiples a ainsi pris le dessus sur l'homogénéité parfaite dont rêvaient les fondateurs de la ville. Quelle que soit son origine, le New-Yorkais lambda parle aujourd'hui un peu espagnol ou une autre langue étrangère (quand il n'est pas parfaitement bilingue), connaît le calendrier lunaire chinois (et ne rate pour rien au monde le défilé du Nouvel An) et peut commander un bagel et du *schmear* (fromage à tartiner) avec le plus grand naturel.

Bien entendu, une ville de plus de huit millions d'habitants connaît forcément quelques problèmes de cohabitation. Les hommes politiques sont d'ailleurs sanctionnés dès lors qu'ils ne parviennent pas à résoudre ces conflits. Mais, de manière générale, les New-Yorkais vivent en bonne entente et font preuve de solidarité.

Dans la rue, tout se fait toujours au pas de course, mais de brefs échanges fusent de partout (comme "Quoi de neuf ?", "Tout baigne ?" et autres). N'hésitez pas à répondre si une personne bien intentionnée vous adresse un mot gentil. La politesse – *please*, *thank you*, etc. – est de mise et une attitude méprisante, envers un chauffeur de taxi ou un portier, par exemple, est très mal vue dans cette ville démocratique. Quelques comportements sont susceptibles d'irriter les New-Yorkais. N'ouvrez pas votre plan juste à la sortie du métro au risque de bloquer le passage, mais installez-vous au coin de la rue. Ne prenez pas trop de temps pour choisir votre déjeuner aux heures de pointe, sous peine d'essuyer une moquerie du serveur ; décidez de votre commande avant de vous engager dans la queue. Si la veste et la cravate sont de rigueur dans les restaurants chic, aucun style ne s'impose le reste du temps.

GOUVERNEMENT ET POLITIQUE

Homme d'affaires milliardaire, l'actuel maire Michael Bloomberg a mené
une politique économique draconienne qui, si elle n'a pas soulevé
les passions, a sorti New York du marasme financier de l'après 11 Septembre.
C'est d'ailleurs ce qui lui a valu sa confortable réélection en 2006.
Certes la ville est beaucoup plus prospère qu'avant, mais elle est aussi
devenue beaucoup moins abordable. Après douze ans de gouvernement
républicain à Albany, le mécontentement s'est traduit, en 2006, par un
profond changement – le démocrate Eliot Spitzer est devenu gouverneur,
secondé par un procureur général et contrôleur des comptes démocrate
également. Quant à la sénatrice Hillary Clinton, réélue avec une majorité
écrasante en 2006, elle est bien engagée dans la course à l'investiture
démocrate pour les présidentielles de 2008.

New York compte cinq présidents de borough, un contrôleur des finances
et un *public advocate* (sorte de médiateur pour les administrés). Un conseil
municipal composé de cinquante et un élus est censé contrebalancer
le pouvoir du maire. Après quelques années laborieuses, l'économie
de la métropole a retrouvé toute sa vigueur et le libéralisme de toujours
commence à se réaffirmer. Cela se manifeste notamment dans l'important
effort mené pour améliorer les conditions de logement des classes ouvrières
ou à bas revenus, chassés de Manhattan et de presque tous les boroughs
par des loyers excessifs. Le sempiternel débat américain sur la réforme
de la politique d'immigration se heurte à bien des résistances à New York,
terre d'accueil de certaines des plus importantes communautés ethniques
du pays. Exhortés à prendre position, les dirigeants new-yorkais se sont
prononcés pour des programmes d'amnistie qui garantiraient un statut
légal aux sans-papiers résidant depuis longtemps sur le territoire.
Avec un conseil municipal largement démocrate (seuls trois conseillers
ne le sont pas) et aucun candidat républicain réellement susceptible de
prendre la suite à la tête de l'État et de la Ville, New York semble s'orienter
de plus à plus à gauche, après des décennies de républicanisme modéré.

ENVIRONNEMENT

La plupart des New-Yorkais pratiquent le tri sélectif avec enthousiasme
(bien que les poubelles de recyclage ne courent pas les rues) et vénèrent
les espaces verts qui ponctuent la jungle de béton. Cependant, la ville
se développe à un rythme effréné et des projets immobiliers pour le moins
barbares sont envisagés, entre autres la construction d'un nouveau parc

aquatique à Randalls Island, sur l'East River. La fièvre du bâtiment menace également le fragile écosystème de Croton Watershed, zone de marais jouant le rôle de filtre naturel et alimentant New York en eau potable. Les écologistes ont réussi à limiter les dégâts, mais la lutte va devenir de plus en plus âpre dans les années à venir. Les dangers de la construction à outrance sont déjà perceptibles au Gateway National Park, dans Jamaica Bay (Queens). Cet énorme marais a été réduit à une peau de chagrin ; il continue de péricliter, pour des raisons inconnues, et les scientifiques de l'Army Corp of Engineer prévoient sa disparition totale d'ici vingt-cinq ans. La ville a récemment pris des mesures pour éviter de bâtir sur des zones marécageuses, mais beaucoup craignent qu'il ne soit trop tard.

QUELQUES IDÉES DE LECTURE
NEW YORK EN LITTÉRATURE

Les Orphelins de Brooklyn (Jonathan Lethem, éditions de l'Olivier, 2003).
Lionel Essrog, détective fétiche de Lethem, vous entraîne à Brooklyn dans des rues un rien sinistres mais toujours séduisantes, afin d'éclaircir un meurtre perpétré dans le quartier.
Les Enfants du Bronx : dans l'intimité d'une famille portoricaine (Adrian Nicole LeBlanc, éditions de l'Olivier, 2005). Pendant douze ans, l'auteur de ce documentaire a côtoyé une famille portoricaine, dans le Bronx.
Les Élus du seigneur (James Baldwin, éditions Table Ronde, 1957). Court et intense, le premier roman de Baldwin raconte l'éveil spirituel d'un adolescent de Harlem à travers vingt-quatre heures de sa vie. Cette œuvre est la première à présenter le dialecte afro-américain dans son cadre naturel et à révéler les effets de l'exode rural sur les Noirs du Sud.
L'Intuitionniste (Colson Whitehead, éditions Gallimard, 2003). Colson Whitehead, qui habite Brooklyn, nous emmène au cœur de New York (la ville n'est jamais nommément citée, mais elle est omniprésente), dans un thriller où les ascenseurs sont la métaphore d'une croissance économique fulgurante.
Cosmopolis (Don Delillo, Actes Sud, 2003). Eric Packer, homme d'affaires richissime de 28 ans, déambule dans les rues de Manhattan en quête d'un coiffeur. Sa journée va être riche en événements inattendus.
Blonde Attitude (Plum Sykes, Fleuve Noir, 2005). Si vous avez aimé la série *Sex and the City*, vous allez adorer ce roman. Rédactrice de *Vogue*, Plum Sykes brosse un portrait caustique et drôle des "princesses blondes" de Manhattan.

CINÉMA
NEW YORK AU CINÉMA

Les Berkman se séparent (2005). Le réalisateur Noah Baumbach nous narre les déboires d'une famille d'intellectuels de Brooklyn. Les romans de Bernard ne se vendent plus, alors que sa femme semble à l'aube du succès. Rien ne va plus entre eux...

Manhattan (1979). Lequel des films de Woody Allen dépeint-il le mieux son île adorée ? *Annie Hall* est toujours dans la course, mais au final, ce bijou en noir et blanc l'emporte : le réalisateur décrit avec humour la vie et les histoires d'amour dans cette ville où l'on se sent parfois bien seul.

Ghost Busters (1984). Si vous n'êtes pas sensible à l'humour loufoque de Dan Aykroyd et de Bill Murray, vous apprécierez les fantastiques vues de Manhattan (sans les énormes centres commerciaux, fast-foods et autres immeubles qui ont poussé depuis).

Jungle Fever (1991). Avec une énergie et une sincérité incroyables, Spike Lee met en scène l'histoire d'amour empoisonnée par les préjugés raciaux entre un architecte noir de Harlem et sa secrétaire blanche du quartier italien de Bensonhurst, Brooklyn.

Torch Song Trilogy (1988). Créés à une saison d'intervalle et présentées séparément dans les années 1980, au théâtre expérimental La MaMa, ces trois pièces cultes de Harvey Fierstein traitant de la communauté gay sont encore plus impressionnantes sur grand écran. Les scènes d'homophobie sont beaucoup moins obsolètes qu'il n'y paraît, puisque en 2006, une drag queen a été gravement blessée non loin du magasin de West Village où le film a été tourné il y a vingt ans.

Gangs of New York (2002). Réalisé par Martin Scorsese, avec entre autres Daniel Day Lewis, Leonardo DiCaprio et Cameron Diaz. Certes il ne s'agit pas d'un chef-d'œuvre, mais le célèbre quartier de Five Points – dans l'actuel Chinatown – semble plus vrai que nature. L'intérêt du film tient à sa mise en scène de la compétition économique entre les différentes communautés de migrants au XIXe siècle, résultant souvent en une terrible guerre des gangs.

Block Party (2005). L'humoriste Dave Chappelle a organisé un incroyable concert à Brooklyn, mêlant comédie et musique. Il en résulte un documentaire original, enregistré sur les lieux et au moment même du spectacle (d'où l'absence de fil narratif). Les performances artistiques sont épatantes, et tout le monde sera d'accord pour dire "J'aurais aimé être de la partie !".

HÉBERGEMENT

SE LOGER À NEW YORK

Avec un peu de chance et des préparatifs sérieux, vous trouverez peut-être un bon hébergement qui ne grèvera pas trop votre budget. C'est possible, mais pas certain. La bonne nouvelle, c'est que le service est à la hauteur (même si les chambres véritablement spacieuses sont rares quelle que soit la catégorie).

Pour un séjour détente avec visites de musées et activités culturelles, concentrez vos recherches dans l'Upper East Side et l'Upper West Side. Les personnes voyageant pour affaires ou désirant voir un spectacle à Broadway chercheront d'abord à Midtown West, puis à Midtown East et autour de Grand Central Station. Boutiques branchées et hôtels à thème abondent autour de Times Square, Bryant Park, Union Square et dans le Lower East Side. On déniche quelques bonnes affaires dans les hôtels plus anciens de Chelsea, et dans les Bed & Breakfast de Greenwich Village et d'East Village.

Quelques bonnes sources d'information : le site de Lonely Planet (haystack.lonelyplanet.com), Just New York Hotels (www.justnewyorkhotels.com), New York Deals on Hotels (www.newyork.dealsonhotels.com), New York City Hotels Today (www.newyorkcityhotelstoday.com) et NYC Hotels (www.nyc-hotels.net). Certains hôtels proposent des réductions en cas de réservation sur Internet. Les sites Priceline (www.priceline.com), Hotwire (www.hotwire.com), Orbitz (www.orbitz.com), Hotels.com (www.hotels.com), Hoteldiscounts.com (www.hoteldiscounts.com) et Travelzoo (www.travelzoo.com) affirment disposer de tarifs jusqu'à 70% inférieurs aux prix normaux.

LES MEILLEURS HÔTELS CHIC
> Hudson (www.hudsonhotel.com)
> W Hotel Times Sq (www.whotels.com)
> 70 Park Ave (www.70parkave.com)
> Bryant Park Hotel (www.bryantparkhotel.com)
> Casablanca Hotel (www.casablancahotel.com)

LES MEILLEURS HÔTELS DU "VIEUX NEW YORK"
> Chelsea (www.hotelchelsea.com)
> Dylan (www.dylanhotel.com)
> Hotel Deauville (www.hoteldeauville.com)
> The Mark (www.themarkhotel.com)
> Hotel Beacon (www.bea

CATÉGORIE SUPÉRIEURE

DREAM

☎ 212-247-2000, 866-437-3266 ; www.dreamny.com ; 210 W 55th St, entre Broadway et Seventh Ave ; d à partir de 365 $; ⊙ 57th St (N, R, Q, W) ; 🔀 💻

Ancien hôtel de chaîne insipide, le Dream est devenu un lieu surnaturel, après transformation. Le hall bizarre est doté d'un immense aquarium rempli de poissons des Caraïbes et d'une statue de 3 figures géantes récupérée dans un restaurant russe du Connecticut. Les 220 chambres, d'une minimale blancheur, ont des lumières bleues qui émanent de dessous les lits et de l'intérieur des bureaux à plateau de verre (Internet gratuit et TV à écran plat). Point fort : le bar du penthouse, avec espaces en plein air d'où la vue plonge sur Broadway. Spa en sous-sol en construction lors de notre passage.

HOTEL GIRAFFE

☎ 212-685-7700, 877-296-0009 ; www.hotelgiraffe.com ; 365 Park Ave South à la hauteur de 26th St ; ch/ste avec petit déj à partir de 325/425 $; ⊙ 23rd St (6), 23rd St (N, R, W) ; 🔀 💻

Un cran au-dessus de la plupart des hôtels chic indépendants du Flatiron District, le Giraffe offre 11 étages de chambres modernes aux lignes pures, dans un quartier d'immeubles

Art déco, plus une terrasse sur le toit pour prendre un verre ou grignoter des tapas. La plupart des 72 chambres ont un petit balcon, et toutes une TV à écran plat avec lecteur DVD, un bureau en granit, et des stores que l'on commande depuis le lit. Les suites d'angle disposent d'un salon avec canapé-lit.

IROQUOIS

☎ 212-840-3080, 800-332-7220 ; www.iroquoisny.com ; 49 W 44th St, entre Fifth Ave et Sixth Ave ; ch/ste à partir de 385/600 $; ⊙ 42nd St (B, D, F, V), Grand Central (4, 5, 6, 7) ; 🔀 💻

Les 114 chambres de l'Iroquois – l'hôtel où séjourna James Dean, dans la n°803, de 1951 à 1953 – sont riches d'histoire et pourvues de toutes les commodités modernes, depuis une rénovation récente. La clientèle aisée, d'âge moyen, apprécie le style raffiné des chambres – tons vert et crème, sdb en marbre italien, accès Internet Wi-Fi. Quant aux chambres « zero line », elles offrent une magnifique vue sur le Chrysler Building. Le restaurant du hall, La Petite Triomphe, vrombit avant l'heure des spectacles.

MERCER

☎ 212-966-6060 ; 147 Mercer St à la hauteur de Prince St ; d/ste à partir de 440/680 $; ⊙ Prince St (N, R, W) ; 🔀 💻

En plein cœur des rues en brique de Soho, le majestueux Mercer est l'adresse des stars : ambiance nonchalante dans le vestibule, excellent restaurant de Jean-George au sous-sol, et 75 chambres offrant un chic version loft dans un entrepôt séculaire. TV à écran plat, parquet et sdb à carreaux de marbre ajoutent une touche moderne à des chambres qui ne font pas mystère de leur antécédent industriel, avec fenêtres ovales géantes, colonnes métalliques et murs en brique apparente.

CATÉGORIE MOYENNE

BATTERY PARK CITY RITZ-CARLTON

☎ 212-344-0800 ; www.ritz-carlton. com ;2 West St à la hauteur de Battery Pl ; d/ste à partir de 260/800 $; ⊕ Bowling Green (4,5) ; ✖ ▢
Occupant les 14 premiers étages d'une tour moderne de 38 étages, le plus bel hôtel de Lower Manhattan domine la pointe sud de l'île. Nombre de ses 298 chambres, spacieuses et confortables, ont un télescope braqué sue la statue de la Liberté. Toutes sont équipées de sdb en marbre. Et les suites sont fastueuses. Le bar Rise sert des repas légers et offre une vue exceptionnelle sur la baie. N'oublions pas le centre thermal et la salle de gym.

BED & BREAKFAST ON THE PARK

☎ 718-499-6115 ; www.bbnyc.com ; 113 Prospect Park West, entre 6th St et 7th St ; d avec petit déj à partir de 155 $; ⊕ Seventh Ave-Park Slope (F) ; ✖
En face de Prospect Park, dans le quartier embourgeoisé de Park Slope (Brooklyn), ce B&B d'une intimité toute victorienne offre 7 chambres (sdb individuelles) meublées de tapis orientaux, de plantes vertes, de lits à baldaquin et de cheminées marchant au gaz, avec parquet et moulures. Au petit déj, familial, la conversation peut s'éterniser autour des soufflés et *kielbasa* (saucisses). La borne Wi-Fi couvre certaines chambres et le jardin à l'arrière.

CASABLANCA HOTEL

☎ 212-869-1212, 888-922-7225 ; www. casablancahotel.com ; 147 W 43rd St, entre Sixth Ave et Broadway ; d avec petit déj à partir de 269 $; ⊕ Times Sq (N, Q, R, S, W, 1, 2, 3, 7) ; ✖ ▢
Situé à deux pas de Times Square, discret et tourné vers une clientèle touristique, le populaire Casablanca décline le thème nord-africain sous toutes ses formes (statues de tigres, fresques marocaines, tapisseries, et Rick's Café – conformément au film – au 1er étage). 48 chambres confortables, avec sol en sisal et coin salon. Internet gratuit, expresso servi toute le journée, vin à 17h, et lits supplémentaires à roulettes.

CHELSEA HOTEL

☎ 212-243-3700 ; www.hotelchelsea.com ; 222 W 23rd St, entre Seventh Ave et Eighth Ave ; ch/ste à partir de 225/585 $; Ⓜ 23rd St (C, E, 1) ; ✄ ⌨

Immortalisé par des poèmes, des overdoses célèbres (celle de Sid Vicious, après l'assassinat, dans des circonstances douteuses, de son amie Nancy Spungen), et par Ethan Hawke dans *Chelsea Walls*, le Chelsea Hotel est un « objet » unique qui a gardé toute sa vibration bohème, avec carte de crédit... C'est l'hôtel mythique de New York ; on imagine Bob Dylan écrivant les paroles de ses chansons dans une séquence perdue de *Don't Look back*. Assortiment très divers de chambres qui montrent affectueusement leur âge – la plupart immenses, certaines avec kitchenette et salon séparés. En logeant ici, vous aurez l'impression de participer au tournage d'un film ou d'une photo, sans doute parce que l'un deux est en cours dans la chambre d'à côté. Accès Internet (7 $/h).

HUDSON

☎ 212-554-6000, 800-697-1791 ; www.hudsonhotel.com ; 356 W 58th St, entre Eighth Ave et Ninth Ave ; ch 285-450 $; Ⓜ 59th St-Columbus Circle (A, C, B, D, 1) ; ✄ ⌨

Hyperbranché, le Hudson est autant un night-club qu'un hôtel. Des portes fluo jaune citron conduisent à un escalator lumineux qui débouche sur un hall au décor en fausse vigne et brique rouge. À côté se trouve le Chambers Bar, éclairé par le sol. Les chambres sont grandes comme des cabines de bateau, mais confortables dans leurs moindres détails. Des rideaux transparents séparent l'entrée en parquet et la chambre. Sdb aux murs en verre. Terrasse en plein ciel, au 14e étage, pour siroter des cocktails et profiter de la vue sur l'Hudson. Son emplacement, à deux pas de Central Park et à quelques rues des théâtres de Broadway, est un bonus.

LIBRARY HOTEL

☎ 212-983-4500, 877-793-7323 ; www.libraryhotel.com ; 299 Madison Ave à la hauteur de 41st St ; d avec petit déj 300 $; Ⓜ Grand Central-42nd St (S, 4, 5, 6) ; ✄ ⌨

Chacun des 10 étages est dédié à l'une des 10 catégories du système décimal de Dewey (inventeur d'un système de classification des livres : sciences sociales, littérature, philosophie, etc.), avec 6 000 volumes répartis entre les chambres. Le style de l'endroit est lui-même studieux, avec panneaux d'acajou, salles de lecture silencieuses et ambiance de club de gentlemen à laquelle contribue grandement la majesté de l'édifice – un hôtel particulier en brique de 1912. Le bar, sur le toit, jouit d'une vue plongeante sur la vraie bibliothèque de la 41st St, dans Midtown.

WALDORF-ASTORIA

☎ 212-355-3000, 800-925-3673 ; www.waldorfastoria.com ; 301 Park Ave, entre 49th St et 50th St ; s et d 200-500 $; Ⓜ 51st St (6), Lexington Ave (E, F) ; 🔀 💻

Attraction en soi, ce légendaire hôtel de 41 étages et 416 chambres – qui fait aujourd'hui partie de la chaîne Hilton – est un monument Art déco occupant tout un pâté de maisons, non loin du Rockefeller Center. 13 salles de conférences, des boutiques et des restaurants entretiennent un va-et-vient permanent au rez-de-chaussée. Les chambres ont quelque chose d'européen dans leur élégance tarabiscotée. Les trois quarts du flot quotidien de visiteurs viennent uniquement pour voir la mosaïque *Wheel of Life* (à l'entrée de Park Avenue), qui est faite de 150 000 carreaux de faïence.

WASHINGTON SQUARE HOTEL

☎ 212-777-9515, 800-222-0418 ; www.washingtonsquarehotel.com ; 103 Waverly Pl, entre MacDougal St et Sixth Ave ; d 166 $; Ⓜ W 4th St (A, C, E, B, D, F, V) ; 🔀 💻

Cet hôtel jazzy de 8 étages maintient en vie le style Art déco, avec de vieilles photos d'Hollywood et des pétales de rose sur les murs de ses 160 chambres un peu bohèmes, dont la moitié viennent d'être rénovées. Situé dans Greenwich Village, en face du parc de Washington Square – et cerné par l'université de New York – l'endroit est très vivant et offre un accès Wi-Fi gratuit. Les chambres de luxe (34 $ de plus) sont plus belles, avec un mobilier entièrement neuf (coiffeuses à tablette de granit). Brunch en musique (jazz !) servi le dimanche au North Square Restaurant & Lounge, en sous-sol. Les autres jours, on peut prendre un thé à l'anglaise, l'après-midi, dans la Deco Room du vestibule.

PETITS BUDGETS

AWESOME B&B

☎ 718-858-4859 ; 136 Lawrence St, entre Willoughby St et Fulton St ; ch avec petit déj à partir de 140 $; Ⓜ Lawrence St (M, R), Hoyt St (2, 3) ; 🔀 💻

Dans le centre animé de Brooklyn, ce B&B rudimentaire loue 6 petites chambres très bien décorées (petites lampes, consoles dans l'entrée, murs peints à la main) et offre une atmosphère d'auberge de jeunesse. On s'y amuse aussi, lors de « nuits gothiques » diaboliquement médiévales. Le personnel vous imprimera des plans de New York en fonction de votre destination du jour. Deux sdb communes. Downtown n'est pas le quartier le plus pittoresque de Brooklyn, mais les restaurants de Smith Street et les brownstones de Brooklyn Heights sont à deux pas.

BIG APPLE HOSTEL
☎ 212-302-2603 ; 119W 45th St, entre 6th Ave et Broadway ; dort/ch à partir de 35/92 $; Ⓜ 42nd St-Bryant Park (B, D, F, V) ; 🕸

Tout près de Times Square, cette auberge de jeunesse dispose de chambres propres et sûres, et d'un personnel à la gentillesse remarquable. Ses autres atouts : une cour, une cuisine et une buanderie au sous-sol. Comme les dortoirs, les chambres individuelles n'ont accès qu'à des sdb communes, mais disposent d'une TV câblée et de deux chaises.

CHELSEA PINES INN
☎ 212-929-1023, 888-546-2700 ; www.chelseapinesinn.com ; 317 W 14th St, entre Eighth Ave et Ninth Ave ; ch avec petit déj à partir de 139 $; Ⓜ 14th St (A, C, E), Eighth Ave (L) ; 🕸 🖳

Avec ses 4 étages (sans ascenseur), codés aux couleurs du drapeau arc-en-ciel, le Chelsea Pines est l'un des hôtels gays et lesbiens les plus courus de Chelsea – mais les clients de tout bord sont les bienvenus. Mieux vaut connaître la filmographie hitchcockienne, car de vieilles affiches tapissent les murs, et les chambres ont pour noms Kim Novak, Doris Day, Ann-Margret, et autres starlettes. Dans les chambres standards, la penderie-débarras est équipée d'un lavabo, et des sdb propres se trouvent au fond du hall.

Le petit café, en bas, dispose d'une borne Wi-Fi et s'ouvre sur une toute petite cour arrière. Le personnel plein d'entrain vous conseillera sur les lieux de drague, de fête et de restauration.

HARLEM FLOPHOUSE
☎ 212-662-0678 ; www.harlemflophouse.com ; 242 W 123rd St, entre Adam Clayton Powell Blvd et Frederick Douglass Blvd ; s/d 100/125 $; Ⓜ 125th St (A, B, C, D)

Une option de choix que cette maison des années 1980 ramenant à l'époque du jazz, avec objets anciens, parquets cirés et vieilles radios branchées sur une station de jazz. Les sdb sont communes et il n'y a ni clim ni TV. Un vrai voyage dans le temps. Le propriétaire peut vous indiquer les services religieux des environs, où entendre du gospel authentique (sans les cars de touristes), et des restaurants de bonne cuisine afro-américaine.

HOTEL 17
☎ 212-475-2845 ; www.hotel17ny.com ; 225 E 17th St, entre Second Ave et Third Ave ; d 120-150 $; Ⓜ 14th St-Union Sq (N, Q, R, 4, 5, 6), Third Ave (L) ; 🕸

À deux pas de Stuyvesant Square, dans le quartier de Gramercy Park, au cœur d'un îlot résidentiel flamboyant, cette célèbre maison de 7 étages offre tout le charme du New York d'autrefois à des prix très abordables. De plus, Woody Allen y a tourné une scène de cadavre pour son film *Meurtre mystérieux à Manhattan* (1993). Seules 4 des 120 chambres disposent de sdb ; toutes sont petites et meublées simplement dans le goût traditionnel (moquette grise, papier à rayures, couvre-lit en chintz, stores bordeaux), et manquent de lumière naturelle.

HOTEL NEWTON

☎ 212-678-6500 ; www.newyorkhotel.com/newton ; 2528 Brodway, entre 94th St et 95th St ; s et d à partir de 150 $; Ⓜ 96th St (1, 2, 3) ; ✂ ▢
Hôtel de 109 chambres propres et bon marché, dans Upper West Side. La clientèle est un mélange de visiteurs internationaux et d'universitaires cherchant un point de chute à proximité de l'université de Columbia, une dizaine de rues plus au nord. Les suites, d'un prix plus élevé, disposent d'un « petit coin » salon. Toutes les chambres ont un réfrigérateur, un four à micro-ondes, l'accès Internet et des fenêtres à double vitrage. En janvier et février, les tarifs chutent à 80 $ – imbattable.

LARCHMONT HOTEL

☎ 212-989-9333 ; www.larchmonthotel.com ; 27 W 11th St, entre Fifth Ave et Sixth Ave ; s/d à partir de 75/99 $; Ⓜ 14th Ave (F, V) ; ✂ ▢

Dans un quartier résidentiel verdoyant, à mi-distance entre les Villages West et East, une auberge populaire de style européen qui compte 60 chambres. Une super affaire si vous ne voyez pas d'inconvénient à descendre dans le hall sur la pointe des pieds, en mules et robe de chambre fournies par la maison, pour aller aux toilettes ou prendre une douche. Chambres petites mais correctes, avec mobilier en osier, TV câblée, climatiseur mural et connexion Internet haut débit. Pour 20 $ de plus, vous aurez un grand lit, une TV à écran plat et une jolie vue sur les maisons de la rue. Les tarifs augmentent de 10 à 15 $ le week-end.

MURRAY HILL INN

☎ 212-683-6900, 888-996-6376 ; www.murrayhillinn.com ; 143 E 30th St, entre Lexington Ave et Third Ave ; d à partir de 129 $; Ⓜ 33rd St (6) ; ✂ ▢
Portant le nom de cet agréable quartier résidentiel et verdoyant de Midtown, ce petit hôtel de 47 chambres est meilleur que la moyenne dans cette catégorie de prix. Suite à une rénovation récente, les chambres ont gagné un parquet et une TV à écran plat, en plus de leurs (petits) réfrigérateur et penderie. Seulement deux des chambres n'ont pas de sdb.

OFF-SOHO SUITES

☎ 212-979-9815 ; www.offsoho.com ; 11 Rivington St, entre Chrystie St et The Bowery ; ch/ste à partir de 129/209 $; ⊕ Bowery (J, M, Z) ; ⊠ ▢

Plus attirés par le Lower East Side que par le clinquant de Nolita, la plupart des clients du Off-Soho (40 chambres) se retrouvent dans les bars plus à l'est. Les suites (pour 4 pers) ressemblent à un petit appartement : kitchenette fonctionnelle (four à micro-ondes, cuisinière avec four et étagères garnies), clic-clac devant la TV, et chambre séparée avec penderie. Une foule de rockers y ont séjourné, comme en témoignent les photos qui ornent les murs des couloirs. Accès Wi-Fi dans le salon.

SECOND HOME ON SECOND AVE

☎ 212-677-3161 ; www.secondhomesecondavenue.com ; 221 Second Ave, entre E 13th St et E 14th St ; ch à partir de 100 $; ⊕ Third Ave (L) ; ⊠

Sympathique pension dans East Village pour les voyageurs à petits budgets. 7 chambres (TV câblée) décorées avec goût, de mobilier artisanal ou de brocantes. La plus spacieuse est la Suite Moderne (195 $), où une porte-fenêtre sépare le salon et deux lits doubles. Cinq chambres ont des sdb communes propres.

CARNET PRATIQUE

TRANSPORTS

ARRIVÉE ET DÉPART

AVION

De nombreux vols directs relient quotidiennement New York aux principales villes d'Amérique du Nord et du Sud et d'Europe de l'Ouest. En principe, l'aéroport de **La Guardia** est utilisé pour les vols intérieurs et celui de **JFK** pour les vols internationaux. Tous deux se situent à l'est de Manhattan, mais en voiture ou en bus, il faut souvent compter deux heures. Sur l'autre rive de l'Hudson, également facile d'accès, l'aéroport de **Newark** accueille principalement des vols intérieurs, en particulier ceux de Continental Airlines.

JFK International Airport

L'**aéroport international John F Kennedy** (JFK ; www.kennedyairport.com) se situe au

Depuis/vers JFK

	Train/métro	Taxi	Bus	Service de voiturage
Départ	Dans les terminaux, suivez les panneaux AirTrain jusqu'à la station de métro Rockaway, puis prenez la ligne A jusqu'à Manhattan.	Devant tous les terminaux. Repérez les files, il y a des stations spéciales sous les panneaux "taxi".	Devant tous les terminaux. Les bus circulent toutes les 15 à 20 min jusqu'à minuit.	Devant tous les terminaux JFK.
Arrivée	N'importe où sur la ligne A.	À l'adresse de votre choix.	Penn Station, gare routière de Port Authority, et Grand Central Terminal.	Partout à Manhattan.
Coût	Train/métro 5 \$/2 \$	45 \$ pour aller à Manhattan et presque partout à Brooklyn.	12-15 \$/trajet	50-75 \$
Durée	1 heure	1 à 2 heures	60-75 min	1 heure
Contact	www.airtrainjfk.com, www.mta.info		Pour les bus express, 718-875-8200 ; www.nyairportservice.com	Quelques opérateurs : **Big Apple** (☎ 718-232-1015), **Carmel** (☎ 212-666-666), **Citywide** (☎ 718-405-5822), **Dial** (☎ 718-743-2877) et **Tel Aviv** (☎ 212-777-7777)

sud-est du Queens, à environ 24 km de Midtown (45 à 75 min en voiture, davantage aux heures de pointe).

Consignes à bagages

Selon la taille de vos bagages, comptez 4 à 16 $ pour les consignes au premier étage du **terminal 1** (☎ 718-751-4020 ; ☺ 24h/24) ou au **terminal 4** (☎ 718-751-2947 ; ☺ 7h-23h).

Renseignements

Informations générales ☎ 718-244-4444
Parkings ☎ 718-244-4080 ou 718-244-4168
Réservations hôtelières ☎ 212-267-5500
Connexions Wi-Fi aux terminaux 1, 8 et 9

Dans les halls d'arrivée des terminaux 1, 3, 4, 6, 7, 8 et 9, l'association à but non lucratif **Traveler's Aid** (☎ 718-656-4870 ; ☺ tlj 10h-18h) aide les voyageurs bloqués à l'aéroport en leur offrant l'accès gratuit à un téléphone, de la nourriture et d'autres services. Si vous devez passer la nuit sur place, le deuxième étage du terminal 4 est aménagé à cet effet.

Newark Liberty International Airport

L'**aéroport de Newark** (EWR ; www.panynj. gov ; ☎ 973-961-6000) se trouve dans le New Jersey, à 25 km de Midtown. Le service de voiturage coûte entre 46 et 60 $ pour un trajet de 45 min depuis Midtown (90 $ en taxi). La liaison en AirTrain depuis/vers Penn Station, au cœur de Manhattan, revient à 14 $ l'aller simple (15 min).

La Guardia Airport

L'**aéroport La Guardia** (www.laguardiaairport. com) se trouve au nord du Queens, à 13 km de Midtown, soit 20 à 45 min en voiture (pour le service de voiturage, les opérateurs sont les mêmes que pour l'aéroport JFK ; tableau ci-contre).

Renseignements

Informations générales ☎ 718-533-3400
Parkings ☎ 718-533-3850
Réservations hôtelières ☎ 212-267-5500
Connexion Wi-Fi au Central Terminal et à l'US Airways Terminal

Depuis/vers La Guardia

	New York Airport Service	Taxi/bus	Train/métro
Départ	Pour La Guardia, les bus partent toutes les 20 min entre 6h et minuit depuis Penn Station, la gare routière de Port Authority et Grand Central Terminal.	Devant tous les terminaux. À l'aéroport prenez le M60 jusqu'à W106th St et Broadway. Le M60 permet une correspondance avec les trains et le métro pour Manhattan.	Un taxi peut vous conduire aux trains N et W à Astoria Queens. Les lignes de métro 2, 4, 5, 6, A, B, C, D arrivent à 125th St et la ligne 1 aux 116th St et 110th St et à Broadway.
Coût	15 $	15-30 $	2 $
Durée	1 heure	20-40 min	environ 1 heure
Contact	718-875-8200 ; www.nyairportservice.com		www.mta.info

VOYAGER ENTRE NEW YORK ET LE NORD-EST

Les bus longue distance partent et arrivent à la **gare routière de Port Authority** (☎ 212-564-8484 ; 625 Eighth Ave). Les différentes compagnies desservent l'ensemble des États-Unis et quelques régions canadiennes. La ligne "Chinatown to Chinatown" permet une escapade à Boston, Washington ou Philadelphie. Gérés par la **Fung-Wah Company** (☎ 212-925-8889 ; www.fungwahbus.com), les bus directs partent de Chinatown à New York (15-20 $ l'aller). Autres transporteurs bon marché pour aller dans le Nord-Est au départ de Manhattan :
Apex (☎ 212-343-3280 ; www.apexbus.com)
Lucky Star (☎ 1-888-881-0887 ; www.luckystarbus.com)
Vamoose Bus (☎ 877-393-2828 ; www.vamoosebus.com)

FORMALITÉS
BILLET RETOUR/DE TRANSIT
Vous devez disposer d'un billet de retour non remboursable sur place.

PASSEPORTS
Tous les étrangers doivent posséder un passeport valable au moins 6 mois après leur séjour aux États-Unis.

SÉCURITÉ
La sécurité est draconienne dans les trois aéroports. Prévoyez une marge horaire suffisante pour l'enregistrement et gardez toujours une pièce d'identité à portée de main. Les objets suivants sont interdits dans les bagages à main : tout objet coupant (ciseaux, limes à ongles en métal, canifs, rasoirs, tire-bouchons) ; tout type d'armes, explosifs, produits inflammables (solides ou liquides) ; certains articles de camping et de plongée (bouteilles de gaz ou de plongée, canots gonflables) doivent être transportés en soute.

VISAS
Les Canadiens et les ressortissants des pays signataires du Programme d'exemption de visa, dont la France, la Belgique et la Suisse, sont dispensés de visa pour des séjours d'une durée maximale de 90 jours. Cependant, pour bénéficier de cette disposition, il vous faut posséder un passeport individuel : à lecture optique (délivré avant le 26 octobre 2005 ; Modèle Delphine), ou à lecture optique avec photo numérisée (délivré entre le 26 octobre 2005 et le 26 octobre 2006) ou biométrique (délivré à partir du 26 octobre 2006). Dans tous les autre cas, un visa est nécessaire.

Les citoyens ne remplissant pas ces conditions doivent déposer une demande de visa à l'ambassade américaine. Il faut pour cela remplir un formulaire de demande de visa de non-immigrants (DS-156 ; à télécharger sur Internet) et constituer un dossier – compter au moins six semaines de formalités. Tous les renseignements et les formulaires téléchargeables sont disponibles sur le site de l'**ambassade des États-Unis** (www.amb-usa.fr).

TRAIN

Les trains Amtrak partent de Boston, Philadelphie, Washington, et arrivent en plein Manhattan.

Les trains grandes lignes d'Amtrak et de Long Island Rail Road arrivent à **Pennsylvania (Penn) Station** (☎ 212-582-6875, 800-872-7245 ; 33rd St, entre 7th Ave et 8th Ave). Les trains de banlieue (Metro North) partent de **Grand Central Terminal** (☎ 212-532-4900 ; Park Ave angle 42nd St).

Les trains de la **New Jersey PATH** (Port Authority Trans-Hudson ; ☎ 800-234-7284) desservent plusieurs gares de Manhattan mais ne vont pas au-delà de 33rd St.

TRANSPORTS LOCAUX

Les rues de Manhattan sont congestionnées aux heures de pointe. Le métro constitue donc le moyen de transport le plus rapide et le plus économique. Les bus sont intéressants pour les déplacements nord-sud, lorsque le trafic est fluide. Vous trouverez des plans du réseau des transports en commun aux guichets du métro. Après 1h, le taxi est plus pratique.

BATEAU

Les ferries de **New York Waterway** (☎ 800-533-3779 ; www.nywaterway.com) remontent la vallée de l'Hudson et vont de Midtown au Yankee Stadium dans le Bronx. Une ligne très fréquentée relie la gare ferroviaire New Jersey Transit, à Hoboken, au World Financial Center dans Lower

Se déplacer dans New York

	Theater District	Le Met	American Museum of Natural History	Harlem	Dumbo	Coney Island	Williamsburg
Lower Manhattan	métro 10 min	métro 15 min	métro 15 min	métro 25 min	métro 10 min	métro 45 min	métro 30 min
Upper East Side	taxi 10 min	taxi/à pied 5/10 min	taxi 10 min	métro 15 min	métro 30 min	métro 1 heure	métro 30 min
Upper West Side	taxi/à pied 5/10 min	taxi 10 min	à pied 5-10 min	métro 10 min	métro 20-25 min	métro 1 heure	métro 40 min
Theater District		à pied/ métro 15/ 10-15 min	à pied/métro 15/10 min	métro 15 min	métro 20-30 min	métro 45 min-1 heure	métro 40 min
Sud de Brooklyn	métro 40 min	métro 30 min	métro 40 min	métro 45 min	métro 20 min	métro 30 min	métro 35 min

VOYAGES ET CHANGEMENTS CLIMATIQUES

Les voyages – notamment la circulation aérienne – contribuent de façon significative aux changements climatiques. Chez Lonely Planet, nous pensons que chacun, à son niveau, doit lutter contre le réchauffement de la planète. C'est pourquoi nous nous sommes associés à Rough Guides et d'autres partenaires de l'industrie touristique pour soutenir l'action de Climate Care. Ce programme permet aux voyageurs de "compenser" le niveau de gaz à effet de serre dont ils sont responsables par une contribution financière à des projets encourageant la réduction des dépenses énergétiques et la protection de l'environnement dans des pays en voie de développement. Lonely Planet compense la totalité des voyages de son personnel et de ses auteurs.

Pour plus d'informations, consultez les pages consacrés au tourisme responsable sur notre site en anglais www.lonelyplanet.com. Pour savoir comment compenser vos émissions de carbone, rendez-vous sur www.climatecare.org.

Manhattan ; les bateaux partent toutes les 5 à 10 min aux heures de pointe (4 $/trajet, 10 min).

Les ferries de **Port Authority Ferries** (www.panynj.gov) circulent entre Battery Park et le New Jersey, avec des arrêts à Hoboken et Colgate (Exchange Pl), en face de la pointe sud de Manhattan. D'autres bateaux partent de Manhattan sur l'East River et se rendent à l'embarcadère de Fulton Landing et au Brooklyn Army Terminal (Brooklyn), et à Hunter's Point, à Long Island City (Queens).

Les **New York Water Taxi** (☎ 212-742-1969 ; www.nywatertaxi.com ; 5 $ d'un arrêt au suivant) rencontrent un franc succès. Ces bateaux-taxis jaunes desservent plusieurs débarcadères le long de West Side. Ils constituent un superbe moyen de rejoindre Midtown, le sud de Manhattan et certains secteurs de Brooklyn et du Queens. Water Taxi Beach est un arrêt très apprécié.

BUS

Les **bus urbains** (☎ 718-330-1234) circulent 24h/24. Ils empruntent généralement les avenues dans le sens nord-sud et les grands axes d'est en ouest. Le ticket coûte 2 $, il faut faire l'appoint ou utiliser une MetroCard car les chauffeurs ne rendent pas la monnaie.

Les lignes de bus en provenance ou en direction de Manhattan commencent par la lettre "M" (ex. : M5) ; celles du Queens par "Q", celles de Brooklyn par "B" et celles du Bronx par "BX". Quelques bus signalés "Limited Stop" ne s'arrêtent que tous les 10 blocks environ. Les bus "Express" (6,50 $) s'adressent en priorité aux personnes se rendant dans boroughs périphériques.

CARTES

La **MetroCard** (☎ 718-330-1234), nécessaire pour voyager en métro, est la solution la plus simple pour circuler dans les transports en commun. Elle s'achète chez les marchands de journaux ou dans les stations de métro. Le *one-day Fun Pass* (7 $) est très économique : il donne droit à l'accès illimité à l'ensemble du réseau (métro et bus) de la première utilisation jusqu'à 3h. Les cartes hebdomadaires (24 $) ou mensuelles (76 $) sont rentables également, mais un laps de temps de 18 min doit être respecté entre chaque utilisation afin que deux personnes ne partagent pas la même carte. On peut aussi acheter des unités à créditer sur la MetroCard, auprès d'un automate ou d'un employé du métro (un trajet offert pour plusieurs achetés). À savoir : les tickets à l'unité vendus dans les distributeurs du métro expirent au bout de deux heures. Au moment de la rédaction de cet ouvrage, le ticket à l'unité valait 2 $, mais ce tarif est susceptible de changer.

LIMOUSINE

Les limousines et services de voiturage peuvent être abordables, notamment pour les groupes. **Affordable Limousine Service** (☎ 888-338-4567) et **Carmel** (☎ 212-666-6666) facturent environ 45 $ l'heure jusqu'à 4 personnes ; une virée nocturne (de 3 heures) à travers la ville revient à 150 $ pour 8 personnes.

LOCATION

Parmi les principaux loueurs présents à New York, citons **Avis** (☎ 800-331-1212), **Budget** (☎ 800-527-0700), **Dollar** (☎ 800-800-4000), **Hertz** (☎ 800-654-3131) et **Thrifty** (☎ 800-367-2277).

MÉTRO

Le métro new-yorkais (☎ 718-330-1234) fonctionne 24h/24. Dans ce guide, nous indiquons la station la plus proche pour chaque adresse. Si vous passez du bus au métro (ou l'inverse) moins de 18 min après avoir payé votre ticket, vous n'avez pas à payer à nouveau : la correspondance est gratuite. Pour connaître les itinéraires de bus et de métro les plus récents et obtenir des informations de dernière minute sur le trafic, consultez www.mta.info à la rubrique NYC Transit. Quelques sites proposent des informations gratuites sur les transports publics de New York et de plusieurs villes des environs ; parmi eux citons www.hopstop.com, www.trips123.com et www.publicroutes.com.

TAXIS

Les taxis sont libres quand la lumière du toit est allumée (les lumières "fin de service" s'allument sur le côté). La course est facturée au compteur et démarre à 2,50 $; il faut ajouter le pourboire (10% à 15%, minimum 50 ¢). Le tarif de nuit (50 ¢ en supplément) s'applique de 20h à 6h. Pour un long trajet vers le nord ou le sud de Manhattan, demandez au chauffeur de prendre la FDR Highway (East Side) ou la West Side Highway (West Side).

TRAIN
Les **trains New Jersey PATH** (☎ 800-234-7284) descendent Sixth Ave et desservent Jersey City, Hoboken et Newark, avecdes arrêts dans 33rd St, 23rd St, 14th St, 9th St et Christopher St à Manhattan. Une deuxième ligne fonctionne entre le site du World Trade Center, Jersey City et Newark. Ces trains fiables circulent toutes lcs 15 à 45 min, 24h/24 (1,50 $ actuellement).

VOITURE ET MOTO
Trafic intense, essence hors de prix et cauchemar pour se garer : à moins d'être obligé de louer une voiture, évitez de conduire à New York. Les motos permettent de se faufiler dans la circulation, mais n'oubliez pas que les taxis et le métro sont largement plus pratiques.

RENSEIGNEMENTS
AMBASSADES ET CONSULATS
New York étant le siège des Nations unies, presque tous les États du monde y disposent d'une représentation diplomatique. La plupart figurent dans les pages

blanches de l'annuaire sous la rubrique "Consulates General of (nom du pays)". Voici quelques adresses utiles :
France (☎ 212-606-3680 ; 934 Fifth Ave ; www.consulfrance-newyork.org)
Canada (☎ 212-596-1783; 1251 Sixth Ave entre 49th St et 50th St ; www.canada-ny.org)
Belgique (☎ 212-586-5110 ; 1330 Sixth Ave)
Suisse (☎ 212-599-5700 ; 780 Third Ave)

HORAIRES D'OUVERTURE
La plupart des commerces ouvrent du lundi au samedi de 10h à 18h et le dimanche de 12h à 18h ; certains ouvrent plus tard le jeudi soir, beaucoup sont fermés le lundi. Les heures d'ouverture varient selon la saison dans certaines entreprises, dans ce cas les horaires sont restreints en été. Les banques et les administrations travaillent de 9h à 17h du lundi au vendredi et, pour la plupart, de 9h à 15h le samedi.

Les musées et les galeries d'art sont généralement ouverts du mardi au dimanche de 10h à 17h. Les jours fériés, les banques, les écoles et les services publics (bureaux de poste inclus) sont fermés, et les transports en commun ont les mêmes horaires que le dimanche.

INTERNET

Les bibliothèques publiques offrent l'accès gratuit à Internet ; les cybercafés sont monnaie courante.

CYBERCAFÉS

Times Sq Cybercafé (☎ 212-333-4109 ; www.cyber-café.com ; 250 W 49th St entre Broadway et Eighth Ave ; 6,40 $ pour 30 min ; ⊗ lun-ven 8h-23h, sam-dim 11h-23h)

Web2Zone (☎ 212-614-7300 ; www. web2zone.com ; 54 Cooper Square ; 3 $ pour 15 min, 12 $/h, 60 $/j ; ⊗ lun-ven 9h-23h, sam 10h-23h, dim 12h-22h) Trois services sont proposés dans le même lieu : accès à Internet, jeux en réseau et centre d'affaires.

FOURNISSEURS D'ACCÈS

Parmi les principaux fournisseurs d'accès, mentionnons AOL (connexion : ☎ 212-871-1021), AT&T (connexion : ☎ 212-824-2405) et Earthlink (www.earthlink.net). Metconnect (☎ 212-359-2000, 646-496-0000 ; www.metconnect. com) offre l'accès gratuit.

WI-FI

Depuis 2005, Bryant Park dispose d'un réseau sans fil et toute la ville de New York a suivi l'exemple. WiFi Salon (http://wifisalon.com) a installé la connexion sans fil dans la plupart des parcs.

Pour plus d'informations sur la procédure à suivre, consultez le site Internet de WiFi Salon. Le réseau de Bryant Park est compatible avec tous les ordinateurs portables dotés d'une carte Wi-Fi 802.11b ou du système intégré 802.11b. Pour apprendre à configurer votre ordinateur, consultez www.bryant park.org/amenities/wire less.php.

OFFICES DU TOURISME

La ligne téléphonique gratuite de **NYC & Co** (☎ 212-484-1222 ; www. nycvisit.com ; 810 Seventh Ave angle 53rd St ; ⊗ lun-ven 8h30-18h, sam-dim 9h-17h) vous informe 24h/24 sur les manifestations et les modalités de réservation. Sur place, le personnel sympathique et compétent fournit des informations exhaustives.

D'autres guichets d'informations sont installés dans les aéroports, à Times Square, à Grand Central Terminal et à Penn Station.

POIDS ET MESURES

Les Américains détestent le système métrique et continuent à s'exprimer en pieds, yards, miles, onces, livres et tonnes. Pour le carburant, on utilise les gallons américains (environ 20% de moins que le gallon britannique, tout comme les pintes et les quarts américains).

POURBOIRES

Les serveurs sont rémunérés en dessous du salaire minimum ; si vous êtes satisfait, il convient de laisser un pourboire équivalent à 15-20% de la note. Le service n'est pas automatiquement inclus dans l'addition, mais certains restaurants facturent 15% de supplément pour les tables de plus de 6 personnes. Si vous partez sans laisser de pourboire, le chef de salle vous demandera peut-être le motif de votre mécontentement. En principe, on calcule le pourboire sur le montant hors taxe (la taxe est de 8,625% à New York). Petite astuce : prenez le montant de la taxe et multipliez par deux pour obtenir le montant du pourboire.

Quelques exemples de pourboires :
Bars : au moins 1 $ par consommation (voire plus pour être mieux servi la prochaine fois...).
Coiffeurs : 15%
Femmes de chambre : au moins 5 $ par jour.
Guides touristiques : 10 $ par famille ou par groupe pour une journée.
Porteurs de bagages : 3 $ pour le premier bagage et 1 $ par bagage supplémentaire.
Portiers, chasseurs, voituriers : 2 $ par service rendu.
Restaurants : 15 à 20% (sauf fast-foods, self-services et vente à emporter).
Taxis : 10 à 15%
Vestiaires : 1 $ par vêtement.

RÉDUCTIONS

Les étudiants (sur présentation de la carte), les enfants de moins de 12 ans et les seniors bénéficient de réductions dans la plupart des sites touristiques et des transports en commun. De nombreux sites offrent également des réductions aux familles. Les seniors de plus de 62 ans bénéficient de réductions sur

les nuits d'hôtel, les médicaments et les places de cinéma. Vous pouvez acheter un CityPass (www.citypass.com) pour éviter de faire la queue dans six grands sites touristiques et bénéficier de 50% de réduction.

TÉLÉPHONE

Les publiphones fonctionnent avec des pièces ou des cartes, et parfois des cartes de crédit. Pour les appels longue distance, préférez un opérateur connu comme AT&T (☎ 800-321-0288).

Concernant les téléphones portables, les États-Unis utilisent la norme GSM. Pour passer ou recevoir des appels, il faut un téléphone compatible.

CARTES TÉLÉPHONIQUES

Les marchands de journaux et les pharmacies vendent des cartes téléphoniques, mais attention aux escroqueries car la minute est parfois facturée bien plus cher que le tarif annoncé.

CODES INTERNATIONAUX

Composez le ☎ 00 puis le code du pays où vous souhaitez appeler :
France (☎ 33)
Canada (☎ 1)
Belgique (☎ 32)
Suisse (☎ 41)

INDICATIFS

L'indicatif des États-Unis est le 1. À Manhattan, les numéros sont précédés d'un indicatif à trois chiffres (☎ 212, ☎ 646 et ☎ 917). Le ☎ 646 et le ☎ 917 servent aussi de préfixes aux portables. Il faut toujours composer le numéro à 10 chiffres précédé du 1, même dans Manhattan. Pour les boroughs périphériques, les indicatifs sont le ☎ 718 et le ☎ 347.

NUMÉROS UTILES
Informations sur la ville (☎ 311)
Renseignements (☎ 411)
Appels internationaux (☎ 011)
Opérateur (☎ 0)
Appels par opérateur (☎ 01 + le numéro ; un opérateur vous répondra)
PCV (collect call) (☎ 0)
Horloge parlante (☎ 212-976-1616)
Météo (☎ 212-976-1212)
Moviefone (☎ 212-777-FILM)
Clubfone (☎ 212-777-CLUB)

URGENCES
En cas de besoin, composez le 911 depuis n'importe quel téléphone fixe ou portable. Des cabines téléphoniques d'urgence sont installées dans beaucoup de rues ; certaines sont orange vif, les anciens modèles en métal sont fixés aux feux de signalisation pour piétons. Dans les deux cas, appuyez sur le bouton et on viendra à votre secours.
Police, pompiers, ambulances (☎ 911)
Police, informations (opérateur) (☎ 212-374-5000)

PRÉCAUTIONS
L'eau du robinet est potable, mais la plupart des New-Yorkais consomment de l'eau en bouteille. En été, le virus du Nil occidental, transmis par l'intermédiaire des moustiques, apparaît épisodiquement. Des insecticides sont alors largement vaporisés dans les boroughs périphériques, mais en réalité très peu d'humains sont touchés. Pour vous rassurer, portez des manches longues et utilisez un répulsif anti-moustiques. Les préservatifs sont en vente dans toutes les pharmacies et dans les distributeurs, dans la rue ou dans les discothèques

SERVICES MÉDICAUX
Les médecins du New York Hotel Urgent Medical Services (☎ 212-737-1212) se déplacent 24h/24 à votre domicile ou votre hôtel, mais sachez que les tarifs commencent à 200 $. Aux États-Unis, les soins deviennent vite onéreux si vous n'avez pas de couverture médicale. Tous les hôpitaux possèdent un service d'urgences fonctionnant 24h/24 pour tous les patients, assurés ou non. Voici quelques établissements fiables :
Bellevue Hospital (☎ 212-562-4141 ; NYU Medical Center, First Ave angle E 27th St)
Lenox Hill Hospital (☎ 212-434-2000 ; 100 E 77th St entre Park Ave et Lexington Ave)
New York Hospital (☎ 212-746-5050 ; 525 E 68th St entre York Ave et Franklin D. Roosevelt Dr)

Pour remédier à une rage de dents, contactez **AAA Dental Care** (☎ 212-744-3928 ; 30th East 60th St, Suite 1504 ; www.emergencydentalnyc.com).

Plusieurs pharmacies sont ouvertes 24h/24 :
Duane Reade (☎ 212-541-9708 ; W 57th St angle Broadway)
Duane Reade (☎ 212-674-5357 ; Sixth Ave angle Waverly Pl)
Genovese (☎ 212-772-0104 ; 1299 Second Ave angle 68th St)

VOYAGER SEULE

Par précaution, évitez d'emprunter les transports en commun après minuit ; dans les bars, surveillez toujours votre verre.

Tampons, serviettes périodiques et préservatifs sont vendus partout. La pilule contraceptive et la pilule du lendemain sont distribuées uniquement sur ordonnance, mais au moment de la rédaction, les pharmacies envisageaient un système de vente libre. Une loi new-yorkaise donne la possibilité aux victimes de viols d'obtenir la pilule du lendemain en même temps que les soins dispensés à l'hôpital, mais cette démarche n'est pas systématiquement proposée. Si vous estimez en avoir besoin, insistez.

VOYAGEURS HANDICAPÉS

Conformément aux lois fédérales, toutes les administrations doivent être équipées d'ascenseurs, de rampes d'accès pour les fauteuils roulants et de systèmes d'aide aux malentendants. La plupart des sites touristiques disposent de toilettes pour handicapés et tous les bus peuvent accueillir des fauteuils roulants. En revanche, peu de stations de métro sont accessibles (pour plus d'informations, consultez les plans du MTA ou appelez le ☎ 718-596-8585).

Dans ce guide, les adresses accessibles aux fauteuils roulants sont signalés par le sigle ♿.

RENSEIGNEMENTS ET ORGANISMES

L'ouvrage *Access for All*, distribué par **Hospital Audiences** (☎ 212-575-7676 ; www.hospitalaudiences.org ; 548 Broadway, New York, NY 10012), recense les sites accessibles aux personnes handicapées.

Autres contacts utiles :
New York Society for the Deaf (☎ 212-777-3900)
People with Disabilities Office (☎ 212-788-2830, TTY 212-788-2838)
Public Transport Accessible Line (☎ 718-596-8585, TTY 800-734-7433)
Society for Accessible Travel and Hospitality (SATH ; ☎ 212-447-7284 ; www.sath.org)

>INDEX

Reportez-vous aussi aux index Voir (p. 288), Shopping (p. 290), Se restaurer (p. 291), Prendre un verre (p. 293), Sortir (p. 293) et Se loger (p. 295) .

INDEX

VOIR

Pages des cartes en gras

INDEX

SE RESTAURER

INDEX

SE LOGER

ÉGALEMENT DISPONIBLES DANS LA COLLECTION *EN QUELQUES JOURS*

> BARCELONE

> BERLIN

> LONDRES

> MADRID

> NEW YORK

> PRAGUE

À paraître :

> İSTANBUL

> MARRAKECH

> PARIS